JN244347

新・図解

コーポレート
ファイナンス

森　直哉 ［著］

創 成 社

はじめに｜PREFACE

　本書は，初級レベルの内容をわかりやすく解説したコーポレートファイナンス（corporate finance）のテキストブックです。社会科学系の学生，さまざまな部署で活躍するビジネスマンをはじめ，幅広い読者層を対象にしています。著者自身は，所属する大学において，2〜4年生を対象とする学部の授業，社会人を対象とする MBA（専門職大学院）の授業で使用しています。いつも授業後に学生から寄せられる質問や，期末試験の答案，ゼミナールでの指導から，改訂のためのヒントが数多く得られます。今回の改訂でも，それらをできるだけ活用して，収録するトピックを再編成したり，順序を入れ替えたり，解説の方法を検討し直す等，質的な向上を図りました。

　まったくコーポレートファイナンスの予備知識がないことを前提にして書いていますので，最初に手にとっていただく入門書だろうと思っています。ありがたいことに，同業者である大学の先生方からも，「授業で使っている」とか，「ゼミナールの副教材として使っている」と言われることがありまして，どうやら初学者にとってのわかりやすさが評価されているようです。しかし，他書にはない独自のアプローチで解説している箇所も少なからずありますので，あらゆる読者に対して新しい視点を提供できるのではないかとも考えています。

　以下では，本書のユニークな特徴として3点を挙げておきます。第一に，スライド画面のようなレイアウトを採用しています。これはプロジェクタ機器を使ってスライド画面を映写するという著者の講義スタイルを反映したものです。各章の解説文と相互に参照しながら読み進めることで，重要なポイントを頭の中で整理しやすくなると期待されます。第二に，コンパクトな設計を心がけました。できるだけ数少ない概念で理解できるよう，どちらかといえば「何を説明せずに済ませるか」に配慮したつもりです。分厚いテキストブックにはない独自のメリットがあると思われます。第三に，積極的に図解やイラストを多用しました。抽象的で厳密な説明法に時間をかけるよりも，図解を活用するほうが物事の本質を理解してもらいやすくなります。

　本書は標準的なファイナンス理論の体系に基づいて書かれていますが，上記のようなユニークな特徴を持っていますので，やや異色に映るかもしれません。多くの方々にとって，コーポレートファイナンスは難しい科目だと思われているようですが，その原因は説明の仕方にあるのだろうと思われます。つまり，図を使って説明すればよいものを文章だけで説明するとか，対応する図を横に並べて説明すればよいものを数式だけで説明するとか，ある程度は数式を使えばよいものを文章だけで説明するといったところです。これらのわかりにくさを解消するために，著者自身が最適だと思うバランスで，図解と数式と文章による解説をミックスしました。

　ところで，数多くのビジネスマンが新聞・雑誌を熱心に読むわけですが，残念なことに，ファイナンス理論の観点からは間違っている解説・記事も少なくありません。コーポレートファイナンスほど誤解されやすい領域，俗説のほうが力を持ってしまう領域は，社会科学の中でも珍しいほうに属するかもしれません。本書では，世間一般で見受けられる典型的な誤解をそのつど示し，ファイナンス理論の帰結と対比さ

せることにしました。

　さて，著者を支えてくださっている数多くの方々に感謝申し上げます。杉江雅彦先生（同志社大学名誉教授）は，著者に教育・研究活動の道を与えてくださった生涯の恩師です。残念ながら，6月末に92歳で亡くなられました。本書を先生に捧げたいと思います。また，神戸大学の先生方からいただいている日頃のご支援について，深く感謝いたします。これまで著者が在籍した熊本県立大学，日本大学，神戸大学の教職員の皆様，受講してくれたOB/OGならびに在学生の皆様にも御礼申し上げます。今回の出版に際しても，(株)創成社の西田徹氏にお世話になりました。学会で交流のある先生方，友人等，すべての方々のお名前を挙げることは到底できませんが，この場を借りて深く感謝申し上げます。

　最後に，私事になりますが，妻・亜由美が注文どおりのイラストを今回も描いてくれました。もしかすると，私が書いた文章よりもよほどインパクトが強いかもしれません。また，息子・渉太朗にも礼を述べたいです。最初の版を出したとき，息子はまだ1歳だったのですが，今や高校3年生です。気が付けば，かなりの年月を費やして本書も改訂を重ねてきたのだと，今回も感慨にひたっているところです。

2024年7月20日　塚口の自宅にて

森　直哉

本書のねらい

　本書が扱うコーポレートファイナンス（corporate finance）は，企業のカネに関するマネジメントを研究する科目であり，財務管理，企業財務，経営財務といった科目名で開講されることもあります。ヒトやモノの視点でマネジメントを学ぶ科目があるのと同様，ファイナンスはカネの視点でマネジメントを学びます。

　事業活動（ビジネス）が社会を支え，ファイナンスが事業活動（ビジネス）を支えている構造を理解しておくことは重要です。企業はカネを調達してモノを生産し，モノを販売してカネを回収するわけですが，希少な経営資源（ヒト・モノ・カネ）を浪費して売れないモノを生産しそうな企業は，最初から有利な条件でカネを使わせてもらえないのが市場メカニズムです。そのような競争的な状況のもとで，いかにカネを有効に活用できるかが問われていることになります。したがって，コーポレートファイナンスは，企業の経営者と投資家がどのような関係にあるのかを検討することによって，広くビジネス，経済の全般に興味・関心を持つきっかけになる科目です。

　たとえば，航空会社の株主が航空ビジネスを支え，その航空ビジネスが海外旅行に行きたがる私たちの生活を支えていることを理解するということです。もちろん，航空ビジネスを支えているのは株主だけではありません。たとえば，上空や地上で働く従業員（ヒト），大空を舞う飛行機（モノ）がなければ，まったく航空業は成り立ちません。しかし，リスクを負担する株主（カネ）がいなくても航空業はまったく成り立たないはずです。

　自由主義経済においては，事業活動（ビジネス）に成功する場合に得られる利益が挑戦を促す原動力になっています。仮に利益の追求それ自体が否定されるのであれば，誰もリスクのある投資機会には挑戦しなくなりますので，せっかく事業活動（ビジネス）のアイデアを思いついても実現しないことになるでしょう。残念なことに，しばしば利益を稼ぎ出すことを汚らわしく捉える風潮さえ，世間一般では見受けられます。しかし，利益を追求するマネジメント（経営）は，希少な資源を私たちの満足につなげるエコノミクス（経済）と矛盾するどころか，むしろ整合的な関係にあります。

　本書は，ファイナンスが経営学の一種であると同時に，経済学の一種でもあるという性質を強調して記述しています。多少なりともファイナンスに関係する実務家や学生たちにとって，自分たちの仕事や勉学の意義を経営（マネジメント）の文脈で捉えるだけでなく，経済（エコノミクス）の文脈でも捉えたほうが，より高い使命感が得られるだろうと期待しています。

　数多くの教科書がそうであるように，本書の記述は1960年代以降に欧米で確立したファイナンス理論に基づいています。いまやファイナンス教育における標準（スタンダード）ですが，いくつかの領域に枝分かれしています。企業の視点ならばコーポレートファイナンス（corporate finance），投資家の視点ならば証券投資（investment），市場の視点ならば証券市場（capital market）といった具合です。

　これらの科目は独立しているわけでもなければ，他の視点を無視して理解できるものでもありません。企業や投資家をプレイヤー（選手）とみなせば，両者がぶつかる場はフィールド（競技場）に相当します。

選手の立場でいかにプレイするかを考えるためには，相手方のプレイも考えるべきですし，フィールドの特徴もよく理解できていなければなりません。また，望ましいフィールドを設計するためには，プレイヤーの動き方を考慮しなければならないはずです。

目　次 | CONTENTS

はじめに

本書のねらい

ファイナンス概論

　第1章では，この科目の全体像を示します。本書のねらいでも述べたように，コーポレートファイナンスは，企業のカネに関するマネジメントを研究する科目です。しかし，経済学の一種でもあります。ファイナンスがビジネスを支え，ビジネスが私たちの生活を支えていることを学びとってください。

1.1. ファイナンスとは

　少し硬い言い方をすると，**コーポレートファイナンス**（corporate finance）は，株式会社の財務的な意思決定を研究する学問です。もう少し平たく述べると，カネに関するマネジメントを取り扱っています。これは経営学や経済学の一種と位置づけられますので，以下ではそれぞれの観点から述べることとします。

　まず，**経営学**（business administration）はビジネスの原理や構造，その合理的な管理法などを研究する学問ですが，より少ない経営資源（ヒト，モノ，カネ）で同じアウトプット（製品・サービス）を生み出すための工夫をしていると言えばわかりやすいでしょう。もちろん，コーポレートファイナンスはカネに関するマネジメントですから，その意味において経営学の一種だと言えます。

　次に，**経済学**（economics）は希少な資源をいかに効率よく利用するかを検討する学問です。語源はeconomy（節約）ですから，わかりやすく言えば「ケチ学」です。難しい「経世済民」という言葉よりも，このほうが本質を理解しやすいでしょう。カネの資源配分に関係している点において，コーポレートファイナンスも経済学の一種なのです。

　ファイナンスに対する理解を深めるために，企業形態の歴史を概観しておくことにしましょう。今日の代表的な企業形態である株式会社は，その起源を16世紀に求めることができます。当時のヨーロッパでは胡椒（コショウ）をほとんど栽培できず，商人がピンセットで粒を数えるほどの高級品でした。そのような事情もあって，従来，一般庶民はまったく味気のない肉料理で我慢していたのです。しかし，羅針盤が改良されたり，丈夫な快速帆船が普及するなど，航海技術の飛躍的な発展によって大航海時代（15〜16世紀）が到来しました。アフリカ南端をまわる航路で東インド貿易を行うことが可能になったのです。そこで商人たちは資金を出し合って大きな船を用意し，東インド地域から胡椒を買ってくる貿易会社を設立しました。不幸にして難破や海賊に襲われることもありましたが，無事に帰港すれば積み荷の胡椒が飛ぶように売れたのです。投資家は出資の割合に応じて利益を山分けすることになります。このビジネスのおかげで，一般庶民も徐々に美味しい肉料理を楽しめるようになりました。

1.2. 株式会社

　一般に，企業のビジネスには巨額の資金が必要ですが，どれほど裕福な資産家であっても，個人が出せる資金量には限界があります。たとえば，前述した胡椒貿易の場合，それなりに大きな船を用意しなければ遠洋航海に耐えられません。そこで最初の発案者は自分のアイデアを他人に披露し，共同出資で会社を作ることを持ちかけるでしょう。このプランに賛同する投資家は，個人的な財産の余裕に応じて資金を提供し，それに見合った**株式**（share または stock）を受け取ることになります。株式会社が稼ぎ出す利益は，出資の割合（シェア）に応じて山分けすることになります。

　諸説ありますが，譲渡可能な株式を発行している事実を**株式会社**（corporation）の成立要件と考えることにすれば，イギリスの**ロシア会社**（1553 年に設立）が世界最初の株式会社だと言われています。また，高校の世界史の授業にも出てくる有名な事例といえば，やはり胡椒貿易を行っていた**オランダ東インド会社**（1602 年に設立）でしょう。この会社は現在と同じ「配当方式」と呼ばれる利益分配ルールを確立しました。つまり，出資された株主資本を株主に払い戻すことはせず，稼ぎ出した利益だけをシェアに応じて分配します。そうであるがゆえに，企業は出資金を永続的に使うことができ，いちいち解散する必要がありません。この方法が現在の株式会社制度のルーツになっています。

　たとえば，ある企業が 1 株あたり 10 万円で資金を集めて 20 株を発行したとすれば，合計 200 万円の**株主資本**（equity）で事業活動（ビジネス）を開始することができます。このとき，**株主**（shareholder）が株式会社の所有者（オーナー）です。この企業の 1 株（5%）を所有している株主であれば，企業が稼ぎ出す利益の 5% が帰属します。同様に，3 株（15%）の所有であれば利益の 15% が帰属することになります。なお，わが国で「社員」と言えば，日常会話としてはその企業に勤務している人を指しますが，法律上は出資者のことであり，株式会社であれば株主のことです。本来，勤務している人は従業員と呼ばれるべきです。

　事業活動（ビジネス）は投資家のリスク負担によって推進される一種の冒険（ベンチャー）です。成功すれば私たちの生活スタイルに変革を及ぼしますが，それは失敗するときの損失を覚悟できる投資家によって支えられています。先の歴史的事例で言えば，美味しい肉料理を安価な胡椒で楽しめるようになることが，庶民にとって生活スタイルの変革を意味します。しばしば利益の追求それ自体が批判される風潮さえ見受けられますが，消費者に恩恵をもたらす事業活動（ビジネス）を単なるギャンブルと混同すべきではありません。

　もちろん，成功する場合の利益が投資家に挑戦を促す原動力になっています。仮に利益の追求それ自体が否定されるのであれば，誰もリスクのある投資機会には挑戦しなくなりますので，せっかく画期的なアイデアを思いついても実用化されないことになります。現実に事業活動（ビジネス）が社会を支え，ファイナンスが事業活動（ビジネス）を支えている構造を理解しておくことは非常に重要だと思われます。

1.3. B/S で理解する資金調達

　ここで，企業の資金調達の構造を**貸借対照表**（B/S：balance sheet）に関連づけて理解しておくことにしましょう。貸借対照表（B/S）はある特定の時点（ストック）における企業の財政状態を表現したものです。もちろん，これは会計的なツール（道具）であり，財務諸表のひとつですが，ファイナン

スを理解するうえでも非常に重要です。目的は異なっていますが，学問の分野として財務会計と財務管理（ファイナンス）は隣り合わせの位置にあると言うことができます。

　定義的に，借方（左側）と貸方（右側）は常に同じ大きさになるよう工夫されています。まず，借方（左側）は「どのように資金が使われたのか」という運用の状況を示しています。具体的には**資産**（asset）ですが，土地，工場，機械設備，原材料・製品の在庫，現金などです。これに対して，貸方（右側）は「どこから資金を受け入れたのか」という調達の状況を示しています。このうち，**株主資本**（equity）は株主からの出資であり，企業にとっては返済の義務がない資金源です。これに対して，**負債**（debt）は債権者からの借入であり，企業に返済の義務がある資金源です。

1.4. P/L で理解する利子と利益

　次に，利益分配の構造を**損益計算書**（P/L：profit and loss statement）に関連づけて理解しておくことにしましょう。これも財務諸表のひとつです。損益計算書（P/L）はある一定の期間（フロー）における企業の経営成績を表現したものです。会計上，収益から費用を差し引いたものが利益になります。このうちファイナンスに関連の深いところを述べると，**利子**（interest）は債権者に対する報酬であり，会計上の費用の一部です。法人税などの税負担を例外とすれば，**利益**（profit）はすべて株主に対する報酬であり，会計上の利益になります。

　企業の事業活動（ビジネス）には経営資源（ヒト，モノ，カネ）が必要であり，このうち，カネに関する対価に着目した概念が**事業利益**（EBIT：earnings before interest and taxes）です。読み方はイービットで，直訳すれば「利払・税引前利益」ですが，税引後の利益に税や利子を足し戻したものと考えれば，事業利益という名称よりもわかりやすいでしょう。法人税などの税負担を例外とすれば，他の利害関係者（取引先，従業員）に対する支払いをすでに終わらせ，債権者と株主に対する対価だけが残っている状況に対応しています。通常の損益計算書（P/L）との比較において，境界線の位置を税や利子の分だけずらした利益概念と言ってもよいでしょう。

1.5. B/S と P/L で理解する内部留保

　さらに，利益の**内部留保**（earnings retention）の構造を貸借対照表（B/S）と損益計算書（P/L）の両方に関連づけて理解しておくことにしましょう。企業は常に100％の利益分配を行うとは限りません。通常，企業が稼いだ利益のうち一部は企業内に留めて，事業活動（ビジネス）に再投資されます。残りは株主に対する**配当**（dividend）として分配されます。

　詳細は第13章で解説しますが，配当と内部留保の割合を決める企業の意思決定を**配当政策**（dividend policy）と呼びます。企業がどの程度の利益を稼ぎ出すかは損益計算書（P/L）に関連していますが，内部留保は貸借対照表（B/S）に関連しています。なぜなら，内部に留保された利益は株主資本の追加分となっているからです。

　なお，株主資本は貸借対照表（B/S）の右側である一方，現預金は資産の一種なので左側の概念です。ときどき内部留保はそれと同じ大きさだけ企業が現金を保有していると誤解されますが，一般的にそうではありません。むしろ，実物的な投資プロジェクトを賄うために利益を内部留保するほうが通常の考え方に沿うものですから，この場合，右側の内部留保で得られた資金は，左側では固定資産（機

械設備など）に使われています。

　また，ときどき利益の内部留保は「企業それ自体のもの」だから「株主の出資ではない」と主張されることもあります。しかし，これは間違った考え方です。留保された資金は株主資本の一部であり，株主がリスクを負担する出資分です。前述したように，配当に回そうと思えばできたにもかかわらず，あえて事業活動（ビジネス）に再投資するのが内部留保ですから，本質的に株主から委託されたカネだということに留意しなければなりません。出資者である株主とは別に「企業それ自体」を想定してしまうと，株主が事業活動のリスクを負担するという重要な本質が見えなくなってしまいますので，あえてそのように考える必要はないと述べておきます。

　内部留保の本質は，２段階処理の短縮として理解することができます。仮に，利益のすべてをいったん分配してから，予定している投資プロジェクトのために資金調達を行ったと仮定しましょう（100％配当と増資）。しかし，このような２段階処理は煩雑です。私たちの日常感覚から考えると，右手で100円を手渡してから，左手で70円を受け取り直すぐらいならば，最初から右手で30円だけを手渡すほうが要領は良いでしょう。それと同様，投資プロジェクトに必要な資金を内部留保で確保し，使い道のない余剰資金だけを配当にまわす１段階処理は合理的です。２段階処理で投資の主体性が株主にあることは明白ですが，それを１段階処理に短縮しても本質は変わらないはずです。

1.6. 株式市場

　ところで，先ほど胡椒貿易や東インド会社の話をしたところですが，当時の新しい企業形態として株式会社が画期的だったのは，出資者の脱退と企業の資金量との関係を切断したところです。たとえば，胡椒貿易のために大きな船を買ったとしましょう。仮にある出資者が個人的な事情で脱退を希望するとして，いちいち出資金の払い戻しに応じるとすれば，企業はそのつど資金を用意しなければなりません。しかし，すでに船は港を出ていますから，今さら呼び戻して船を切り刻み，部材を現金化するのも馬鹿げた話です。その点，株式会社であれば，出資者は単に手持ちの株式を他の誰かに譲渡するだけで資金回収の目的を果たしますから，企業が出資金を払い戻す必然性はなくなります。したがって，最初から安心して大きな船を買えるようになり，安定的な資金量で事業活動（ビジネス）を継続できます。

　株式を譲り受けた投資家は，そのシェアに応じて従来の旧株主に代わるオーナーとなります。株式という金融資産に流動性を持たせるおかげで，実物資産（機械・設備など）のほうに固定性を与えられるのです。なお，企業から株式を引き受けた投資家であっても，他の投資家との入れ替えで株式を譲り受けた投資家であっても，企業に株主資本を提供する役割において違いはなく，同等の株主権を持ちます。

　投資家が企業に資金を払い込んで株式を引き受けるプロセスは**発行市場**（primary market）であり，企業にとって資金調達の場となります。他方，投資家が株式を譲渡することによって資金を回収する場が**流通市場**（secondary market）です。発行市場で生み出された株式が，転々と流通市場で持ち主を変えていきますが，売買の価格は企業の業績に応じて変化します。購入時よりも企業の業績が好転していれば株価が上昇し，その投資家は利益を得ますが，逆ならば損失が出ます。

　流通市場の取引をギャンブルと同一視し，まったく経済に貢献しない存在とみなす人がいるかもし

れません。たしかに，株式の譲渡で大儲けする投資家がいたとしても，企業の資金量とは関係がありません。そのため，社会にとっては発行市場だけが必要であり，流通市場など不要であると思われがちです。しかし，株主資本を返済しないルールのもとで，もし流通市場がなかったとすれば，最初の株主がいつまでも株式を保有しなければなりません。となると，出資金を回収できないため，誰も最初の株主になろうとはしないでしょう。つまり，企業は資金調達ができないのですから，ただちに発行市場も機能しなくなるはずです。流通市場を閉じてしまうと，発行市場もダメになるという意味において，これらは「クルマの両輪」(片輪だけでは無意味) の関係と言われます。

1.7. 債券市場

　企業にとって負債は返済義務がある資金源であり，資金提供者である債権者に対しては，その対価として利子を支払う必要があります。第8章で説明しますが，負債に分類される代表的な資金調達法は，債券発行，銀行借入，仕入債務です (参照 **8-1**)。このうち，**債券** (bond) とは，元本の返済と利子の支払いを約束して発行する譲渡可能な債権です[1]。日本語で債「券」と債「権」は紛らわしいのですが，後者のほうが概念としては広く，前者を含みます。ファイナンスの文脈では，貸したカネを返してもらう権利が債権ですから，それは債券に限ったことではありません。

　債券には主要なタイプとして，国が発行主体となる国債，地方自治体が発行主体となる地方債，企業が発行主体となる社債の3つがあります。本書が取り扱う対象はコーポレートファイナンス (企業の財務) であり，財政学 (国・地方自治体の財務) ではないため，厳密には**社債** (corporate bond) だけが範囲に含まれるのですが，多くの記述は国債や地方債についても同様に当てはまると言えます。よって，以下では債券と表記することにしましょう。参考までに，社債とは株式会「社」が発行する「債」券といったほどの意味になります。

　債券は譲渡可能な証券という特徴について株式と性質を共有しています。すなわち，**債券保有者** (bondholder) は必要と判断すれば流通市場で他の投資家に売却することができます。しかし，企業にとって返済義務のある負債であり，対価として利子を支払うという性質については，株式ではなく，むしろ銀行借入と共通点を持ちます。あらかじめ発行の時点で決めておいた**満期** (返済期日) に，約束された金額を**償還** (返済) します。また，企業は各期の債券保有者に対して利子を支払います。

　きちんと債券市場が整備され，スムーズに取引相手が見つかるかぎり，債券保有者はいつでも売却できる安心感があります。償還が何十年後になる長期の債券であっても，途中で売却する債券保有者にとって長期の投資ではないのですから，これこそが譲渡可能な証券であることのメリットと言えるでしょう。そうであるからこそ，取引相手が見つかりやすい**流動性** (liquidity) の高い債券市場をきちんと整備する必要があるのです。ここでは債券市場の話をしていますが，同じことは株式市場についても言えます。

1.8. キャッシュフロー

　ファイナンスにおいては，カネの流れを**キャッシュフロー** (cash flow) と呼びます。この言葉は文脈に依存して多様な意味を持ちますが，以下ではまず広い意味から説明します。第一に，投資家からの資金調達が必要であり，具体的には株式発行，債券発行，銀行借入などによって賄われます (①)。

第二に，集まった資金を使って実物的な投資プロジェクトを実施します（②）。これは設備投資や在庫投資（原材料の購入）によってモノを生産する活動であり，事業活動（ビジネス）への支出です。第三に，消費者に対するモノの販売によって資金を回収します（③）。これは事業活動（ビジネス）からの収入です。第四に，投資家に対して元本（借りた資金）の返済，利子の支払い，配当（利益の分配），自社株買いなどを行います（④）。

このように，企業の事業活動（ビジネス）は「カネ→モノ→カネ」のプロセスで成り立っています。つまり，投資家から提供されたカネをモノに替え，その販売によってカネを取り戻すという作業の繰り返しです。もし④＞①ならば，当初よりもカネが増えているので事業活動（ビジネス）は成功しています。逆に，④＜①ならばカネを減らしているので失敗に終わっています。事業活動（ビジネス）の成功は，売れるモノを供給して消費者から評価された証拠ですから，社会に恩恵をもたらしたと理解されるべきです。

ところで，キャッシュフローという言葉を狭い意味で使うならば，上記の①〜④のすべてではなく，企業と事業活動（ビジネス）との関係に限定した②，③を指していることになります。先ほど，もし④＞①ならば投資家が提供した当初よりもカネが増えているので，事業活動は成功していると述べましたが，③＞②ならば事業活動が成功していると言い換えても同じことになります。つまり，売上等による事業活動からの収入（③）が，設備投資等の事業活動への支出（②）を上回っているということです。ここで，**フリーキャッシュフロー**（FCF：free cash flow）とは，③から②を引いたものであり，投資家に分配することが可能な事業活動からの純収入です[2]。したがって，事業活動（ビジネス）はFCF＞0ならば好調であり，FCF＜0ならば不調であるという言い方もできます。

以上のように，この科目はヒトやモノの資源配分とも無関係ではありません。私たちの生活を支えている事業活動（ビジネス）であれば社会から評価されるし，そのような事業活動（ビジネス）を支えているファイナンスであれば投資家から評価されます。実際に，ある事業活動（ビジネス）が私たちの生活を支えているかどうかは，希少な資源を私たちの満足につなげたかどうかで判定してよいでしょう。たとえば，まずいラーメン屋は，株主資本（カネ），小麦粉（モノ），アルバイト（ヒト）という希少な資源を無駄遣いして，売れ残りのゴミ（モノ）を作り出す社会悪でしかありません。これとの対比で言えば，美味いラーメン屋はこれらの資源を有効に使っており，私たちの満足度を大いに高め，それに見合った利益を企業にもたらします。きちんと利益を稼ぎ出す企業は，消費者の満足度という尺度のもとで，希少な資源を有効に活用していると評価されるべきなのです。

1.9. 主要なテーマ

この科目には大きな柱が3本あると思ってください。具体的には，①**投資政策**（企業はどのように設備投資などの採否を決めるべきか），②**資本構成**（企業はどのように株主資本と負債の割合を決めるべきか），③**ペイアウト**（企業はどのように配当と内部留保の割合を決めるべきか）の3つです。

ファイナンスをきちんと学ぶことによって，事業活動（ビジネス）の見え方，経済に対する理解の深さ，自分自身が勤務先で働いているときの使命感がまるで変わってくるはずです。ファイナンスは，経済や事業活動（ビジネス）の全般に興味・関心を抱く契機になる科目だと思われます。

第1章からの示唆

　カネは希少な資源です。キャッシュフローを生み出せない企業に対して希少な経営資源（ヒト，モノ，カネ）を投入することは，社会全体にとって重大な浪費です。なぜなら，これらを他の事業活動（ビジネス）に使っていれば，より多くの消費者を満足させ，私たちの生活に貢献することができたかもしれないからです。

　希少な資源を売れないモノの生産のために浪費しそうな事業活動（ビジネス）があったとすれば，それを資金調達の段階で止めることが理想です。そもそも資金調達ができなければ，いかなる投資プロジェクトも実施できないからです。数多くある事業活動（ビジネス）に対して，市場の投資家はリスクに見合った収益率を要求し，そのハードルを超えられそうな投資プロジェクトだけを実施するよう，企業の財務担当者にプレッシャーを与え続けます。したがって，企業の財務担当者は市場メカニズムにさらされながら，企業のカネに関するマネジメントを最大限の努力で遂行すべき立場にあるのです。

【注】

1）　以前，ひとりの学生から「債券はなぜ譲渡可能なのですか」という予想外の質問を受けたことがあります。そうではなくて，譲渡できる債権を債券と呼ぶことにしたのです。譲渡可能でないものは単なる借用証書（貸し手から見れば貸付証書）にすぎません。この種の質問は講義担当者としてありがたいものです。どのあたりで理解が停滞しているのかを教員の立場で知ることは，必ず講義内容の改善につながりますし，教科書の改訂にも役立つからです。

2）　会計期間における資金の増減を表示した財務諸表を**キャッシュフロー計算書**（C/S：cash flow statement）と呼びます。そこでは営業活動からのキャッシュフロー（おおむね③に近い）と投資活動からのキャッシュフロー（おおむね②に近い）を足したものがフリーキャッシュフロー（FCF）になると表現されます（引くのではなく）。足すという表現になるのは，前者が正の値，後者が負の値を取ることが通常だからです。正に負を足すことは，感覚的に引くことと同じであると言えます。また，「おおむね近い」と述べたのは，ファイナンスと会計とでキャッシュフローの定義が若干異なるからです。

第1章 ファイナンス概論

●学習のポイント

ビジネスが社会を支え，ファイナンスがビジネスを支えている。企業による資金調達，利益の分配，利益の内部留保を，貸借対照表（B/S）や損益計算書（P/L）に関連づけて理解すれば本質を見失わない。

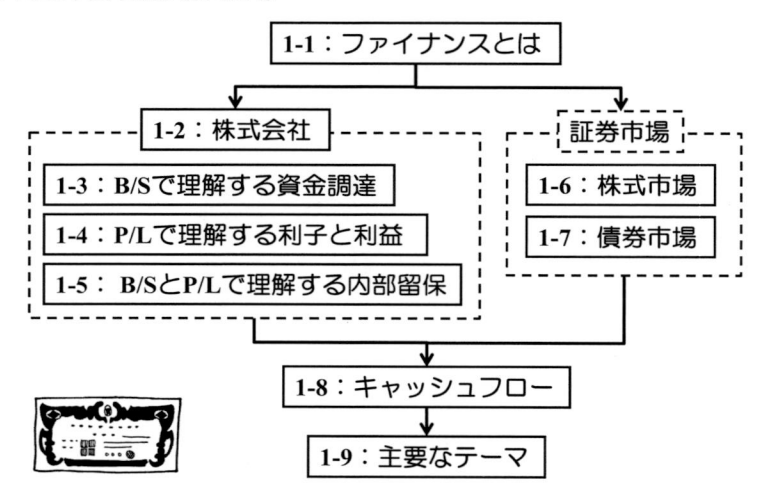

```
              ┌──────────────────┐
              │ 1-1：ファイナンスとは │
              └──────────────────┘
                ↓              ↓
     ┌──────────────┐   ┌──────────┐
     │ 1-2：株式会社   │   │ 証券市場   │
     ├──────────────┤   ├──────────┤
     │1-3：B/Sで理解する資金調達│  │1-6：株式市場│
     ├──────────────┤   ├──────────┤
     │1-4：P/Lで理解する利子と利益│ │1-7：債券市場│
     ├──────────────┤   └──────────┘
     │1-5：B/SとP/Lで理解する内部留保│
     └──────────────┘
                ↓
          ┌──────────────┐
          │ 1-8：キャッシュフロー │
          └──────────────┘
                ↓
          ┌──────────────┐
          │ 1-9：主要なテーマ   │
          └──────────────┘
```

1-1 ファイナンスとは

●コーポレートファイナンス（corporate finance）

　株式会社の財務的な意思決定を研究 ← カネに関するマネジメント

※ ファイナンスは経営学や経済学の一種

・経営学（business administration）

　ビジネスの原理や構造，その合理的な管理法などを研究 → できるだけ少ない経営資源（ヒト，モノ，カネ）をインプットして，できるだけ多い製品・サービスをアウトプットするための工夫

・経済学（economics）

　競合する欲求を満たすために希少な資源の有効な活用法を研究 → 語源はeconomy（節約）だから，いわば "ケチ" 学

（例）たこ焼き屋を経営する場合，タコやネギ（モノ）を原材料とし，従業員を雇う（ヒト）。そのためには資金（カネ）が必要。

1-2 株式会社

●株式（shareまたはstock）…シェア＝分け合う，持ち分

　　　株式会社は均等に細分化された株式による共同出資の企業

　　　　　↑ 投資家は余裕に応じて投資

発行済株数20株

1株（5%）↑

（例）10万円/株×20株=200万円の株主資本（equity）

個々の株主には，出資の割合に応じた利益が帰属

事業活動（ビジネス）が社会を支え，ファイナンスが事業活動を支えている

損失を覚悟できる投資家のおかげで，ビジネスが成功すれば生活に変革

現在の株式会社制度のルーツは，胡椒貿易で有名なオランダ東インド会社（1602年に設立）

大航海時代（15〜16世紀）よりも以前，欧州は胡椒をほとんど栽培できず，非常に高価だった。貿易のおかげで庶民でも買える価格になったが，航海のリスクは高かった。

1-3 B/Sで理解する資金調達

●貸借対照表（B/S：balance sheet）

　　　ある特定の時点（ストック）における企業の財政状態

$$資産 ≡ 株主資本 ＋ 負債$$

定義的に借方（左）と貸方（右）は常に同じ大きさ

■株主資本（equity）…株主からの出資，企業に返済の義務なし

■負債（debt）…債権者からの貸付，企業に返済の義務あり

現預金，材料・仕掛品・製品，現金，工場・設備など

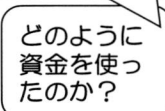

どのように資金を使ったのか？

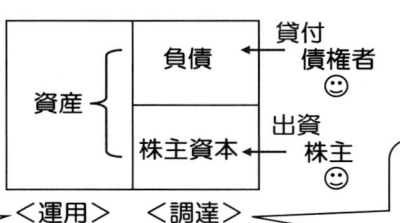

負債 → 貸付 債権者 ☺

資産

株主資本 → 出資 株主 ☺

<運用> <調達>

どこから資金を受け入れたのか？

1-4 P/Lで理解する利子と利益

●損益計算書（P/L： profit and loss statement）

ある特定の期間（フロー）における企業の経営成績

$$利益 ≡ 収益 － 費用$$

■利子…債権者に対する報酬（費用の一部）

■利益…株主に対する報酬

> 株主は事前に対価の大きさが約束されていないのでリスクが高い

> 利益は，他の経営資源（ヒト・モノ・カネ）に対する対価を支払った後の残余

■EBIT（事業利益: earnings before interest and taxes）

直訳すれば利払・税引前利益

> ヒトやモノに関する対価

> カネに関する対価

事業利益（EBIT）

	費用	
債権者 ☺	（利子）	収益
株主 ☺	利益	

> ここから税

株主

業績が悪いとき，株主に残る利益は少ない

1-5 B/SとP/Lで理解する内部留保

●内部留保（earnings retention）

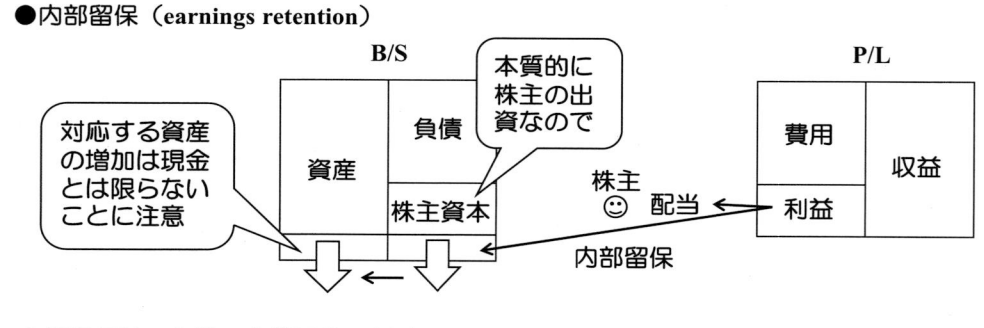

B/S

資産	負債
	株主資本

> 本質的に株主の出資なので

> 対応する資産の増加は現金とは限らないことに注意

P/L

費用	収益
利益	

株主 ☺ 配当

内部留保

内部留保は，企業の事業活動に対する<u>利益の再投資</u>

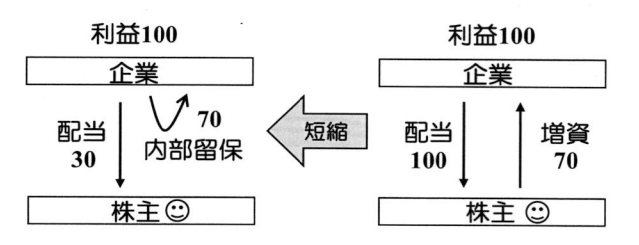

利益100
企業
配当30　内部留保70
株主 ☺

短縮

利益100
企業
配当100　増資70
株主 ☺

> 100を渡してから70を受け取っても，最初から30だけを渡しても結果は同じ

> 株主の出資だからこそ，内部留保は株主資本の一部（利益剰余金）に計上

1-6 株式市場

※株主が出資した株主資本（**equity**）に返済義務なし

→　株式の流通市場が必要（株式の自由譲渡性）

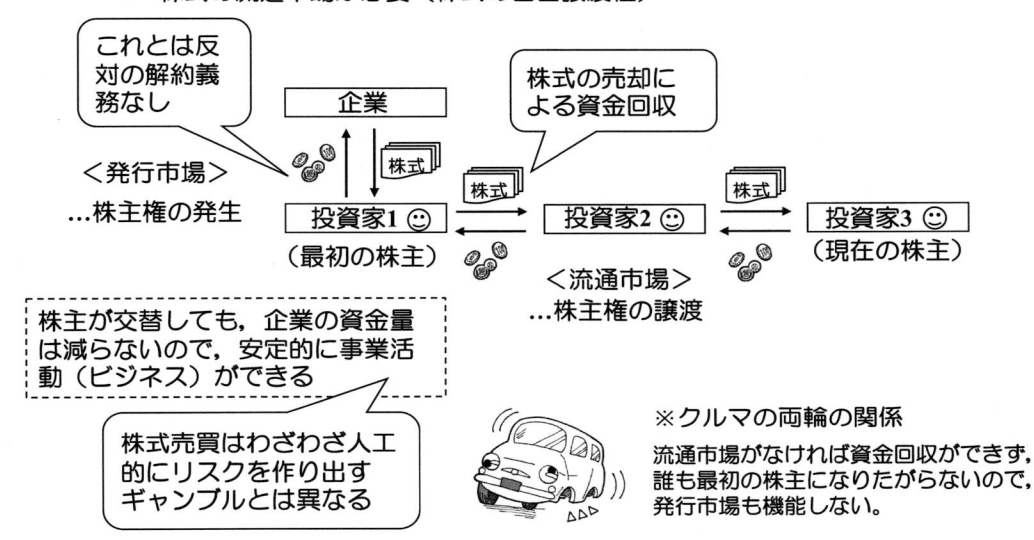

これとは反対の解約義務なし

株式の売却による資金回収

＜発行市場＞
…株主権の発生

株主が交替しても，企業の資金量は減らないので，安定的に事業活動（ビジネス）ができる

株式売買はわざわざ人工的にリスクを作り出すギャンブルとは異なる

※クルマの両輪の関係
流通市場がなければ資金回収ができず，誰も最初の株主になりたがらないので，発行市場も機能しない。

1-7 債券市場

●債券（**bond**）

元本の返済と利子の支払を約束して発行する譲渡可能な債権

返済義務がある負債の一種

借用証書を証券化して譲渡可能にしたもの

額面金額

クーポン（利札）

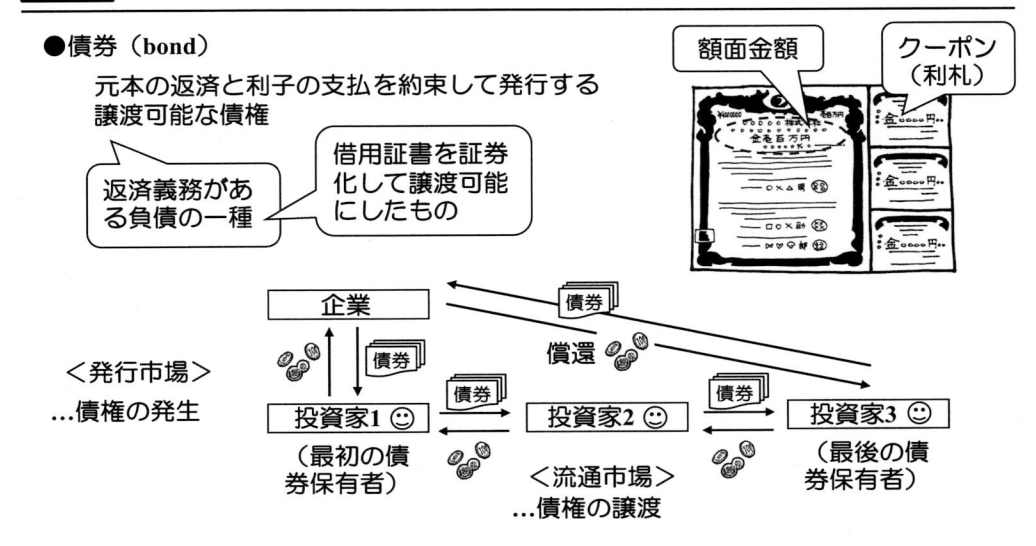

＜発行市場＞
…債権の発生

償還

投資家1 ☺（最初の債券保有者）

＜流通市場＞
…債権の譲渡

投資家2 ☺

投資家3 ☺（最後の債券保有者）

・企業は各期の債券保有者に利子を支払う

・満期（返済日）の債券保有者に対して償還（返済）

1-8 キャッシュフロー

●キャッシュフロー（**cash flow**）

収入と支出

> 企業の事業活動（ビジネス）はカネ→モノ→カネ

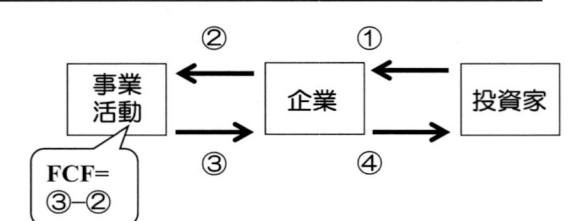

$$FCF = ③ - ②$$

①資金調達

　　株式発行（増資），債券発行，銀行借入

②投資プロジェクト

　　設備投資，在庫投資

③売上による資金の回収

　　商品・サービスの販売

④投資家への支払

　　元本の返済，利子の支払，配当，自社株買い

●フリーキャッシュフロー
（**FCF: free cash flow**）

投資家に分配することが可能な，事業活動からの純収入

> おおむね，事業活動はFCF>0ならば好調，FCF<0ならば不調

資本市場（**capital market**）の役割は，希少な資源を無駄にしそうな企業に①をさせないこと

1-9 主要なテーマ

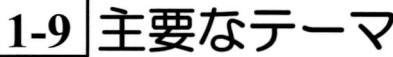

■投資政策...どのように設備投資などの採否を決めるべきか？ ②

■資本構成...どのように株主資本と負債の割合を決めるべきか？ ①

■ペイアウト...どのように配当と内部留保の割合を決めるべきか？ ④

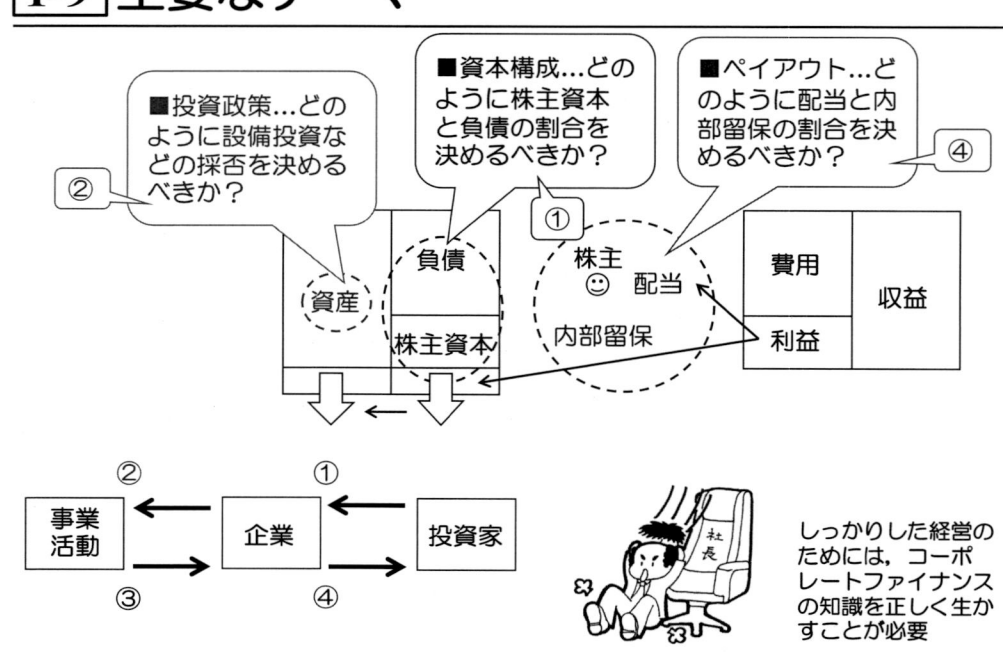

資産　負債　株主資本　株主☺　配当　内部留保　費用　収益　利益

②事業活動　①企業　投資家
③　　④

しっかりした経営のためには，コーポレートファイナンスの知識を正しく生かすことが必要

第2章 バリュエーション

　この章では，時間の要素を考慮すると，現在の100万円と1年後の100万円が同じ値打ちを持つはずがないこと，また，リスクの要素を考慮すると，確実な1年後の100万円と不確実な1年後の100万円が同じ値打ちを持つはずがないことを説明します。つまり，投資の2大要素とも言うべき時間とリスクについて，それらがキャッシュフローの評価（バリュエーション）にどのような影響を及ぼすかが論点です。

2.1. 無リスク利子率

　定義的に，**投資**（investment）とは，現在の確実な価値を犠牲にして，将来の不確実な価値を得ようとする行為です。この文の前段部分はアウトフロー（支出），後段部分はインフロー（収入）を説明しています。しかし，異なった切り口から眺めると，現在・将来の対比は**時間**（time）に関する記述，確実・不確実の対比は**リスク**（risk）に関する記述として理解することができます。投資をすべきか否か，あるいは，2つ以上の投資機会のうちどれが有利かを判断する場合，必ず念頭におかなければならない要素が時間とリスクなのです。

　まず，時間に限って説明しますが，それはいったんリスクを検討の対象外として，純粋に現在・将来の対比に絞って考察することを意味します。この場合，現在の自分のカネを自分自身の消費のために使わず，あえて誰かに手渡して，将来に戻ってくるまで待つことが投資なのです。**時間選好**（time preference）という概念がありますが，これは投資家が将来の消費よりも現在の消費を好む程度の強さを示します。時間選好の程度が強くなるほど，自分自身の消費を将来まで遅らせることに強い苦痛を感じます。そのような投資家に資金を提供してもらうためには，消費を待たせてしまう我慢に見合った報酬として，投資してもらう側が利子を支払わなければなりません。

　よって，投資家は現在の消費を減らす代わりに，利子の分だけ将来の消費を増やすことができます。投資した分は自分自身で使わず，他の誰かにカネの使用権を譲っているのですから，その代償として報酬を受け取るのは当然です。さもなければ，我慢してまで他の誰かに使わせようとは思わないでしょう。このように，成果が確実な投資でも受け取れる「時間の報酬」を**無リスク利子率**（risk free rate of return）と呼びます。これはあらゆる投資に共通するカネの基本レンタル料だと考えればわかりやすいでしょう。厳密に言うと無リスクではありませんが，おおむね銀行預金や国債の利子率が相当します。

　では，無リスク利子率はどのように決まるかといえば，それは資金を必要としている側の需要と，資金を提供してもよいと思う側の供給に関して，それらがちょうど同じ量に落ち着く水準です。コー

ポレートファイナンスの文脈では，需要側に企業，供給側に投資家が位置します。もし無リスク利子率が低すぎれば，カネを使いたい側の需要が提供したがる側の供給を上回っているので，超過需要を原因として無リスク利子率は上昇します。逆に，無リスク利子率が高すぎれば，カネを提供したがる側の供給が使いたがる側の需要を上回っているので，超過供給を原因として無リスク利子率は下落します。結局のところ，価格調整が終わる均衡では需要と供給が一致します。

詳細な説明は本書では割愛しますが，無リスク利子率が変化するたびに，投資家は現在消費と将来消費のバランスを組み直して，効用（満足度）が最大になるように最適化することが想定されています。これ以上に無リスク利子率が変化せずに落ち着くのが均衡ですから，そのとき投資家は市場が決めた無リスク利子率のもとで最適化できているはずです。

数値を使って具体的に説明することにしましょう。いま自分自身でカネを使えるときの現在消費の大きさが 100 万円であるとします。また，仮に投資の結果として将来消費を 102 万円にできるものとします。これらの 2 つの選択肢で，いま投資家の効用（満足度）がちょうど同じになるのであれば，差額の 2 万円が消費を遅らせる我慢を埋め合わせる上乗せ分だと言えます。100 万円に対して 2 万円の時間プレミアムですから，無リスク利子率は 2％になります。

2.2. リスクと期待収益率

次に，リスクに関してですが，投資によって，確実な価値を断念する代わりに，不確実な価値を得ようと試みていることになります。損失が出てしまう確率が高い投資ほど，そのリスクの高さに見合った代償として追加的な報酬を受け取るべきです。そのことを説明する前に，リスクそれ自体についてもう少し詳しく説明しておくことにします。

投資にリスクが伴うとは，投資によって将来に起こり得る状態がひとつではなく，実際にどの状態が起こるのかが将来になってみないとわからないことを意味しています。したがって，将来の状態ごとにキャッシュフローは異なる値を取ることになります。しかし，いちいち「状態 a は確率 x％で y 円のキャッシュフローをもたらし，状態 b は...」と表現していては面倒で仕方がありません。そこで，これらをひとつの数値に要約したものが**期待キャッシュフロー**（expected cash flow）です。

たとえば，ごく単純に現在における投資の結果が 1 年後のキャッシュフローを生み出すものとして，状態 a が実現すれば 120 万円という高収益，状態 b が実現すれば 86 万円という低収益だとしましょう。ただし，現在において，状態 a が発生する確率は 40％，状態 b が発生する確率は 60％と見積もられています。そこで，それぞれの状態が発生する確率でウエイト（加重）すると，期待キャッシュフローは 100 万円になります。これは濃度が異なる 2 種類の食塩水を混ぜたとき，何％濃度の食塩水ができあがるのかを問う計算問題に似ています。計算上得られた 100 万円という金額は，実際に取り得る値である 120 万円や 86 万円のどちらとも異なりますが，簡潔明瞭なフィクションとして非常に便利です。

世間一般で誤解の多いところですが，将来において悪い状態が実現する現象をリスクと呼ぶのではありません。あくまでも，良い状態が起こるか，悪い状態が起こるのか，現在の時点でわからないことがリスクなのです。直感に反するかもしれませんが，将来に悪い状態が実現する確率が 100％ならば，確実にそうなることが現在の時点でわかっているのですから，まったくリスクはない理屈になり

ます。リスクという語の響きが多くの人に悪いものだけを連想させるのかもしれません。むしろ，日本語で言えば「危険」よりも，「危機」（危険と機会の両方を含む）のほうに近い概念だと考えてください。つまり，良い状態が起こる可能性も含めてリスクなのです。

　実際のところ，ある状態が実現する確率を見積もることが難しく，ましてや状態の数は無限にあるのが現実ですから，正確に計算できない期待キャッシュフローという概念に果たして意味があるのだろうかと疑念を持つかもしれません。しかし，ファイナンス理論は生身の人間であるユーザーに対して，神様のようなレベルで何かを計算できることを求めているのではありません。むしろ，計算できると仮定した場合にどのような現象が起こるのかを，概念として理解することが大事です。

　また，現在の投資額に対する将来の期待キャッシュフローの割合を**期待収益率**（expected rate of return）と呼びます[1]。わかりやすく，記号を E [r] としておきましょう。実現する収益率が r であるとして，その期待値 E ［・］ という意味です。現在の投資額が 90.9 万円で，1 年後の期待キャッシュフローが先の数値例で得られた 100 万円であるとしましょう。この場合，（100 万円 − 90.9 万円）／ 90.9 万円という計算によって，期待収益率 E ［r］ はおおよそ 10％になります。

2.3. 投資家のリスク選好

　先ほどは状態の数がたったの 2 つしかない単純な状況で説明しましたが，より現実的に考えると，状態の数ははるかに多くなります。横軸に収益率，縦軸に頻度（相対度数）を取ったとき，状態の数を増やすにつれて，柱の数が多いヒストグラム（度数分布表）を描くことができます。

　状態の数を無限と考え，収益率が**正規分布**（normal distribution）にしたがうとみなすならば，頻度は確率密度に置き換わり，平均を中心として左右対称の釣り鐘型の確率分布になります。期待収益率は確率的に期待できる平均的な収益率を表し，**標準偏差**（standard deviation）は収益率のバラツキ程度を表します（補論 1 〜 2）。このとき，標準偏差が投資のリスクを表現しています。その値が大きくなるほど分布のバラツキは大きくなり，中央の山は低くなり裾野が厚くなります。つまり，期待収益率から離れた収益率（大アタリや大ハズレ）が実現しやすくなるのです。

　さて，**リスク選好**（risk preference）という概念に基づくと，以下の 3 種類のタイプの投資家が存在することになります。第一に，**リスク回避型**（risk averter）の投資家は，期待収益率が同じならば低リスクを選好します。大アタリを捨てる代わりに，大ハズレも避けようとする慎重なスタンスだと言えるでしょう。第二に，**リスク愛好型**（risk lover）の投資家は，期待収益率が同じならば高リスクを選好します。これは大ハズレの危険性を覚悟しながらも，大アタリのチャンスに賭けたがっているギャンブル好きの発想と言えます。第三に，**リスク中立型**（risk neutral）の投資家は，期待収益率が同じならばどちらの投資案でも無差別だと考えます。つまり，バラツキの大きさを気にかけず，期待収益率だけで判断していることになります。

　ファイナンス理論では，投資家がリスク回避型であることを前提してモデルを組み立てるのが通常です。すなわち，期待収益率が同じならば低リスクを選好すると想定します。実際，数多くの投資家はリスク回避型であり，リスク愛好型やリスク中立型は比較的少数派に属します。とはいえ，これは文字どおり「選り好み」の問題ですから，後 2 者が倫理的に望ましくないといった批判的なニュアンスはありません。単に多数派の行動を説明できる理論モデルを提供するということです。

　ところで，リスク回避型というのは，期待収益率が同じという前提下でリスクを避けたがることを意味しているのであって，何が何でもリスクを避けたがることを意味しているのではありません。期待収益率が異なる前提下では話が変わってきます。高リスクではあるけれども期待収益率が高い投資案と（高リスク・高期待収益率），低リスクではあるけれども期待収益率が低い投資案があったとして（低リスク・低期待収益率），どちらに魅力を感じるかは，これも投資家の好みの問題になってきます。

2.4. リスクプレミアム

　では，リスク回避型の投資家がリスクを負担してもよいと考えるためには，期待収益率にどのぐらいの上乗せが必要になるでしょうか。言い方を変えると，投資家はどのぐらいの収益率を要求すべきでしょうか。すでに述べたように，投資をすべきか否か，あるいは，2つ以上の投資機会のうちどれが有利かを判断する場合，時間とリスクを必ず念頭におかなければなりません。

　このうちリスクに関してですが，投資によって，確実な価値を断念する代わりに，不確実な価値を得ようと試みていることになります。損失が出てしまう確率が高い投資ほど，そのリスクの高さに見合った代償として追加的な報酬を受け取るべきです。このように，成果が不確実な投資で受け取るべき「リスクの報酬」を**リスクプレミアム**（risk premium）と呼びます。いわばカネの追加レンタル料であると考えればわかりやすいでしょう。リスクプレミアムは，投資案件のリスクが高くなるほど比例的に大きな値を取ります。また，投資家のリスク回避の程度が強ければ，そうでない場合と比べてリスクプレミアムの値は大きくなります。では，リスクプレミアムはどのように決まるかといえば，**資本資産価格モデル**（CAPM）で決まるという考え方が教科書的な標準です。これは第3章で説明することにして，さしあたり本章では与えられた数値とみなします（参照 3.7.）。

　数値と図を使って具体的に説明することにしましょう。図においては，横軸をリスク，縦軸を期待収益率としたうえで，効用（満足度）が同じになる点を結んだ曲線を描いています。いま低リスク案（簡単化のために無リスク）が期待収益率2％をもたらすとします（①）。仮に高リスク案が期待収益率10％をもたらすとして（②），このときリスク回避型の投資家が，効用（満足度）が同じであるがゆえに（③），ちょうど低リスク案から高リスク案に乗り換えたとするならば，期待収益率の差である8％はリスクの高さを埋め合わせるのに必要な上乗せ分だと言えます（④）。共通の要素である無リスク利子率は2％ですから，低リスク案の要求収益率は2％である一方，高リスク案の要求収益率はリスクプレミアムの8％を加えて10％ということです。

2.5. 要求収益率

　無リスク利子率とリスクプレミアムの説明を済ませましたが，以上の2つの要素を合計したものが投資家の**要求収益率**（required rate of return）です。いわばカネの総レンタル料に相当します。投資の期間が与えられれば，どの投資案件であっても無リスク利子率は共通ですが，リスクプレミアムは異なっています。よって，リスクが高くなるほど，それに見合った要求収益率は高くなります。

　市場は企業間で競争的です。この点に関連して，要求収益率は**機会費用**（opportunity cost）の概念で説明されることもあります。一般に，機会費用とは，ある案を選んだ際に諦めなければならない他の案がもたらしたはずの収益です。失った収益の機会を一種の費用と捉えていることになります。

　たとえば，投資家がある金額のカネを A 社に投資するならば，それ以外の B 社，C 社，D 社…に対して投資する機会を失うことになります。いまリスクが同じ他の投資機会のうち，B 社がもたらす期待収益率 10% が最も高いとしましょう。このとき，A 社への投資の機会費用は 10% です。ということは，投資家は失った収益の機会を埋め合わせるべく，A 社に対して 10% の収益率を要求する理屈です。この要求を満たせない状況が長々と続けば，そのうち A 社は魅力的な投資機会ではないと認識され，どの投資家からもカネを提供されなくなるでしょう。

　市場が企業間で競争的であるとは，以上のような意味です。つまり，希少な経営資源であるカネを提供してもらうためには，要求収益率を超える収益率を稼ぐような事業活動（ビジネス）をおこなわなければなりません。

　また，市場は投資家間でも競争的です。先ほど無リスク利子率を説明する箇所で市場の均衡という概念を説明しました。要求収益率も市場で決まってきますので，そこには数多くの投資家の需要が織り込まれています。「要求」収益率という言葉は，投資家の強圧的なスタンスを連想させる響きがあるかもしれませんが，そうではなくリスクに見合った最低限の見返りです。ある投資家がひとりだけリスクに見合わないほどの高い要求をしたとしても，市場では相手にされないだけのことです。語感に引っ張られて，「要求」収益率という言葉に対する批判的なスタンスは持たないようにしましょう。しつこいようですが，これはカネという経営資源を提供したことへの対価です。

2.6. 将来価値

　以上で投資家の要求収益率を説明し終わりましたので，以下では時間とリスクの両方を考慮に入れたキャッシュフローの評価の話に移ることにしましょう。これはバリュエーション（valuation）ですが，それは本章のタイトルでもあります。まずは投資したカネが時間の経過に伴ってどのように増えるのかを確認してみることにします。現在の投資は，将来にどのぐらいの収入を生み出すと期待できるでしょうか。

　たとえば，現在の 100 万円を運用する場合，期待収益率を 10% とすれば，1 年後には収益 10 万円を含めて（収益は年 1 回だけ発生すると仮定），1 年後の 110 万円を生み出します。では，2 年後はいくらになっているでしょうか。比較的単純な単利計算では，最初の投資額に対してしか収益が付きません。1 年目に収益 10 万円（いわば第 1 子），2 年目に収益 10 万円（いわば第 2 子）が得られるため，2 年後の投資残高は 120 万円です。しかし，この計算法は理論的に正しくありません。1 年後の投資残高は 110 万円なので，部分的に引き出したりしないかぎり，この時点で 100 万円ではなく 110 万円を投資していると考えるべきです。よって，理論的に正しい複利計算（compounding）にしたがえば，2 年後の投資残高は 121 万円となります。この時点では，第 2 子のみならず，第 1 子から生まれる初孫もいると考えればわかりやすいでしょう。

　このような要領で子供，孫，ひ孫…と考えていけば，何年後にいくらの投資残高になっているのかを計算することはできますが，より簡単に同じ結果を導き出せます。期待収益率が 10% の場合，1 年が経過するごとに投資残高に対して $(1 + 0.1)$ 倍ずつ膨らみますから，2 年後には $(1 + 0.1)^2$ 倍になり，3 年後には $(1 + 0.1)^3$ 倍になっているはずです。

　時間の経過につれて，カネの増え方には加速度がつきます。この数値例のもとで，現在の 100 万円

がもたらす**将来価値**（FV：future value）は，1 年後に 110 万円，2 年後に 121 万円，3 年後に 133 万円です。これに対して，単利計算ならば 110 万円，120 万円，130 万円ですから，比例的な増え方にしかなりません。ということは，子，孫，ひ孫…といったように，ネズミのような増え方をすることが加速度の原因であることは明らかでしょう。

一般化して述べると，n 年後の将来価値は，現在の投資額に（1 ＋期待収益率）の n 乗をかけたものになります。もちろん，期待収益率の値が大きくなるほど，将来に向けてのカネの増え方は大きくなります。しかし，期待収益率がそれほど大きな数値でなくても，年数が大きければ将来価値は大きな数値になります。

以上のように，カネには時間を味方につけて増殖する性質がありますが，これを**キャッシュの時間的価値**（time value of money）と呼びます。この言葉については，貨幣の時間的価値と呼ばれるほうが多いように見受けられますが，ファイナンスではキャッシュフローという用語を多用しますし，ほとんど同じようなことに数多くの表現を用いる混乱を避ける意味でも，本書ではあえてキャッシュの時間的価値と呼ぶことにしています。

2.7. 現在価値①

今度は裏返して逆方向に考えてみましょう。要求収益率を満たすうえで，将来の収入に対して，現在どのぐらいならば投資してもよいと思えるでしょうか。先ほど将来価値の概念を説明する際，カネには時間を味方につけて増殖する性質があると述べました。将来に収入があるということは，そのタイミングで時間を味方につけ始めることになります。ということは，収入が遅くなればなるほど時間を味方につけ始めるタイミングが遅くなるので，その分だけ増殖の機会を失うことになりますし，その分だけ価値が低くなるはずです。

たとえば，投資家の要求収益率を 10％としたとき，2 年後の 100 万円は現在の 82.6 万円と等価の関係になります。なぜなら，現在の 82.6 万円を 10％で運用すると，そこから（1 ＋ 0.1）倍に膨らむプロセスを 2 回経て，2 年後には 100 万円になるからです。求めたい未知数を PV と置けば，簡単な式の変形によって PV を直接的に求めるルールを見出すことができます。すなわち，82.6 万円という数値は，2 年後の 100 万円を（1 ＋ 0.1）^{2} で割ることによって得られるのです。

この数値例において，2 年後の 100 万円の**現在価値**（PV：present value）は 82.6 万円であると表現されます。ファイナンス理論では，同じものは同じ価値にならないとおかしいという考え方が根底にあります。そのタイミングでの収入としての 2 年後の 100 万円は，現在の 82.6 万円を運用すればまったく同じものを作れるのですから，まさに現在の価値は 82.6 万円しかないと考えるのです。

一般化して述べると，現在価値は，n 年後のキャッシュフローを（1 ＋要求収益率）の n 乗で割ったものとなります。この種の作業を**割引計算**（discounting）と呼びます。現在の値打ちで測る際，n 年後のキャッシュフローが見かけどおりの価値があると思えば過大評価になってしまうので，割り引いて見積もる必要があるということです。遠い将来のキャッシュフローになるほど縮み方が著しく，現在価値は小さな数値になります。なぜなら，割引計算において加速度的に分母が大きくなっていくからです。そのような言葉はないのですが，記憶のしやすさを重視して「遠将来・低現在価値」と表現しておくことにしましょう。ここからは，時間を原因として，現在の 100 万円と n 年後の 100 万

円が同じ値打ちを持つはずはないということが言えます。

2.8. 現在価値②

　リスクの効果はキャッシュフローの現在価値にどのように反映されるのでしょうか。すでに説明したように，リスクの高さに見合った代償がリスクプレミアムであり，その分だけ要求収益率が高くなります。また，要求収益率は，最低限そのぐらいの収益率が期待できなければ割に合わないので投資したくないという水準です。ということは，収入が遅くなるごとに時間を味方につけ損なう影響は，無リスクの場合よりもリスクプレミアムの分だけ大きくなる理屈です。このように，将来のキャッシュフローを現在価値（PV）に換算するには，時間とリスクの両方を考慮に入れる必要があります。期待キャッシュフローが同じであるとして，高リスク案の現在価値は，分母の要求収益率に高めのリスクプレミアムが上乗せされる分，低リスク案の現在価値よりも低く見積もられることになります。もっと短い言い方をすれば，リスクが高いほど現在価値は低くなるということです（高リスク・低現在価値）。

　たとえば，無リスク利子率が 2 ％であるとき，まったくリスクがない投資の場合，1 年後の 100 万円の現在価値は 98 万円です。純粋に時間の要素だけを切り出しているので，現在の 100 万円と 1 年後の 100 万円が同じ値打ちを持つはずがないという言い方ができます。しかし，リスクがある投資の場合，そのリスクプレミアムが 8 ％だとすれば，不確実な 1 年後の 100 万円の現在価値は 90.9 万円です。ここからは，同じタイミングで比較したとき，リスクを原因として，確実な n 年後の 100 万円と不確実な n 年後の 100 万円が同じ値打ちを持つはずはないということが言えます。

2.9. 現在価値③

　ここまでは n 年後だけにキャッシュフローが発生して，その現在価値はいくらかという単期間の話をしてきました。しかし，投資は複数の期間にまたがって何度もキャッシュフローを生み出すのが通常です。その際，時点が異なるキャッシュフローを見かけどおりの金額で単純に比較することはできませんし，単純に合計することもできません。

　いま 250 万円の機械を購入し，3 年間にわたって毎年 100 万円ずつの収入が期待できるとしましょう[2]。このとき，250 万円の投資で合計 300 万円の収入だから 50 万円の儲けがあると考えてしまったら間違いです。仮に要求収益率が 10 ％ならば，1，2，3 年後の 100 万円は，それぞれ現在価値（PV）で 90.9，82.6，75.1 万円の値打ちしかありません。これらを合計するとパッケージ全体で 248.6 万円ですから，現在の設備投資 250 万円と比較して採算割れであることがわかります。

　このように，現在価値（PV）の計算が威力を発揮するのは多期間のケースです。キャッシュフローのタイミングがずれているため，そのままでは現在の投資額と比較しようにも，目移りしてハッキリとしたことがわかりません。これらをすべて同じタイミング，たとえば現在（0 年後）に寄せ集めることによって，一目瞭然の比較ができるのです。

　もちろん，理屈のうえでは何年後の時点に寄せ集めてもよく，その場合は将来価値（FV）で比較することになりますが，そもそも投資すべきか否かを思案しているのは現在ですから，現在価値（PV）で判断するほうが発想的に自然だと思われます。

　一般に，期待キャッシュフローは毎期異なる数値であり，現在価値の計算は手間がかかる作業となります。しかし，毎期一定の期待キャッシュフローが永久に続く場合，現在価値の計算は暗算できるぐらいに簡単化します。このような特殊なケースは**永久定額年金**（perpetuity）と呼ばれています（補論3〜4）。具体的に述べると，毎期一定の期待キャッシュフローをC，投資家の要求収益率をkとするとき，永久定額年金の現在価値はC/kで求められます。

第2章からの示唆

　この章では，将来に発生するキャッシュフローを現在の時点でどのように評価するかが論点でした。時間とリスクは投資を考えるうえでの2大要素だと述べましたが，どちらも投資家の要求収益率に反映され，さらには現在価値に反映されます。現在価値の概念はファイナンスにおいて最重要に位置づけられます。なぜなら，企業の事業活動（ビジネス）はキャッシュを生み出すものだからです。予告的に述べておくと，キャッシュフローの現在価値は，企業価値の算出（第3章），株式価格の算出（第3〜4章），投資政策の決定（第5〜6章），債券価格の算出（第8章）に使われる重要な概念なのです。

補論1

　これは第2.3節の補足説明です。正規分布の性質上，$-1\sigma < E[r] < +1\sigma$ の範囲に収益率 r がおさまる確率は68.3%とわかっています。たとえば，ある株式の期待収益率 $E[r]$ が10%，標準偏差 σ が5%だとしましょう。与えられた数値を代入すると，$E[r]+1\sigma=15\%$，$E[r]-1\sigma=5\%$ ですから，この株式の収益率 r が5%〜15%の範囲内におさまる確率は68.3%だということです。同様に，$-2\sigma < E[r] < +2\sigma$ の範囲に収益率 r がおさまる確率は95.4%とわかっており，それは株式の収益率 r が0%〜20%の場合です。さらに，$-3\sigma < E[r] < +3\sigma$ の範囲に収益率 r がおさまる確率は99.7%とわかっており，それは株式の収益率 r が－5%〜25%の場合です。逆に言えば，株式の収益率がその範囲外で実現する確率は0.3%しかないということです。語呂良く「センミツ」（1,000回に3回）と記憶しておくとよいでしょう。

補論2

　これも第2.3節の補足説明です。ここでは標準偏差 σ の計算方法を事例で示しています。まず，それぞれの収益率 r が期待収益率 $E[r]$（つまり平均）からどのぐらいズレているのかが知りたくて，それを**偏差**（deviation）と呼びます。一見すると，この偏差 $r-E[r]$ の期待値 $E[r-E[r]]$ を取りさえすれば平均的なズレがわかるため，投資のリスクがどの程度かを表現できそうに思われます。ところが，偏差の期待値は必ずゼロになってしまいます。そうなるように平均が決まっているとも言えます。それではバラツキの尺度として使えませんので，偏差を2乗してから期待値 $E[(r-E[r])^2]$ を取ります。これが**分散**（variance）です。ところが，分散 σ^2 の単位は $\%^2$（パーセントの2乗）になってしまうので，このままでは使いにくい難点があります。そこで分散の平方根を取って**標準偏差**（standard deviation）とします。そうすれば，標準偏差 σ の単位は%となり，期待収益率 $E[r]$ と単位が揃うので使い勝手が良くなります。

補論3

　これは第2.9節の補足説明です。特殊なケースとして，毎期一定の期待キャッシュフローが永久に続く場合ですが，これを**永久定額年金**（perpetuity）と呼びます。かつて，イギリスでは償還しない代わりに永久に一定額の利子を支払い続ける国債を発行していて，コンソル（consols）と呼ばれていました。今となってはそれほど現実性がないのですが，計算が簡単であるために，理論的な概念を説明する際に便利です。

補論4

　今度は毎期一定の額ではあるものの，永久ではなく一定期間だけ続く期待キャッシュフローの現在価値を考えます。このような特殊なケースは**有期定額年金**（annuity）と呼ばれています。直感的にわかりやすい説明を先に済ませておくと，あるパーツの大きさを求めたいとき，全体から残りのパーツを除くだけで目的を果たせます。その際，永久定額年金の公式を利用します（補論3）。

　毎期一定の期待キャッシュフローをC，投資家の要求収益率をk，満期（最終期）をN年後としましょう。求めたいのは1年後からN年後まで続く期待キャッシュフローの，0年後時点における現在価値です（④）。まず，1年後から永久的な将来まで続く期待キャッシュフローの，0年後時点における現在価値は，永久定額年金の公式を用いてC/kとなります（①）。次に，$N+1$年後から永久的な将来まで続く期待キャッシュフローの，N年後の時点における現在価値は，やはり永久定額年金の公式を用いてC/kとなります（②）。

　ところで，②はN年後の時点における現在価値であるため，0年後からはN年分だけタイミングがズレています。そこで，②の0年後時点における現在価値を求めると，N年分だけ割り引いて$(C/k)/(1+k)^N$になります（③）。したがって，求めている④は①から③を差し引いた$C/k - (C/k)/(1+k)^N$になります。これが有期定額年金の公式です。

　この種の計算技術は実務的に重要ですが，本質を理解せずに公式を暗記するスタンスは取らないほうがよいでしょう。大多数の人にとっては，公式を忘れてしまっても，使う局面が来るたびに確認すればよいだけですから，むしろ，考え方を理解することに重点を置くべきです。ときどき，ファイナンスを単なる計算技術と決めつけている人を見かけるのですが，そうではないと強調しておきます。

【注】

1）　なお，期待収益率のことを単に「リターン」と呼ぶことも多いのですが，誤解を招きやすい表現でもあります。この点については，第4章で論じることにしましょう（参照：**4.1.**）。
2）　本書では数値例をときどき示しますが，使われている数値が非現実的に小さすぎるとか，大きすぎると感じる読者もいるかもしれません。これは，暗算できる程度の数値であったり，図解をする必要上の数値であったり，同じ数値を使い回すほうが読者の理解を容易にするという配慮であったりします。少なくとも，著者自身は生まれてこの方「〜億円」を手に取ったことがないため，「〜万円」のほうが実感のある話として想像しやすいです。

第2章 バリュエーション

●学習のポイント

時間の要素を考慮すると，「現在の100万円」と「1年後の100万円」が同じ値打ちを持つはずがない。また，リスクの要素を考慮すると，「確実な1年後の100万円」と「不確実な1年後の100万円」が同じ値打ちを持つはずがない。

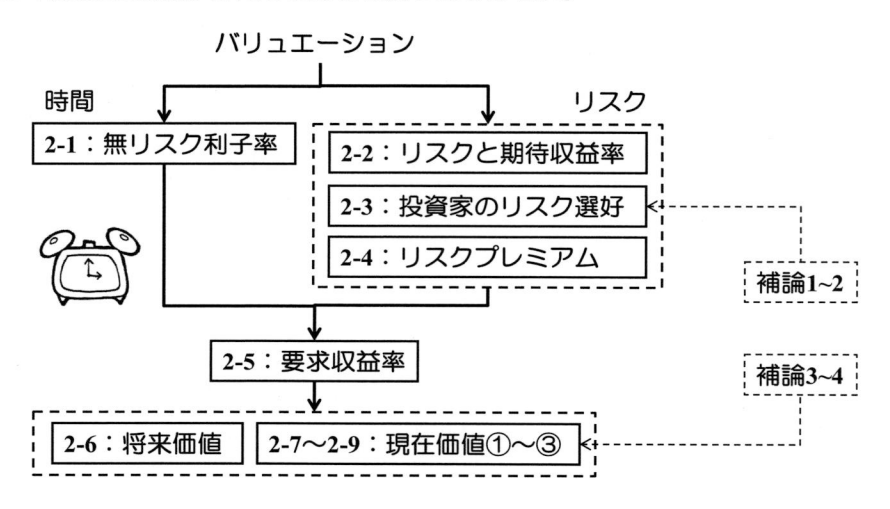

2-1 無リスク利子率

●投資（investment）

現在の確実な価値を犠牲にして，
将来の不確実な価値を得る行為
　↑時間　　↑リスク

※リスクがない投資の場合

●無リスク利子率 r_f

　リスクがなくても受けるべき報酬

　[時間選好を反映]

時間選好が強いほど現在消費を重視するので，消費を待たせる見返りは大きい

現在消費を我慢して投資してもよいと思うためには，将来消費にどのぐらいの上乗せが必要か？

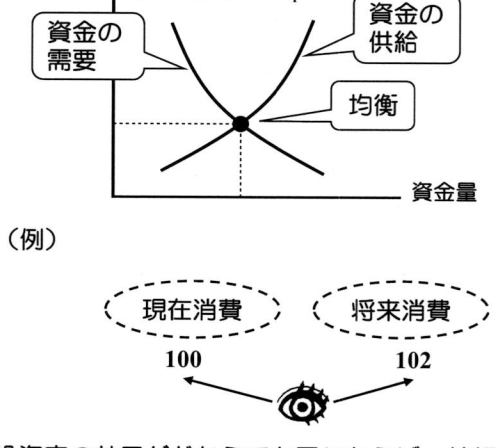

（例）

　　現在消費　　　将来消費
　　　100　　　　　　102

投資家の効用がどちらでも同じならば，差額の2が必要な上乗せ（無リスク利子率2%）

2-2 リスクと期待収益率

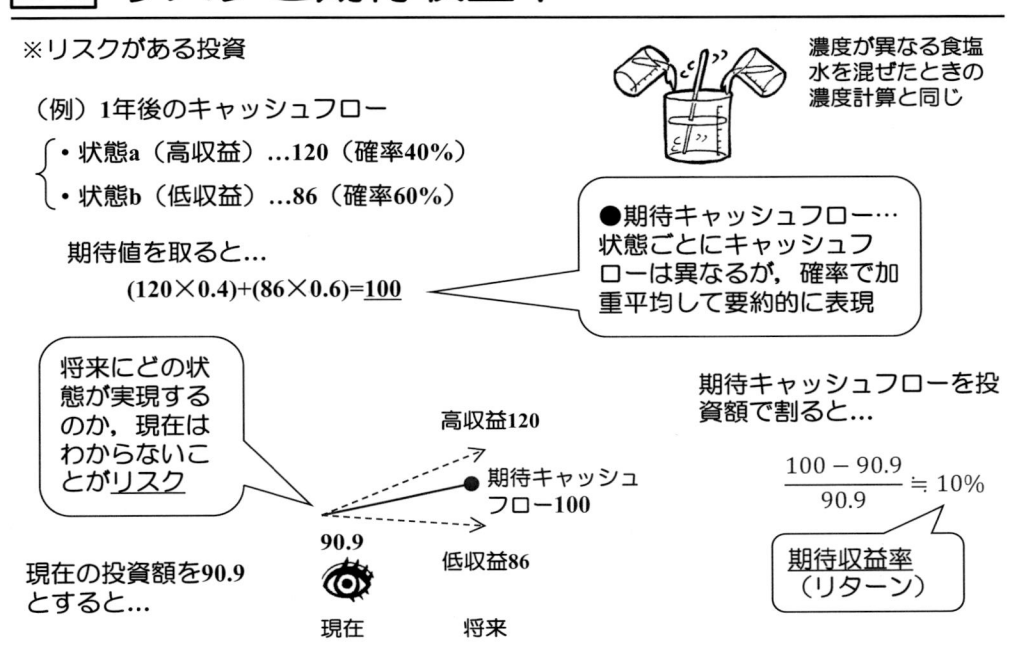

※リスクがある投資

（例）1年後のキャッシュフロー
- 状態a（高収益）…120（確率40%）
- 状態b（低収益）…86（確率60%）

濃度が異なる食塩水を混ぜたときの濃度計算と同じ

期待値を取ると…
$$(120×0.4)+(86×0.6)=\underline{100}$$

●期待キャッシュフロー…状態ごとにキャッシュフローは異なるが，確率で加重平均して要約的に表現

将来にどの状態が実現するのか，現在はわからないことがリスク

高収益120

期待キャッシュフロー100

90.9

低収益86

現在の投資額を90.9とすると…

現在　　将来

期待キャッシュフローを投資額で割ると…
$$\frac{100-90.9}{90.9}≒10\%$$

期待収益率（リターン）

2-3 投資家のリスク選好

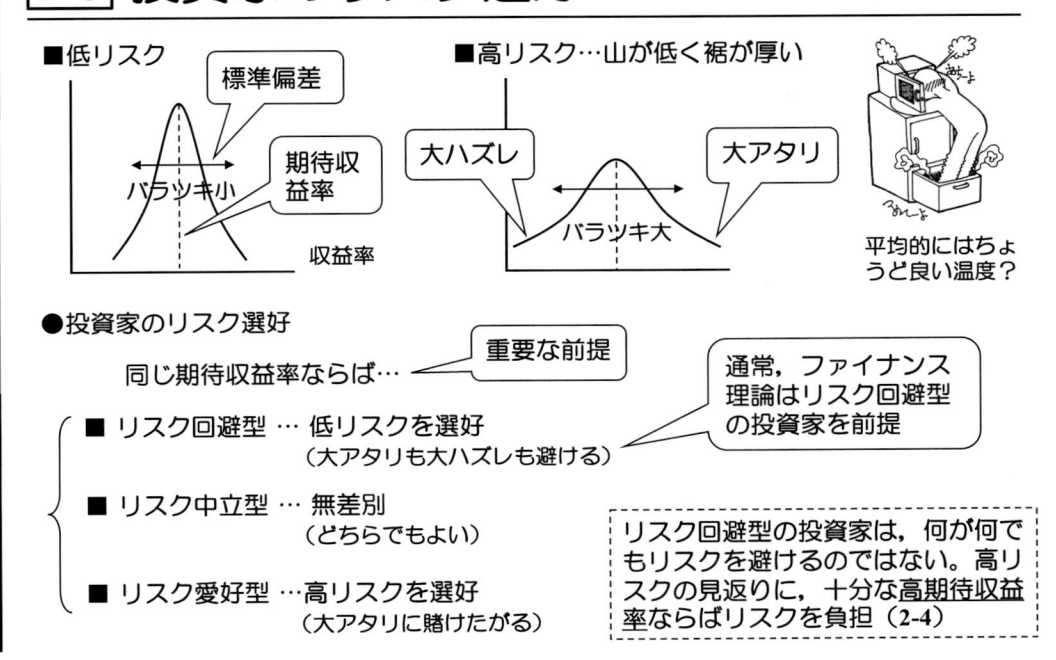

■低リスク

標準偏差

期待収益率

バラツキ小

収益率

■高リスク…山が低く裾が厚い

大ハズレ

大アタリ

バラツキ大

平均的にはちょうど良い温度？

●投資家のリスク選好

同じ期待収益率ならば…

重要な前提

通常，ファイナンス理論はリスク回避型の投資家を前提

- リスク回避型 … 低リスクを選好（大アタリも大ハズレも避ける）
- リスク中立型 … 無差別（どちらでもよい）
- リスク愛好型 …高リスクを選好（大アタリに賭けたがる）

リスク回避型の投資家は，何が何でもリスクを避けるのではない。高リスクの見返りに，十分な高期待収益率ならばリスクを負担（2-4）

2-4 リスクプレミアム

●投資（investment）

現在の確実な価値を犠牲にして，
将来の不確実な価値を得る行為
↑時間　　↑リスク

リスク回避型の投資家がリスクを
負担してもよいと思うためには，
期待収益率に何％の上乗せが必要
か？

●リスクプレミアム π

リスクに見合って上乗せする報酬

リスク選好を反映

リスクが高いほど，
リスクプレミアム
が高くなる

（例）

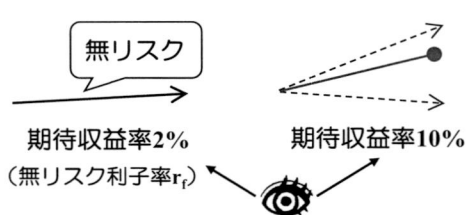

無リスク

期待収益率2%
（無リスク利子率r_f）

期待収益率10%

投資家の効用がどちらでも同じならば，差額の
8%が必要な上乗せ（リスクプレミアム）

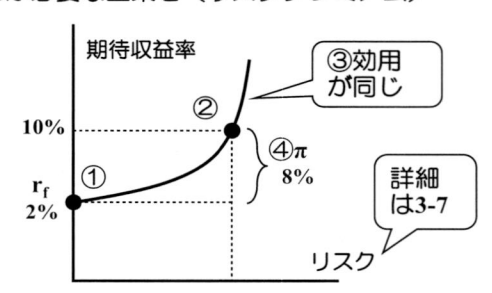

期待収益率

③効用
が同じ

②

10%

④π
8%

詳細
は3-7

r_f
2%

①

リスク

2-5 要求収益率

要求収益率k=無リスク利子
率r_f+リスクプレミアムπ

いわばカネに関
して2段階のレ
ンタル料金体系

10%
(2%+8%)

最低限それだけの期待収
益率がなければ，投資家
は資金を提供したがらな
いというハードル

※市場は企業間で競争的

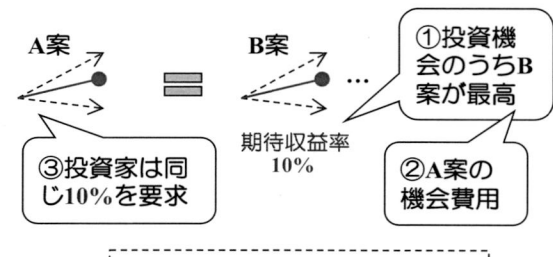

A案

B案

…

①投資機
会のうちB
案が最高

期待収益率
10%

③投資家は同
じ10%を要求

②A案の
機会費用

投資家に他の機会が数多くある
ことを意識しないと，ファイナ
ンスの重要性を理解できない

※市場は投資家間でも競争的

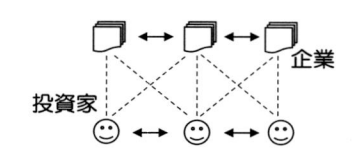

企業

投資家

自分だけムシのよ
い高めの「要求」
をしても，相手に
されないだけ

2-6 将来価値

現在の投資は，将来にどのぐらいの収入を
生み出すと期待できるか？

（例）期待収益率10%

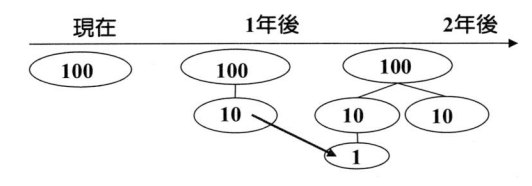

1.1倍ずつ増えるので n 年後は100×1.1ⁿに

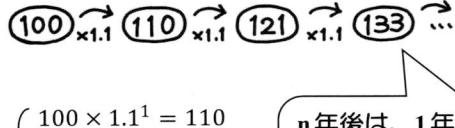

$$\begin{cases} 100 \times 1.1^1 = 110 \\ 100 \times 1.1^2 = 121 \\ 100 \times 1.1^3 = 133 \end{cases}$$

n年後は，1年後
の1年後の…1年
後なので，1.1倍
を n 回繰り返す

キャッシュは時間を味
方につけて増える。収
益からも収益が生まれ
るので加速度がつく。

キャッシュの
時間的価値

● 将来価値（FV: future value）

※複利計算

②期待
収益率　③時間

$$FV_n = C_0 \times (1 + E[r])^n$$

④n年後の
将来価値

①現在の
投資額

2-7 現在価値①

要求収益率を満たすうえで，将来の収入に
対して，現在どのぐらいならば投資しても
よいと思えるか？

（例）要求収益率10%

①2年後に得
られそうな
100の収入は

②現在の82.6を
10%で運用して
も作り出せる

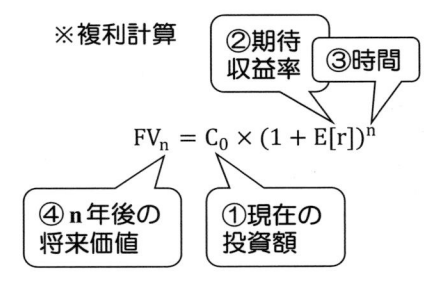

③つまり，2年後の100の現在価値は82.6

$$PV \times 1.1^2 = 100$$

なので…

$$PV = \frac{100}{1.1^2} = 82.6$$

同じものには，
同じ価値

● 現在価値（PV: present value）

※割引計算（discounting）

⑦現在価値

④n年後の期待
キャッシュフロー

$$PV = \frac{C_n}{(1 + k)^n}$$

⑥時間

⑤要求収益率

→　⑧遠将来・低現在価値

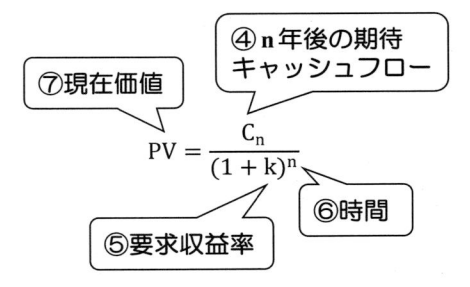

時間を原因として
「現在の100万円」と
「n年後の100万円」
は同じ価値ではない

2-8 現在価値②

リスクの効果はキャッシュフローの現在価値にどのように反映されるか

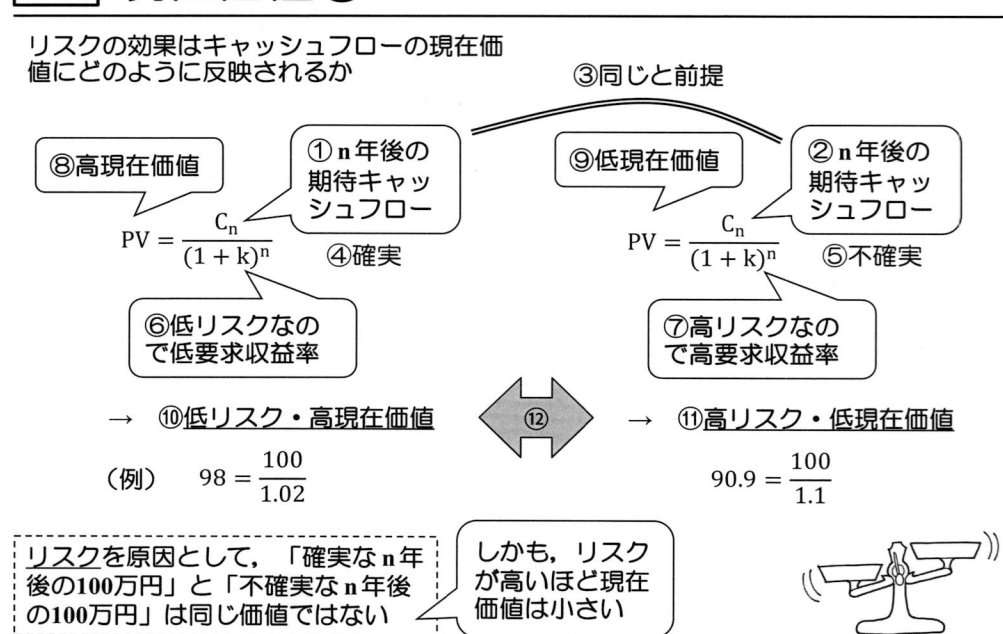

③同じと前提

⑧高現在価値　①n年後の期待キャッシュフロー

$$PV = \frac{C_n}{(1+k)^n}$$

④確実

⑨低現在価値　②n年後の期待キャッシュフロー

$$PV = \frac{C_n}{(1+k)^n}$$

⑤不確実

⑥低リスクなので低要求収益率

⑦高リスクなので高要求収益率

→　⑩低リスク・高現在価値　　⑫　　→　⑪高リスク・低現在価値

（例）　$98 = \dfrac{100}{1.02}$

$90.9 = \dfrac{100}{1.1}$

リスクを原因として，「確実なn年後の100万円」と「不確実なn年後の100万円」は同じ価値ではない

しかも，リスクが高いほど現在価値は小さい

2-9 現在価値③

※多期間のキャッシュフロー

時点がズレて比較できない

-250　　100　100　100　年
　0　　1　2　3

現在価値にそろえると合計248.6

-250　75.1　82.6　90.9　100　100　100　年
　0　　1　2　3

割引計算

（例）現在の250の投資で3年間の収入（要求収益率10%）

→　単純合計の300は無意味

現在価値は

$$PV = \frac{C_1}{1+k} + \frac{C_2}{(1+k)^2} + \ldots + \frac{C_n}{(1+k)^n}$$

同じ時点ならば単純合計できる

特殊な場合，計算は簡単

■永久定額年金

毎期一定で永久

$$PV = \frac{C}{1+k} + \frac{C}{(1+k)^2} + \ldots = \frac{C}{k}$$

※ 補論1

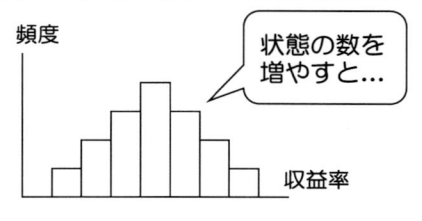

■正規分布

平均を中心とした左右対称の釣り
鐘型の確率分布

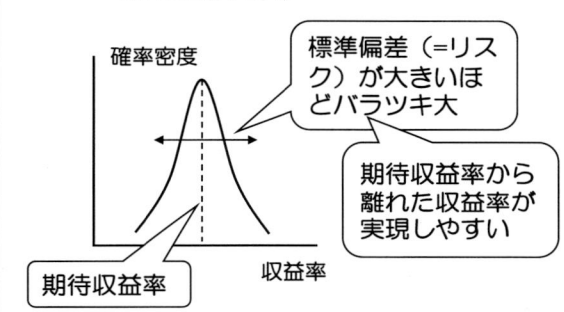

（例）期待収益率10%，標準偏差5%

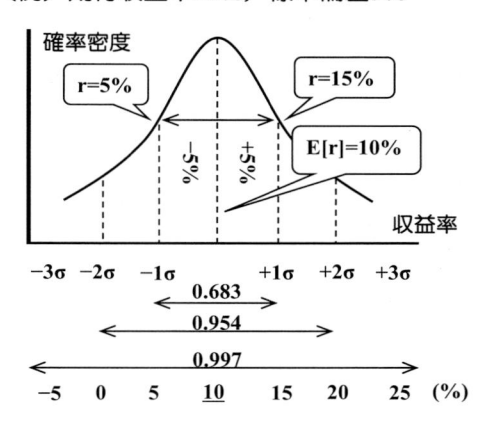

正規分布の性質上，収益
率rが−1σ<E[r]<+1σの範囲
におさまる確率は0.683
（6割8分3厘）である

※ 補論2

（例）ソフトクリーム販売のY社株とビール製造
のZ社株の収益率

	a. 冷夏	b. 通常	c. 猛暑
確率	0.2	0.5	0.3
Y社株	−5%	5%	10%
Z社株	−15%	15%	20%

●期待収益率…収益率の期待値 E[r]

・Y社株
(−5%×0.2)+(5%×0.5)+(10%×0.3)=<u>4.5%</u>
・Z社株
(−15%×0.2)+(15%×0.5)+(20%×0.3)=<u>10.5%</u>

●偏差…収益率の期待収益率からのズレ r − E[r]

・Y社株
a. (−5%−4.5%)=−9.5%
b. (5%−4.5%)=0.5%
c. (10%−4.5%)=5.5%

・Z社株
a. (−15%−10.5%)=−25.5%
b. (15%−10.5%)=4.5%
c. (20%−10.5%)=9.5%

●分散…偏差の2乗の期待値
$$\sigma^2 = E[(r − E[r])^2]$$

・Y社株
{(−9.5%)^2×0.2}+{(0.5%)^2×0.5}
+{(5.5%)^2×0.3}=<u>27.25%^{2}</u>

・Z社株
{(−25.5%)^2×0.2}+{(4.5%)^2×0.5}
+{(9.5%)^2×0.3}=<u>167.25%^{2}</u>

●標準偏差…分散の平方根
$$\sigma = \sqrt{\sigma^2}$$

・Y社株…$\sqrt{27.25\%^2}$=<u>5.2%</u>
・Z社株…$\sqrt{167.25\%^2}$=<u>12.9%</u>

※ 補論3

●永久定額年金（**perpetuity，2-9**）

　　毎期一定の収入が永久に期待できる場合

現在価値 → $$PV = \frac{C}{1+k} + \frac{C}{(1+k)^2} + \frac{C}{(1+k)^3} + \cdots = \frac{C}{k}$$ ← 要求収益率

永久定額年金の現在価値は，

$$PV = \frac{C}{1+k} + \frac{C}{(1+k)^2} + \cdots \qquad \cdots ①$$

①の両辺に$1/(1+k)$をかけると，

$$\frac{1}{1+k}PV = \frac{C}{(1+k)^2} + \frac{C}{(1+k)^3} + \cdots \qquad \cdots ②$$

①から②を引くと，

$$\left(1 - \frac{1}{1+k}\right)PV = \frac{C}{1+k} \qquad \cdots ③$$

③を変形すると，

$$PV = \frac{C}{k} \qquad \cdots ④$$

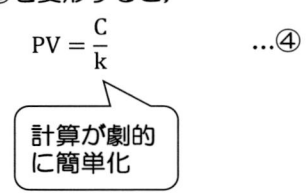

計算が劇的に簡単化

それほど現実性はないが，理論的な概念を説明する際に便利

※ 補論4

●有期定額年金（**annuity**）

　　毎期一定の収入が一定期間だけ期待できる場合　← 満期がN年後

現在価値 → $$PV = \frac{C}{1+k} + \frac{C}{(1+k)^2} + \cdots + \frac{C}{(1+k)^N} = \frac{C}{k} - \frac{C/k}{(1+k)^N}$$

1～∞年後の収入の0年後の現在価値

$$\frac{C}{k} \qquad \cdots ①$$ 補論3

N+1～∞年後の収入のN年後の現在価値

$$\frac{C}{k} \qquad \cdots ②$$

②を0年後の現在価値に調整すると…

$$\frac{C/k}{(1+k)^N} \qquad \cdots ③$$

1～N年後の収入の0年後の現在価値

$$\frac{C}{k} - \frac{C/k}{(1+k)^N} \qquad \cdots ④$$ =①－③

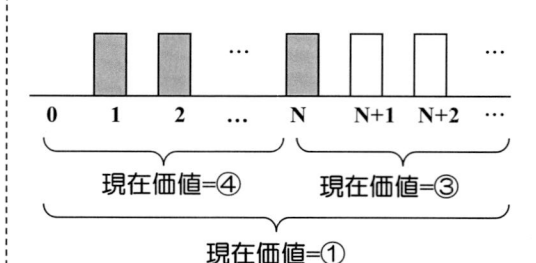

第3章 企業価値と株価①

　この章では，投資家側の視点で要求収益率と呼んでいるものが，企業側の視点では資本コストと呼ばれることを説明します。第2章で説明したように，要求収益率（資本コスト）は無リスク利子率とリスクプレミアムの合計として決まりますが，そのリスクプレミアムがどのように決まるのかを説明するのが資本資産価格モデル（CAPM）です。資本コストとフリーキャッシュフロー（FCF）が揃えば，企業価値を計算することができます。さらに企業価値から負債価値を引いたものが株式価値になります。最終的には株価まで話がつながるのです。

3.1. 企業価値の概念

　第1章で説明したように，貸借対照表（B/S）は右側の株主資本と負債で調達した資金が，左側でどのような資産として運用されているのかを示すものです（参照 1.3.）。これは会計のルールにもとづいて作成する帳簿上の価値であり，財務諸表として世間一般に開示される時点では，過去の一定時点の数値となっています。

　これに対して，ファイナンスでは将来に期待できるキャッシュフローを予想して現在価値を算出します。つまり，ファイナンス的な視点では，簿価ではなくて時価で物事を考えます。刻々と状況が変化する事業活動（ビジネス）に対して，そのつど市場から与えられる現在の評価が**企業価値**（enterprise value）です。簿価の貸借対照表（B/S）のように作成や公表がルール化されるような性質のものではなく，時価の貸借対照表（B/S）はあくまでもファイナンスを理解するための概念図だと捉えてください。もし資産 A よりも企業価値 V のほうが大きければ，それは企業の全体につけられた現在の価格が帳簿上の価値よりも大きいことを意味しますので，この企業は価値を創造できていることになります。

　時価の貸借対照表（B/S）の右側について述べると，簿価の負債に対応するのが**負債価値**（debt value）であり，株主資本に対応するのが**株式価値**（equity value）です。前者は負債時価総額，後者は株式時価総額とも呼ばれます。つまり，企業の全体で債権者に帰属するキャッシュフローの現在価値，株主に帰属するキャッシュフローの現在価値を表現していることになります。論理的な順序として，企業価値 V から負債価値 D を引いたものが株式価値 E になるという理解の仕方が正しいと言えます。

　このように，ファイナンス的な視点では，将来の予想にもとづいて現在の価値を導き出すことが重要視されます。たとえ話ですが，ジャガイモ畑の価格（企業価値）は，希少な土地（経営資源）を使って将来どれだけのジャガイモ（キャッシュ）を収穫できるかの期待で決まります。同じ土地（経営資源）であっても，栽培者（経営者）の腕が悪ければ，あまり数多くの収穫（キャッシュ）を期待できません

ので，そのようなジャガイモ畑の価格（企業価値）は低くなるはずです。ただ，実際にどの程度の収穫（キャッシュ）になるかは将来になってみなければわからず，現在の時点では予想するしかありません。このように，将来のキャッシュフローにもとづいて現在の価格を決めるバリュエーションは，客観的にいつでも正しいという全知全能的な性質のものではなく，当事者間で合意できる妥当な水準という性質のものです。

　なお，**株価純資産倍率**（PBR：price book-value ratio）とは，株価を純資産で割ったものであり，株主の視点で価値を創造できているか否かを測るものです。現在のわが国の企業会計原則において，厳密に述べると純資産と株主資本Cは異なる概念なのですが，同じとみなすならば株価を1株あたりの株主資本で割ったものと言い換えられます。さらに，株価に株式数をかけたものが株式価値Eですから，その株式価値Eを株主資本Cで割ったものが株価純資産倍率（PBR）と捉えても同じです。さて，この株価純資産倍率（PBR）が1よりも小さな値であるとすれば，それは株主から集めた資金よりも事業活動（ビジネス）の値打ちが小さいということであり，価値を創造できていないことを意味します。

3.2. 資本コスト①

　すでに第2章で説明しましたが，無リスク利子率とリスクプレミアムを合計したものが投資家の要求収益率kです（参照2.5.）。投資家側の視点では要求収益率と呼ばれますが，投資される企業側の視点では**資本コスト**（cost of capital）と呼ばれます。つまり，それだけの期待収益率がなければ，そもそも投資家は資金を提供したがらないという意味において，資本コストは事業活動（ビジネス）で稼ぎ出すべき最低限の必要収益率となります。投資家から要求されるがゆえに，企業にとっては必要になると考えればよいでしょう。超えるべき最低ラインの目標値ですから，しばしば資本コストはハードル率とも呼ばれます。

　さて，「投資家側の」視点と述べましたが，もう少し踏み込むと，「株主側の」視点と述べたほうが的確だと思われます。収益を起点としてあらゆる費用を計上した後，ようやく最後に残余利益を取るのが株主です（参照1.4.）。債務不履行でもないかぎり，債権者に対しては約束どおりの利子が支払われますので，ごく日常的に対価が不確実なのは株主だけです。よって，自分たちの取り分まで確保できるか否かということで，資本コストを強く意識しなければならない立場にあるのは，債権者というよりも株主なのです。このように「株主側の」視点で説明したほうが資本コストの位置づけについて曖昧さはなく，ファイナンス理論を理解するうえでスムーズになると思われます。

　ただ，このように説明すると，「株主の利益だけを重視する経営は良くないので，企業は資本コストを意識する必要はない」等の批判を受けることがあります。しかし，企業にとっての経営資源と言えば，ヒト，モノ，カネです。ヒトやモノに対価があってよいのに，カネにだけ対価がなくてよいはずはありません。カネという経営資源への対価が資本コストなのです。また，ファイナンス理論は株主「だけ」を重視せよとは一言も述べていません。株主への対価は順序的に最後ですから，それ以前に他の利害関係者への対価はすべて支払われています。他の利害関係者への対価を意識しつつも，それでいて資本コストを重視しない経営をしたとすれば，それは株主だけを軽視していることになります。

　カネの対価である資本コストを満たせない事業活動（ビジネス）が続けば，しばらくの間は許容されるとしても，やがて魅力的な投資機会ではないと認識され，どの投資家からもカネを提供されなくなるでしょう。その点，給与を支払わずにヒトを確保できなくなることや，代金を支払わずにモノを提供されなくなることと同じであり，やがて企業は淘汰されます。つまり，継続的にカネを提供してもらうためには，資本コストを超える収益率を企業が稼がなければならないのです。あらゆる投資家に他の投資機会が数多くあることを意識しておかないと，ファイナンス理論が示唆する資本コストの重要性を理解できなくなってしまいます。

　さて，資本コストについて誤解しやすいポイントを整理しておくことにしましょう。残念なことですが，どうやら「コスト」という言葉に無用の誤解を招く響きがあるようです。第一に，これは実際にかかった支出ではなくて，事前の要求です。過去に支払った利子や配当のことを指しているのではありません。第二に，企業の経営者が自由に決めるものではなくて，市場の投資家から与えられるものです。第三に，株主の要求収益を含む分だけ，会計的な費用よりも大きい経済的な費用となります。この点については節を改めて説明します。

3.3. 資本コスト②

　事業活動（ビジネス）のあり方を考えるうえで，会計学だけでなくファイナンスも学ぶことが極めて重要であると著者は考えています。というのは，会計的利益がプラスならば十分に優良企業であると決めつけがちだからです。たしかに，会計的利益がプラスというのは，利子を含めた会計的費用を収益から差し引いた後，株主の取り分である残余が生じているということです。しかし，この残余である利益が株主の要求を満たす水準であるとは限りません。

　ファイナンス理論では，債権者の要求収益である利子のみならず，株主の要求収益も含めた**経済的費用**（economic cost）を念頭に置きます。これをフリーキャッシュフロー（FCF）から差し引いたものは**経済的利益**（economic profit）の一種と考えられます。たとえ会計的利益がプラスであっても，経済的利益がプラスであるとは限りません[1]。なお，事業利益とフリーキャッシュフロー（FCF）の違いにも，会計とファイナンスの違いが現れます。

　詳しくは第10章で説明しますが，利子を受け取る債権者と，あらゆる費用を支払った後の残余利益を受け取る株主とでは，果たしている役割がまったく違いますし，負担しているリスクの大きさも異なります。したがって，投資家一般として資本コスト k を考えるだけでは不十分で，債権者の要求収益率 k_D と株主の要求収益率 k_E を区別する必要があります。ファイナンスでは時価をベースにして考えますから，債権者の要求収益は負債価値 D 円のもとで $k_D D$ 円，株主の要求収益は株式価値 E 円のもとで $k_E E$ 円となります。これらを合計したものを**資本費用**と呼ぶことにすると[2]，それは企業価値 V 円，資本コスト k のもとで kV 円になると捉えることができるのです。

　たとえば事業利益ないしはフリーキャッシュフロー（FCF）が200万円であり，あらかじめ約束された利子が50万円であるとしましょう。会計的な利益は150万円ですから，世間一般で言うところの黒字であり，問題なく優良企業であるように思われるかもしれません。しかし，利子は債権者への対価であって，これが約束どおりに支払われたという現象は，債権者の要求収益を満たしたにすぎません。もしリスク負担に見合う株主の要求収益が170万円だったとすれば，会計的利益が150万円で

あっても，経済的利益はマイナス 20 万円であり，株主の要求を満たさなかったという意味において，ファイナンス的には優良な企業とは言えません。

3.4. 分散投資とポートフォリオ

　さて，要求収益率（資本コスト）を決めるためにはリスクプレミアムを決めなければなりませんが，そのリスクプレミアムは何で決まるのでしょうか。結論を先に述べると，基礎的なファイナンス理論においては，資本資産価格モデル（CAPM）がリスクプレミアムの大きさを決めてくれます。以下では資本資産価格モデル（CAPM）を説明する前に，**現代ポートフォリオ理論**（MPT：modern portfolio theory）から説明します。

　手持ちの資金をひとつの投資先に集中させず，複数の資産に分けて投資することを**分散投資**（diversification）と呼び，保有している資産の全体を**ポートフォリオ**（portfolio）と呼びます。もともと書類挟みのことですが，A 社株，B 社株…といった具合にきちんと整理していくことから，いつしか書類挟みに入っている資産そのものをポートフォリオと呼ぶことになったのでしょう。欧米において，どうやら 1920 年代にはすでに分散投資がおこなわれていたようです。従来からの経験則として「ひとつの籠にすべての卵を入れるな」と言われてきました。ひとつの籠に入れてしまうと，同時にすべての卵が割れてしまうリスクがあるからです。私たちの実感にも合う格言ですが，当時は理論的な根拠がなく，どうやら感覚的な判断で投資先が分散されていたというのが実情のようです。

　ところが，1952 年，H. マーコビッツ（Harry Markowitz, 1927-2023）によって構築された現代ポートフォリオ理論（MPT）によれば，期待収益率を低下させることなく，分散投資によってリスク（収益率の標準偏差）を低めることができます。これをポートフォリオの**リスク分散効果**（risk diversification）と呼びます[3]。従来の単なる経験則に科学的な根拠を与えたことが評価され，H. マーコビッツには 1990 年度のノーベル経済学賞が授与されました。

　現代ポートフォリオ理論（MPT）が発表される以前，ポートフォリオは投資割合に応じて個別の株式の性質を反映すると認識されていました。実際のところ，期待収益率については，単なる加重平均にしかなりません。たとえば，A 社株と B 社株を 30：70 の割合で組み合わせれば，それぞれの期待収益率を 30：70 の割合で取り込んだ数値にしかなりません。しかし，ポートフォリオのリスクについては，個別の株式のリスクを加重平均した水準よりも低下するのが通常です。要するに，分散投資をすることによって，高いほうが望ましい期待収益率は加重平均にしかならないけれども，低いほうが望ましいリスクは加重平均以下にできるほうが通常なのです。

　となると，どのような場合にリスクが加重平均よりも低くなるのかが次に説明すべき事項となります。ポートフォリオのリスク分散効果は，組み入れる個別の株式どうしの相性によって強さが異なります。たとえば雨傘販売の A 社株と，リゾート経営の B 社株に分散投資するとしましょう。悪天候が続けば A 社株の収益率は高くなりますが，B 社株の収益率は低くなります。好天候が続けば逆の関係になります。つまり，これらは反対の変動パターンを持つ関係にあり，両者を組み合わせると互いの動きを相殺しあうため，ポートフォリオの収益率はブレが少なく安定的になります。ところが，リゾート経営の B 社株と，ドリンク販売の C 社株を組み合わせても，天候に対する反応は同じですから，ポートフォリオのリスクは低下しません。

　一般に，2つ以上の株式の収益率がどのぐらい同じような動き方をするかを測るには，**相関係数**（correlation coefficient）が使われます（補論5）。たとえば，A社株とB社株の相関係数を見る場合，記号を $corr_{AB}$ としておきましょう。相関係数 $corr_{AB}$ は＋1から－1までの数値を取りますが，プラス相関ならば同じ方向に動く傾向がある一方（$corr_{AB} > 0$），マイナス相関ならば反対方向に動く傾向があります（$corr_{AB} < 0$）。また，無相関ならば収益率は無関係に動いていることになります（$corr_{AB} = 0$）。

　現代ポートフォリオ理論（MPT）が明らかにしたのは，完全プラス相関（$corr_{AB} = 1$）という極端な場合でもないかぎり，分散投資によってリスク（収益率の標準偏差）は加重平均よりも必ず低くなるという事実です。男女の仲ならば，同じような性格のほうが無難かもしれませんが，少なくともポートフォリオについては，異なる変動パターンどうしのほうが組み合わせとして望ましい効果が得られるのです。

3.5. ベータ係数とCAPM①

　現代ポートフォリオ理論（MPT）は画期的ではありましたが，1950年代当時のコンピュータは性能が低かったために，残念ながら証券投資の実務に利用するうえで深刻な難点を抱えていました。一般に，相関係数を計算する際の組み合わせの数は，ポートフォリオに組み入れる株式の銘柄数を n とするとき，$n(n-1)/2$ 個となります。たとえば，3銘柄の株式のポートフォリオならば，組み合わせの数は3個で済みますが，5銘柄ならば10個，100銘柄ならば4,950個といった具合に飛躍的に増加します。当時は大量のカードに人間の手でパンチ（穴）を空け，かなりの時間をかけて大型コンピュータに読み込ませていましたが，たった100銘柄の計算でも約33分かかったそうです。パンチの作業にエラーがあれば，原因を見つける作業からやり直しです。

　ところが，相関係数の計算が膨大になるという実用的な難点は，1963年，W. F. シャープ（William F. Sharpe, 1934-）のアイデアにもとづいて解消されました。必要な計算回数が膨大になってしまうのは，すべての株式を総当たり式で組み合わせているからです。個々の株式どうしで関係を測るのではなく，株式市場の全体との関係で個々の株式の変動パターンを表現すれば，劇的に計算回数を減らすことができます。いわばチームの状況を見る際，選手間の相性を総当たりで見るのではなく，中心に据えたチームそれ自体との相性を見ているようなものです。たとえば，100銘柄のポートフォリオならば100組の計算だけで済みます。このアイデアのおかげで，徐々に証券投資の実務に現代ポートフォリオ理論（MPT）の成果が利用されるようになりました。

　さて，組み入れる株式の数を増やしていくと，より低いリスクで同じ期待収益率を実現できるようになります。なぜなら，変動パターンを相殺しあう組み合わせが増えていき，企業に固有の要因が消えていくからです。たとえば，新製品の不人気による業績悪化，不祥事の発覚，社長の急死などが企業に固有のリスク要因だと言えます。ある企業がこの種の要因によって業績悪化に見舞われるとしても，賢明な投資家は分散投資をしますので，他の企業の業績良好が損失を相殺する役割を果たしてくれます。ほとんどの企業が同時に不人気の商品を発売することはないという現実を考えれば，納得の行く現象でしょう。

　この考え方に基づくと，10銘柄や100銘柄などと言わず，すべての株式を組み入れた**市場ポートフォリオ**（market portfolio）によって，最大限のリスク分散効果が得られるはずです。先ほど述べた

ように，相関係数の計算回数を劇的に減らすためには，すべての株式の総当たり式ではなく中心的な存在を想定します。実を言うと，株式市場の全体に相当するのが市場ポートフォリオなのです。具体的には，日経平均株価や東証株価指数に連動するファンドを思い描けばよいでしょう。たとえば，東証株価指数が1%だけ上昇（下落）したとすれば，市場ポートフォリオも1%だけ上昇（下落）するということです。その意味において，投資家は株式市場そのものに投資していると表現すればわかりやすいだろうと思います。

とはいえ，最大限に分散投資をして市場ポートフォリオを保有しても，株式のリスクをゼロにできるとまでは言えません。なぜなら，株式市場の全体そのものが無リスクではないからです。組み入れる株式の数を増やすにつれて，徐々にポートフォリオの内容は株式市場の全体と似てきますが，そのリスクは経済の全体的な動きを反映しているはずです。おおよそ経済の全体に共通するリスクとは，原油価格，金融政策，為替相場，経済成長率，利子率の変化などです。たとえば，ある企業が急激な原油高によって業績を悪化させるならば，他の大多数の企業も同じ状況に直面していることが多く，経済の全体として原油高というショックに見舞われているはずです。共通の要因に連動するのですから，異なる変動パターンが相殺しあうことはなく，どれほど分散投資しても経済の全体に共通するリスクは消すことができません。

ある株式に関して，分散投資によって消すことができない要因は**市場関連リスク**（market risk）と呼ばれる一方，消すことができる要因は**個別リスク**（unique risk）と呼ばれ，株式の**総リスク**（total risk）はこれらの2種類に分解されます[4]。消すことができない市場関連リスクというのは，他の株式と同じような変動パターンを持つことによって，株式市場の全体と連動するように動くがゆえに，株式 i と市場ポートフォリオ M との間にプラス相関（$\mathrm{corr}_{iM} > 0$）があることを意味します。したがって，市場関連リスクの大きさはその株式の標準偏差 σ_i のうち，すべてではなくて市場ポートフォリオと相関する $\mathrm{corr}_{iM} \cdot \sigma_i$ になります。ということは，消すことができる個別リスクは残りの $(1 - \mathrm{corr}_{iM}) \sigma_i$ ということになります。

市場関連リスク $\mathrm{corr}_{iM} \cdot \sigma_i$ が高い株式ほど，本当の意味で高リスクだと言えます。経済の全体が不況に陥った際，勤務先で給与・報酬を引き下げられる等，投資家はなにかと苦境に直面するものです。市場ポートフォリオとの相関が強い株式は，不況下でかなり低い収益率となるので，輪をかけた苦境になりやすく，その意味で高リスクだと言えます。これに対して，市場関連リスク $\mathrm{corr}_{iM} \cdot \sigma_i$ が低い株式は不況下でそれほど低い収益率とはならないので，低リスクだと言えます。要するに，その株式が市場ポートフォリオとどのぐらい連動しているのかが投資家にとって重要なのです。

3.6. ベータ係数と CAPM ②

以上で説明したように，最大限の分散投資を前提とすると，ある企業の株式のリスクは市場関連リスク $\mathrm{corr}_{iM} \cdot \sigma_i$ で測ることができます。しかし，収益率の標準偏差 σ_i が株式ごとにさまざまな数値を取る関係上，リスクの大きさを株式間で比較しようとしても，市場関連リスク $\mathrm{corr}_{iM} \cdot \sigma_i$ のままでは尺度として適していません。

そこで W. F. シャープが考案した尺度ですが，一種の標準化として，株式市場の全体的なリスクを1と設定し直したとき，株式のリスクの大きさを**ベータ係数**（β : beta coefficient）で表現することに

しましょう。性質上，それは市場ポートフォリオのリスク σ_{M}（収益率の標準偏差）に対する株式 i の市場関連リスク $\mathrm{corr}_{\mathrm{iM}} \cdot \sigma_{\mathrm{i}}$ の比率と認識できます。つまり，$\sigma_{\mathrm{M}} : \mathrm{corr}_{\mathrm{iM}} \cdot \sigma_{\mathrm{i}} = 1 : \beta_{\mathrm{i}}$ の関係が成立するので，これを解くと，$\beta_{\mathrm{i}} = \mathrm{corr}_{\mathrm{iM}} \cdot \sigma_{\mathrm{i}} / \sigma_{\mathrm{M}}$ になるということです。通常，これとは違った形で定義されますが，ベータ係数の本質を理解するにはこの形のほうがわかりやすいと著者は考えています（補論 5）。

　株式のベータ係数は，市場ポートフォリオの収益率が 1% 変化するとき，その株式の収益率が何% 変化するかを表した感応度という性質を持っています。たとえば，市場ポートフォリオとして東証株価指数を想定したとき，A 社株のベータ係数が 0.4 だとすれば，東証株価指数が 1% 上昇（下落）する日に 0.4% 上昇（下落）する傾向があります。これに対して，B 社株のベータ係数が 1.4 だとすれば，東証株価指数が 1% 上昇（下落）する日に 1.4% 上昇（下落）する傾向があります。したがって，ベータ係数が高い B 社株のほうが振幅は大きく，A 社株よりもリスクが高い投資対象であると言えます。

3.7. ベータ係数と CAPM ③

　第 2 章で説明したように，無リスク利子率にリスクプレミアムを上乗せすることで要求収益率が決まります（参照 2.5.）。しかし，第 2 章では**リスクプレミアムを与えられたものとみなして**話を進めていました。ベータ係数を考案したのと同じファイナンス学者ですが，W. F. シャープが 1964 年に提示した**資本資産価格モデル**（CAPM : capital asset pricing model）は，株式のリスクプレミアムがどのように決まるのかを示した理論です。これらの研究業績が評価され，W. F. シャープには 1990 年度のノーベル経済学賞が授与されています。

　すでに説明したように，あらゆる投資家が最大限の分散投資をしていれば，もはや個別リスク $(1 - \mathrm{corr}_{\mathrm{iM}}) \sigma_{\mathrm{i}}$ は消えているはずですから，競争的な市場において投資家はプレミアムを要求することができません。逆に言うと，分散投資をしても消すことができない市場関連リスク $\mathrm{corr}_{\mathrm{iM}} \cdot \sigma_{\mathrm{i}}$ に対しては，埋めあわせとしてプレミアムが上乗せされます。株式の総リスク σ_{i} に対してプレミアムが付くわけではないというところが，資本資産価格モデル（CAPM）の重要な結論となります。

　資本資産価格モデル（CAPM）によると，あらゆる株式のリスクプレミアムは，**市場リスクプレミアム**（market risk premium）に比例して決まります。市場リスクプレミアムとは，投資家が市場ポートフォリオに投資したときに得られるリスクの報酬であり，それは無リスク利子率に対する上乗せ分です。たとえば，市場ポートフォリオの期待収益率を 9%，無リスク利子率を 1% としましょう。このとき，市場リスクプレミアムは差の 8% になります。このとき，ある株式のリスクプレミアムは，市場リスクプレミアムに株式のベータ係数をかけたものとなります。株式のリスクプレミアムが決まるということは，その株式の要求収益率も決まります。

　たとえば，低ベータ株の例として $\beta = 0.4$ ならば，市場ポートフォリオの収益率が 1% だけ変動するときに 0.4% だけ変動します。市場平均の 0.4 倍の市場関連リスクですから，上乗せすべきリスクプレミアムも市場平均の 0.4 倍になります。よって，この低ベータ株の株式リスクプレミアムは 3.2% に決まります（8% × 0.4 = 3.2%）。これに対して，高ベータ株の例として $\beta = 1.2$ ならば，市場平均の 1.2 倍の市場関連リスクですから，同様の計算によって株式リスクプレミアムは 9.6% に決まります（8% × 1.2 = 9.6%）。

3.8. 企業価値の計算

　第1章で説明したように，**フリーキャッシュフロー**（FCF：free cash flow）とは，売上等の事業活動によって得られる収入から，設備投資等の事業活動への支出を差し引いたものであり，投資家に分配することができる事業活動（ビジネス）からの純収入です（参照 **1.8.**）。よって，事業活動（ビジネス）はFCF＞0ならば好調であり，FCF＜0ならば不調であると言えるのでした。このように，フリーキャッシュフロー（FCF）は事業活動（ビジネス）だけで決まってくる数値であるため，資本構成（株主資本と負債の割合）から影響を受けることがありません。本来，「フリー」（影響を受けない）という語はここから来ているのですが，投資家に対して分配しようと思えば，「自由に」分配することができるキャッシュフローと説明されることも多いです。

　企業価値は将来のフリーキャッシュフロー（FCF）の期待値を資本コストで割り引いた現在価値として決まります。企業をあらゆる投資プロジェクトの集合体と捉えて，事業活動（ビジネス）の全体に付けられた価格とみなせばわかりやすいでしょう。より具体的に述べると，1年後の期待フリーキャッシュフローの現在価値は $FCF_1 / (1+k)$，2年後の期待フリーキャッシュフローの現在価値は $FCF_2 / (1+k)^2$，3年後の期待フリーキャッシュフローの現在価値は $FCF_3 / (1+k)^3$ …といった具合に，永久的に遠い将来まですべて合計したものが企業価値Vになる理屈です。事業活動（ビジネス）のリスクが高い企業ほど高ベータであり，それゆえに資本コストkが高くなりますので，他の条件が同じならば，企業価値Vは低めに見積もられます。

　しかし，永久的に遠い将来までフリーキャッシュフロー（FCF）を予想することは実際には不可能です。したがって，現実的に予想できる将来まではフリーキャッシュフロー（FCF）を予想するけれども，それ以降は一定の成長率で増加すると仮定する等，何らかの簡単化を用いるのが実務における通常の方法です。その際，第2章で説明した永久定額年金や有期定額年金の手法が用いられます（補論3～4）。その計算の簡単さゆえに，永久定額年金はファイナンス理論のモデルを説明する際に使われることもあります。この場合，企業価値Vは毎期一定の期待フリーキャッシュフローFCFを資本コストkで割るだけで導き出せます。

3.9. 株式の価格：FCF モデル

　再三述べているように，企業価値は事業活動（ビジネス）が稼ぎ出す期待フリーキャッシュフロー（FCF）で決まります。では，事業活動（ビジネス）とは具体的に何かというと，それは投資プロジェクトを実施して商品・サービスを生産・販売し，消費者からキャッシュを得ることです。後ほど第5章で説明することになりますが，企業価値Vの大きさは投資プロジェクトの収益性で決まってきます（①）。そこから返済を要する負債価値Dを差し引くと（②），残余財産の価値として株式価値Eが決まります（③）。

　そのうえで，株式価値Eを株式数Nで割ったものが1株あたりの株価Pとなります（④）。後ほど第4章では，これとは別のアプローチで理論上の株価を説明しますが，そちらは配当割引モデル（DDM：dividend discount model）と呼ばれています。対比させるために，ここで説明しているアプローチを，株価の **FCF モデル**（free cashflow model）と呼んでおくことにします。なお，**株式価格**（share price）を略して株価と呼ぶのですが，特に言及しなくても，それは企業全体での時価総額ではなく，

1株あたりの価格を意味しています。

　しばしば，企業価値 V は株式価値 E と負債価値 D を合計したものであるという説明が各種の文献で見受けられます。それゆえに，あたかもこの順序で数値が決まるかのような印象を受けるところです。しかし，株主への対価は順序的に最後なので，株式価値 E も最後に決まると考えなければ本質から外れてしまいます。つまり，投資プロジェクトが稼ぎ出す期待フリーキャッシュフロー（FCF）の現在価値が企業価値 V になり，そこから利子や元本返済額の現在価値である負債価値 D を差し引いて，最後に株式価値 E が決まるという順序が本質的に正しいのです。

　ファイナンスでは，企業価値の最大化を企業の目的とみなします。それは順序的に最後の株主にできるだけ大きな対価をもたらすように努めることと，根っこの部分で同じ話になります。債務不履行がない基礎的なモデルで考察するかぎり，債権者の対価である利子や元本返済は業績に関係なく確実に得られるので，企業価値 V が大きくなっても負債価値 D は一定のままです。ということは，左側の企業価値 V が大きくなったとき，右側で大きくなるのは株式価値 E です。したがって，企業価値の最大化は，株価の最大化とほぼ同じ意味であると理解できるのです。

第3章からの示唆

　株主の要求収益が損益計算書（P/L）のどこにも表示されないという性質は，会計の本質としておかしくはないものの，経営者に資本コストを意識させる役割は果たしていないと言えそうです。そもそも株主は企業の所有者（オーナー）ですから，債権者の要求収益である利子を費用として計上するのは自然である一方，自分たちの取り分を費用として計上するのは不自然です。

　ただ，株式会社の歴史における初期とは異なり，現在において企業の経営を担っているのは，出資をしている株主ではなく，その株主から雇われている経営者です（所有と経営の分離）。第2章で説明したように，株主は他の投資機会を捨てて企業に出資しているので，機会費用を埋めるだけの収益率を要求します（参照 2.5.）。株主の要求収益は会計的にはそうでなくても経済的には費用であることを，経営者が正しく認識することが重要だと言えます。会計とは別にファイナンスを学ぶ重要性というのは，損益計算書（P/L）には計上されない株主の要求収益を漏らさず認識するところにあると著者は考えています。

補論5

　ここでは相関係数 $corr_{YZ}$ の計算方法を，ソフトクリーム販売の Y 社株とビール販売の Z 社株の事例で示しています。位置づけとしては第3.4節の補足になります。標準偏差 σ までは補論2で示した方法にもとづいて計算します。

　まず，**共分散**（covariance）は偏差の積の期待値です。すでに説明したように，偏差（deviation）は収益率が期待収益率（つまり平均）からどのぐらいズレているのかを状態別に見るものです（補論2）。Y 社株と Z 社株について状態別に偏差 $r - E[r]$ を掛け合わせ，状態が起こる確率で加重平均したものが共分散 cov_{YZ} です。仮にある状態で Y 社株の偏差がプラスであるとき，Z 社株の偏差もプラスならば，それらの積はプラスになります。しかし，Z 社株の偏差がマイナスならば，それらの積はマイナスになります。ということは，偏差の積がプラスならば収益率は同じ方向に動き，マイナスなら

ば反対方向に動いていることになります。偏差の積の平均が共分散ですから，この尺度は傾向として収益率が同じ方向（プラス相関）か，反対方向（マイナス相関）かを見ていることになります。

しかし，分散 σ^2 がそうであったのと同様，共分散 cov_{YZ} の単位は $\%^2$（パーセントの 2 乗）になってしまううえに，数値の大きさに依存する尺度でもありますので，このままでは使いにくい難点があります。そこで標準偏差の積 $\sigma_Y \cdot \sigma_Z$（これの単位も $\%^2$）で割ることにより，あえて単位なしの尺度に変換します。これが**相関係数**（correlation coefficient）であり，必ず ＋ 1 から － 1 までの数値になります。

【注】

1） 米国のスターン・スチュアート社が開発し，わが国の企業でも経営指標として導入例のある **EVA**（economic value added）も，経済的利益の一種だと言えます。

2） 本来，金額である kV のほうを資本コストと呼び，率である k を資本コスト率とでも呼べばよさそうなものですが，大多数のファイナンス教科書は k を資本コストと呼ぶ慣例であるため，本書もそのようにしました。よって，苦肉の策として kV を資本費用と表記しています。

3） 慣例にしたがって本書でも risk diversification をリスク分散効果と訳していますが，意味するところはリスクの低下です。日本語の場合，統計的なリスク尺度である分散（variance）も偶然に同じ言葉なので混乱が生じやすく，気をつける必要があります。英語で考えれば，diversification と variance がまったく異なる概念であることは明らかです。また，diversification が分散投資と訳されることも，さらに話をややこしくしている感はあります。

4） 市場関連リスクはもっと短く「市場リスク」と呼んでもよいですし，改訂前の本書でもそのように表記していました。しかし，この表記では「市場ポートフォリオのリスク」と混同される可能性があると思いました。あくまでも，ある株式のリスクについて論じているのであり，他の株式と組み合わせて分散投資したときにどうなるのかが論点です。

MEMO

第3章 企業価値と株価①

●学習のポイント

会計的な視点とは異なり，資本コストは株主の要求収益を含んでいる。資本コストを超える収益率を実現できなければ株主への対価は不十分であり，そのままでは企業はやがてカネを調達できなくなる。企業価値を高めれば，株価を高めることができる。

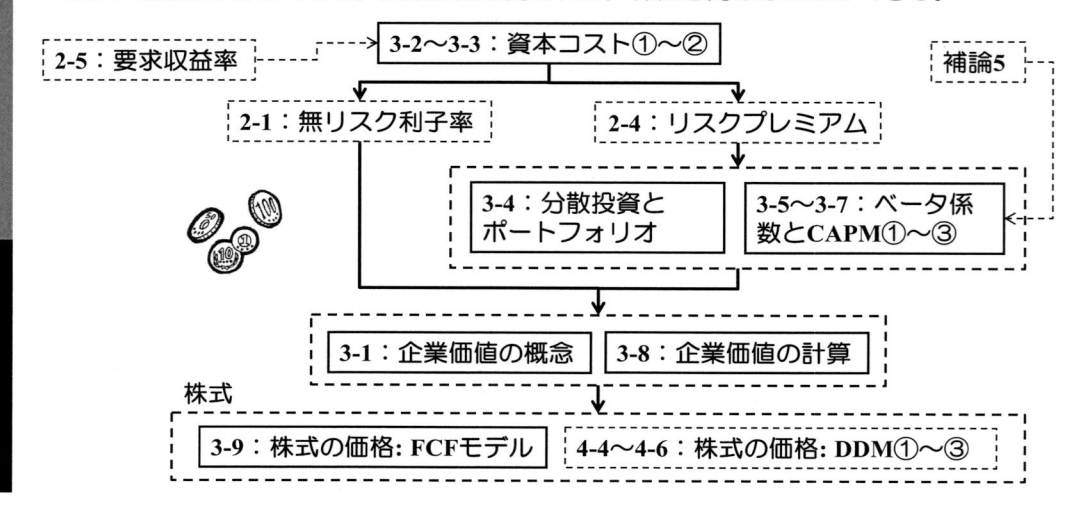

3-1 企業価値の概念

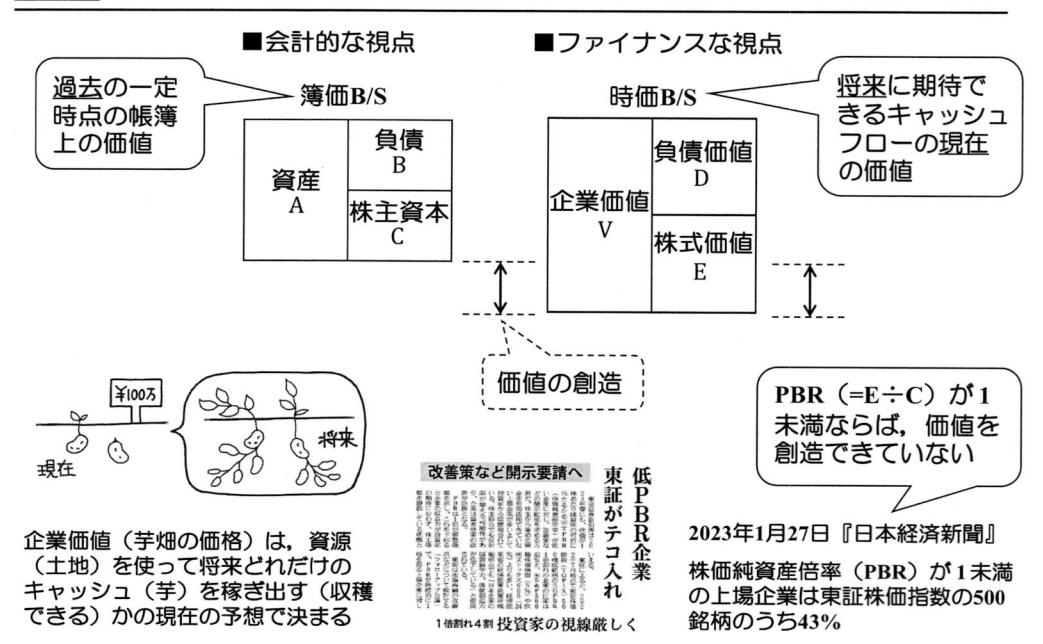

3-2 資本コスト①

●要求収益率（＝資本コスト）k

株主の要求を最低限満たすために，企業が実現しなければならない必要収益率

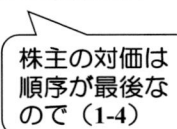

株主の対価は順序が最後なので（1-4）

要求収益率k＝無リスク利子率r_f＋リスクプレミアムπ（2-5）

リスクプレミアムはCAPMで決まる（3-6）

（例）4.2％＝1％+3.2％

■経営資源と対価

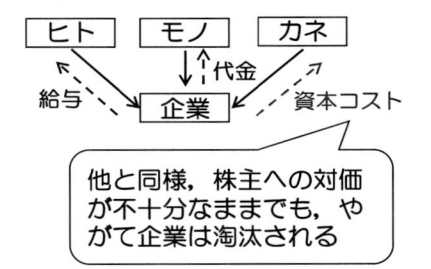

ヒト　モノ　カネ
代金
給与　企業　資本コスト

他と同様，株主への対価が不十分なままでも，やがて企業は淘汰される

【注意】　資本コストは…

①実際の支出ではなくて事前の要求

②企業ではなくて市場が決めるもの

③株主の要求収益$k_E E$を含むので，会計的な費用よりも大きい（3-3）

3-3 資本コスト②

■会計的な視点　　　　　　■ファイナンスな視点

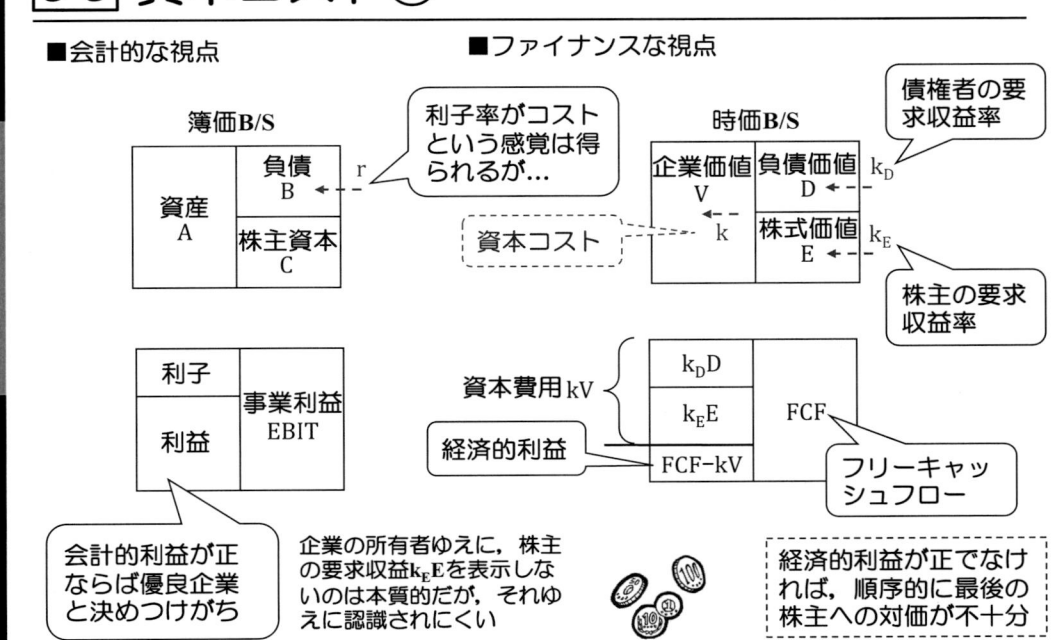

簿価B/S

| 資産 A | 負債 B |
| | 株主資本 C |

利子率がコストという感覚は得られるが…

資本コスト

時価B/S

| 企業価値 V | 負債価値 D ← k_D |
| | 株式価値 E ← k_E |

債権者の要求収益率

株主の要求収益率

| 利子 | 事業利益 EBIT |
| 利益 | |

資本費用 kV

$k_D D$	
$k_E E$	FCF
FCF−kV	

経済的利益

フリーキャッシュフロー

会計的利益が正ならば優良企業と決めつけがち

企業の所有者ゆえに，株主の要求収益$k_E E$を表示しないのは本質的だが，それゆえに認識されにくい

経済的利益が正でなければ，順序的に最後の株主への対価が不十分

3-4 分散投資とポートフォリオ

●現代ポートフォリオ理論（MPT：modern portfolio theory，H. マーコビッツ，1952年）

H. Markowitz（1927-2023），1990年度ノーベル経済学賞。出所：http://nobelprize.org

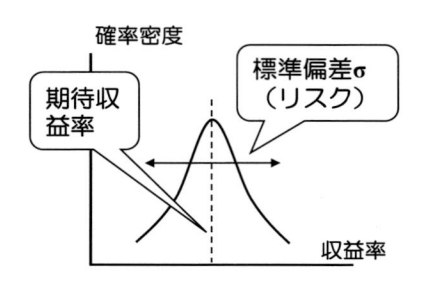

確率密度

期待収益率

標準偏差σ（リスク）

収益率

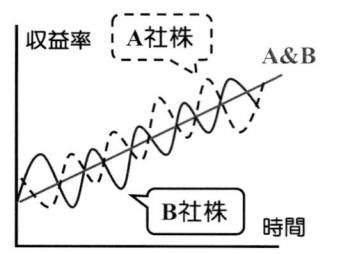

収益率　A社株　A&B

B社株

時間

分散投資によって，期待収益率を低めることなく，リスクを低くできる

A社株が不調のとき，B社株が好調（逆は逆）

→　組み合わせたA&Bは動きが相殺しあってブレが小さくなる

●相関係数

- 正の相関…同じ方向
  corr > 0
- 無相関…無関係に動く
  corr = 0
- 負の相関…反対方向
  corr < 0

相関係数が低い組み合わせほどリスク低下の効果が強い

3-5 ベータ係数とCAPM①

※総当たりではなく市場との相関係数$corr_{iM}$に置き換え

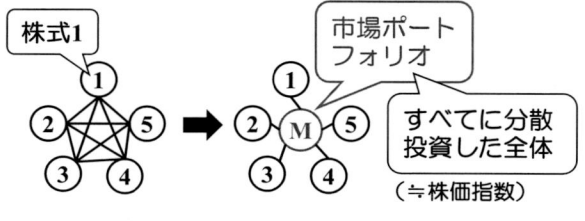

株式1

市場ポートフォリオ

すべてに分散投資した全体
（≒株価指数）

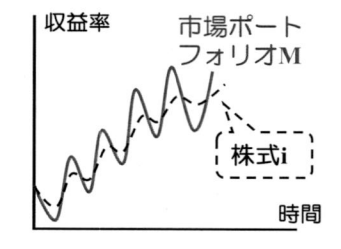

収益率　市場ポートフォリオM

株式i

時間

■株式iの総リスク$σ_i$の分解

個別リスク
$(1 - corr_{iM})σ_i$

②相関係数が低い他の株式との組み合わせが増えて低下

③市場の全体に共通する要因だけが残る

市場関連リスク
$corr_{iM} \cdot σ_i$

株式数　①増やすと

企業に固有の要因である個別リスク$(1-corr_{iM})σ_i$は，分散投資で消すことができる

市場との相関係数$corr_{iM}$が高ければ，不況時に極端な低収益になりやすく高リスク

3-6 ベータ係数とCAPM②

●ベータ係数（β）

市場ポートフォリオとの関係で，株式等のリスクを表現（W. F. シャープ，1963年）

W. F. Sharpe (1934-)，1990年度ノーベル経済学賞。出所：3-4と同じ

市場を1としたモノサシで株式iの暴れ方を測る

株式iと市場ポートフォリオMの相関係数

$$\sigma_M : corr_{iM} \cdot \sigma_i = 1 : \beta_i$$

市場ポートフォリオMのリスク（標準偏差）

株式iの市場関連リスク

株式iのリスク（標準偏差）

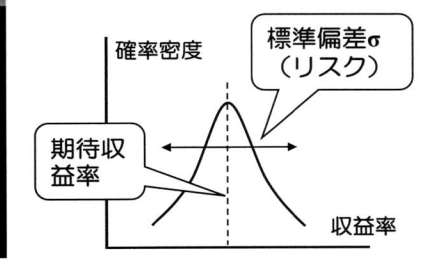

確率密度

標準偏差σ（リスク）

期待収益率

収益率

株式iのベータ係数は...

市場ポートフォリオの収益率が1%上昇（下落）するとき，株式iの収益率がβ_i%上昇（下落）する関係（感応度）

3-7 ベータ係数とCAPM③

●資本資産価格モデル（CAPM: capital asset pricing model，W. F. シャープ，1964年）

ベータ係数が高いほど，リスクプレミアムは高くなる

投資家が市場ポートフォリオに投資してもよいと思うためには，何%の上乗せが必要か？

無リスク利子率1%　　市場ポートフォリオの期待収益率9%

これで平均的な投資家の効用がどちらでも同じならば，差額の8%が必要な上乗せ

株式iのリスクプレミアムは...

市場ポートフォリオの期待収益率

無リスク利子率

$$\pi_i = (r_M - r_f)\beta_i$$

市場リスクプレミアム

株式iのベータ係数

市場リスクプレミアム

$(9\% - 1\%) \times 0.4 = 3.2\%$

株式iのリスクプレミアム

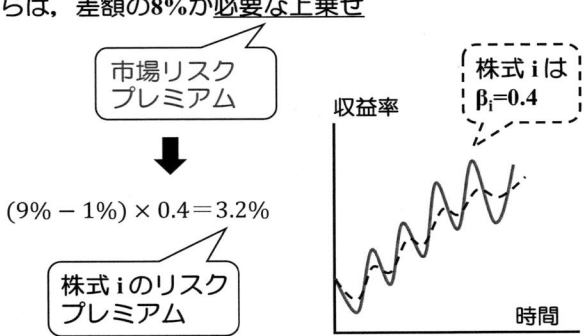

収益率

株式iは$\beta_i=0.4$

時間

3-8 企業価値の計算

●フリーキャッシュフロー（**FCF: free cashflow**）

事業活動からの純収入（1-8）

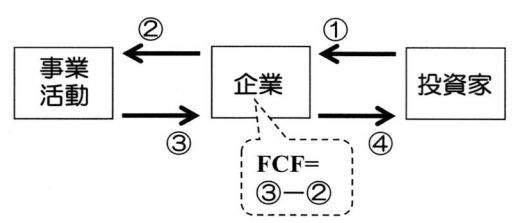

資本構成（株主資本と負債の割合）から影響を受けない（フリー）数値

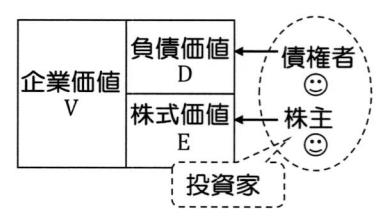

債権者 ☺
株主 ☺
投資家

●企業価値

期待フリーキャッシュフローの現在価値

$$V = \frac{FCF_1}{1+k} + \frac{FCF_2}{(1+k)^2} + \frac{FCF_3}{(1+k)^3} + \cdots$$

※永久定額の場合（2-9）

$$V = \frac{FCF}{k}$$

理論モデルの説明に役立つ簡素化

事業リスクが高い企業は高ベータなので，資本コストが高い

ファイナンスでは，企業価値の最大化を企業の目的とみなす

3-9 株式の価格: FCFモデル

●**FCF割引モデルの株価**

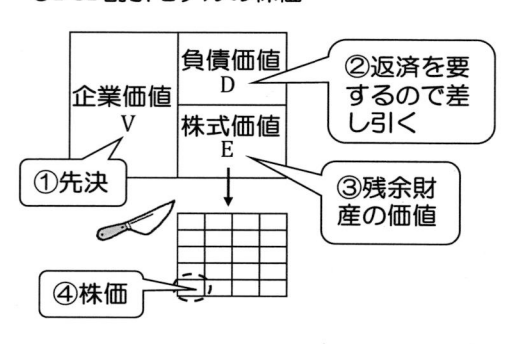

②返済を要するので差し引く

③残余財産の価値

④株価

論理的な順序は**E+D=V**ではなく**E=V−D**であることに注意

企業価値の最大化は，株価の最大化とほぼ同じ意味

企業価値

$$V = \frac{FCF_1}{1+k} + \frac{FCF_2}{(1+k)^2} + \cdots$$

負債価値

$$D = \frac{k_D D}{1+k_D} + \frac{k_D D}{(1+k_D)^2} + \cdots = \frac{k_D D}{k_D}$$

債権者の要求収益率

債務不履行がない基礎的なモデルでは元利金が確実なので，負債Dは一定

株式価値　　$E = V - D$

株価　$P = E \div N$

発行済株数

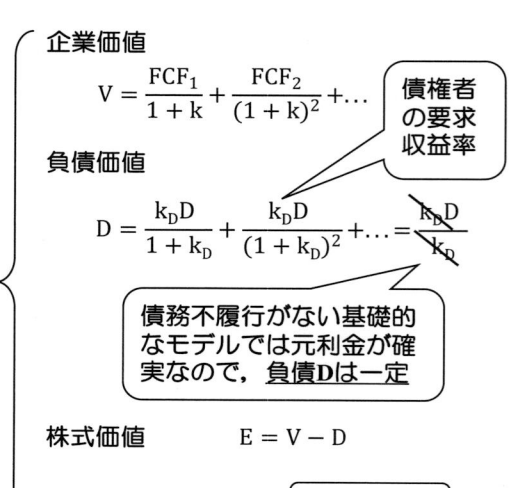

※ 補論5

※　補論2の続き

（例）ソフトクリーム販売のY社株とビール製造のZ社株の収益率

	a. 冷夏	b. 通常	c. 猛暑
確率	0.2	0.5	0.3
Y社株	−5%	5%	10%
Z社株	−15%	15%	20%

期待収益率はY社株が4.5%，Z社株が10.5%，標準偏差はY社株が5.2%，Z社株が12.9%

●共分散…偏差の積の期待値

$$cov_{YZ} = E[(r_Y - E[r_Y])(r_Z - E[r_Z])]$$

$\{(-9.5\%) \times (-25.5\%) \times 0.2\}$
$+\{(0.5\%) \times (4.5\%) \times 0.5\}$
$+\{(5.5\%) \times (9.5\%) \times 0.3\} = \underline{65.25\%^2}$

●相関係数…共分散を標準偏差の積で割ったもの

$$corr_{YZ} = \frac{cov_{YZ}}{\sigma_Y \cdot \sigma_Z}$$

$65.25\%^2 / (5.2\% \times 12.9\%) = \underline{0.97}$

●ベータ係数（3-6）

$$\beta_i = \frac{corr_{iM} \cdot \sigma_i}{\sigma_M}$$

$$= \frac{cov_{iM}}{\sigma_M^2}$$

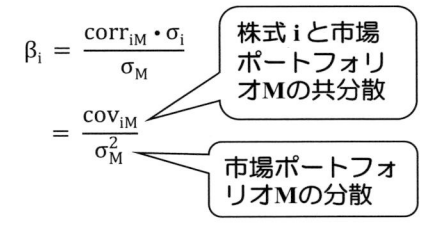

株式iと市場ポートフォリオMの共分散

市場ポートフォリオMの分散

変形後の式がベータ係数の定義として使われることが多い

第4章

企業価値と株価②

　第1章で述べたように，希少な経営資源（ヒト・モノ・カネ）を浪費して，単にゴミ（売れないモノ）を作り出しそうな事業活動（ビジネス）があったとすれば，それを資金調達（カネ）の段階で止めることが理想です。数多くある事業活動に対して，株式市場の投資家はリスクに見合った収益率を要求し，そのハードルを超えられそうな投資プロジェクトだけを実施するよう，企業の経営者にプレッシャーを与え続けます。

　つまり，株式市場は事業活動（ビジネス）を評価する「投票所」の役割を果たしていると考えてください。そうである以上，企業の経営者は必要な資金を調達すべく，現在やろうとしていることが「票」を入れてもらうに値する有望な事業活動（ビジネス）であることを懸命にアピールしなければなりません。平たく述べると，投資家からの「票」が集まる企業は株価が高くなります。

　本章で明らかにするように，株価は配当の現在価値によって決まります。現在の配当だけではなく，将来の配当も株価に影響します。しかもリスクが高い事業活動（ビジネス）は，それに見合って期待収益率が高くなるような株価に決まります。また，株式市場が効率的ならば，新しい情報は速やかに株価に反映されます。

4.1. リスク・期待収益率と株価①

　株式の期待収益率 E［r］が収益率 r の期待値であることは，すでに第2章で説明したとおりですが（参照 2.2.），これを単にリターンと呼ぶことが多いため，かなり誤解されやすいのが実情です。せめて期待リターンと呼べば誤解を避けられそうなところですが，「期待」という2文字を省略したために，状態ごとに想定される収益率 r と紛らわしくなってしまうのです。

　世間一般で，「高リスク・高リターン」あるいは「低リスク・低リターン」という概念を間違った意味で使っている人のほうが多いように見受けられます。前者は，高いリスクを負担すれば「必ず」高い収益率で報われるという意味ではありません。後者は，低いリスクを負担すれば「必ず」低い収益率にとどまるという意味ではありません。あるいは，「投資は高リスク・高リターンと言われるけれども，実際には高リスクを負担しても低リターンになる場合がある」という表現をしばしば目にしますが，これも典型的に間違った言葉の使い方です。

　数値例では，1年後に高株価120円となる確率が40％で，低株価86円となる確率が60％であるため，期待値は100円です。現在の株価が90.9円であるとしましょう。1年後に高株価が実現するときの収益率 r は，（120 − 90.9）／90.9 を計算して32％であり，低株価が実現するときの収益率 r は，（86 − 90.9）／90.9 を計算して − 5.3％です。どうやら誤解する人は，この − 5.3％のことを「低リター

ン」だと思い込んでいるようです。ファイナンス理論の正しい意味において，「高（低）リスク・高（低）リターン」と言われるときのリターンとは，あくまでも期待収益率 E［r］のことであり，（100 − 90.9）／ 90.9 を計算して 10%です。32%でもなければ− 5.3%でもありません。それらは期待収益率ではなくて収益率です。

　なお，これも第 2 章で述べたことの繰り返しにはなりますが，将来において悪い状態が実現する現象をリスクと呼ぶのではありません（参照 2.2.）。あくまでも，良い状態が起こるか，悪い状態が起こるのか，現在の時点でわからないことがリスクです。リターンのみならず，リスクも誤解されやすい概念なので，併せて気をつける必要があります。

　本書では無用の誤解を避けるために，「リターン」という表現は避け，期待収益率と表現することにします。したがって，いささか発音しにくいのですが，「高リスク・高リターン」ではなく，高リスク・高期待収益率，「低リスク・低リターン」ではなくて，低リスク・低期待収益率と表現することになります。

4.2. リスク・期待収益率と株価②

　では，言葉の正しい意味で高（低）リスク・高（低）期待収益率は，どのように理解すべきものでしょうか。結論を先に述べると，株式のリスクに見合った要求収益率と，それを反映した現在価値が先にありきで，現在の株価は現在価値の大きさに決まります。このとき，「高（低）リスク・高（低）期待収益率・低（高）株価」の 3 者関係が成立することになります。引き続き同じ数値例を使いますが，1 年後に高株価 120 円となる確率が 40%，低株価 86 円となる確率が 60%，それゆえに 1 年後の期待株価は 100 円でした。また，現在の株価は 90.9 円です。

　まず，低リスクならば低期待収益率になることから説明しましょう。低リスクならば，それゆえに要求収益率が低いため，キャッシュフローの現在価値は大きめになります。ということは，現在の株価は高くなりますが，それゆえに投資額は大きめとなり，期待収益率は低くなるはずです（**低リスク・低期待収益率**）。数値例では，無リスク利子率を 2%，リスクプレミアムを低めの 3%としています。これらを合計して要求収益率は 5%ですから，1 年後の期待株価 100 円を 1.05 で割り引いて現在価値は 95.2 円になります。ということは，現在の株価は 95.2 円という高さになり，これが投資額です。1 年後の期待株価は 100 円なので，（100 − 95.2）／ 95.2 を計算すると期待収益率は 5%になり，要求収益率の 5%と一致していることを確認できます。結論を述べると，低リスクならば低期待収益率であり，そうなるような高株価が形成されます。

　仮に何らかの理由で低リスク・高期待収益率だったとしましょう。この場合，リスクが低いわりに期待収益率が高いのですから，明らかに有利な投資対象となります。魅力がある株式には需要（買い）が多く集まる一方，供給（売り）は少なく集まりますので，現在の株価は上昇するでしょう。ところが，調整後の高い株価のもとでは一転して期待収益率が低くなります。結局，株式市場がきちんと機能しているかぎり，低リスク・低期待収益率にしかなりません。

　逆に，高リスクならば高期待収益率になるはずです。高リスクならば，それゆえに要求収益率が高いため，キャッシュフローの現在価値は小さめになります。ということは，現在の株価は低くなりますが，それゆえに投資額は小さめとなり，期待収益率は高くなるはずです（**高リスク・高期待収益率**）。

数値例では，無リスク利子率を2%，リスクプレミアムを高めの8%としています。これらを合計して要求収益率は10%ですから，1年後の期待株価100円を1.1で割り引いて現在価値は90.9円になります。ということは，現在の株価は90.9円という低さになり，これが投資額です。1年後の期待株価は100円なので，（100 − 90.9）／90.9を計算すると期待収益率は10%になり，要求収益率の10%と一致していることを確認できます。結論を述べると，高リスクならば高期待収益率であり，そうなるような低株価が形成されます。

　仮に何らかの理由で高リスク・低期待収益率だったとしましょう。この場合，リスクが高いわりに期待収益率が低いのですから，明らかに不利な投資対象となります。魅力がない株式には需要（買い）が少なく集まる一方，供給（売り）は多く集まりますので，現在の株価は下落するでしょう。ところが，調整後の低い株価のもとでは一転して期待収益率が高くなります。結局，株式市場がきちんと機能しているかぎり，高リスク・高期待収益率にしかなりません。

　以上のように，投資家の行動がファイナンス理論の想定どおりであれば，高（低）リスク・高（低）期待収益率に落ち着きますし，そうなるように低（高）株価に調整するのが株式市場の役割なのですが，以下では，そのことが経済活動，社会に及ぼす影響について述べておくことにします。

　わかりやすく航空会社を例に挙げて，投資家がリスクを負担することの重要性を強調しておくことにしましょう。残念ながら飛行機が墜落する可能性はゼロではなく，そうなってしまった場合は巨額の賠償金を請求されるなど，航空会社には大きな損失が生じます。このようなリスクを誰もが避けようとするならば，普段から決して飛行機を飛ばせませんし，航空ビジネスが成立しません。そうなると誰も気軽に海外旅行を楽しめない理屈です。実際のところ，株主が事業活動（ビジネス）のリスクを負担するからこそ航空業が成り立つのです。

　そして，このリスク負担が大きくなればなるほど，それに見合って大きな対価が期待できるのでもなければ，そもそもリスクが高い事業活動（ビジネス）に出資しようとは決して思わないでしょう。株主がリスクに見合った収益率を要求し，それゆえに期待収益率が高くなるような株価が形成されるのは，単に強欲のなせる業ではないということです。

　このように，リスクに応じて期待収益率が高くなる市場メカニズムのもとでは，高リスク案も資金調達のチャンスが得られることになります。仮にこのような原理が成立しないとすれば，リスク回避型の投資家にとって低リスク案だけが魅力的な投資機会になりますから，どれほど社会にとって有益な投資プロジェクトであっても，リスクが高いというだけの理由でまったく実施されないことになってしまいます。要するに，高（低）リスク・高（低）期待収益率の原理が成り立つからこそ，ファイナンスが事業活動（ビジネス）を支え，事業活動（ビジネス）が社会を支えることができるのです。低リスク案だけが実施される社会がどのようなものかを想像してみてください。

4.3. 市場の均衡

　投資家にとって期待収益率と要求収益率が一致する状況が**市場の均衡**（market equilibrium）です。もし要求している以上に期待できる収益率ならば，有利な投資対象であるがゆえに超過需要となり，割安すぎる株価は引き上げられます。逆に，もし要求しているほどに期待できない収益率ならば，不利な投資対象であるがゆえに超過供給となり，割高すぎる株価は引き下げられます。

　結局のところ，株式の市場メカニズムがきちんと機能しているかぎり，期待収益率は要求収益率に一致するまで調整され，それ以上に変化しようとしない均衡に至ります。このとき，株価は現在価値どおりに決まっているはずです。もちろん，均衡というのは経済学の理論上の概念でして，文字どおりずっと変化しないと述べているわけではありません。条件が変化すれば均衡それ自体が動くのですが，逆に言えば，条件が変化しないかぎり均衡から動く要因がないといったほどの意味で捉えてください。なお，最初から要求収益率と期待収益率を区別せずに論述する教科書もありますが，厳密に言えば別の概念ですので，本書では一応区別して説明することにしています。

4.4. 株式の価格：DDM ①

　さて，今から説明する**配当割引モデル**（DDM：dividend discount model）によると，株式の価格は配当の現在価値で決まりますが，そこに至るまでのプロセスを詳細に説明することにしましょう。第3章では，企業価値 V から負債価値 D を引いて株式価値 E を算出し，さらに株式数 N で割って株価 P を導き出す FCF モデルを説明しました（参照 3.9.）。配当割引モデル（DDM）はこれとは別のアプローチですが，同じ株価を導き出すことになります。まずは1株ベースで解説することにして，t 年後の期待株価を P_t，t 年後の期待配当を div_t，株主の要求収益率を k_E としましょう。

　株主の報酬形態には2種類あります。すなわち，企業から受け取る配当と株式の値上がり益です。前者は企業による利益の分配であり，**インカムゲイン**（income gain）とも言われます。後者はある時点の株価から購入したときの株価を差し引いた額であり，**キャピタルゲイン**（capital gain）とも言われます。馴染みのある表現のほうが読みやすいと思われるので，本書では配当とキャピタルゲインの語を使用することにします。

　さしあたり1年間だけ投資する場合，現在の時点における株式の期待収益率は $\{(P_1 - P_0) + div_1\} / P_0$ となります。ところで，先ほど説明したばかりですが，市場の均衡では期待収益率と要求収益率が一致するはずです（参照 4.3.）。その関係をもとにして式を解くと，現在の株価 P_0 は，1年後の期待配当 div_1 と期待株価 P_1 の現在価値で決まることがわかります。キャッシュフローの現在価値（PV）は第2章で説明しました（参照 2.7.）。この概念は，ファイナンスのありとあらゆる現象を理解するうえで決定的に重要だと言えます。

　ところで，1年後の期待株価 P_1 はと言えば，この時点で株式を購入する投資家の採算にもとづき，2年後の期待配当 div_2 と期待株価 P_2 の1年後の時点における現在価値によって決まるはずです。さらに，2年後の株価 P_2 はと言えば，この時点で株式を購入する投資家の採算にもとづき，3年後の期待配当 div_3 と期待株価 P_3 の2年後の時点における現在価値によって決まるはずです。よく考えると，現在の株価 P_0 を示す式の中に1年後の期待株価 P_1 が含まれているので，ここに1年後の期待株価 P_1 を示す式を代入することができます。また，1年後の期待株価 P_1 を示す式の中に2年後の期待株価 P_2 が含まれているので，ここに2年後の期待株価 P_2 を示す式を代入することができます。

　同様の作業を繰り返したうえで，現在の株価 P_0 に戻って考えることにしましょう。それは1年後の配当 div_1，2年後の配当 div_2，3年後の配当 div_3 …といった具合に，結局は将来の配当の現在価値をすべて集計したものとなります。これが配当割引モデル（DDM）の式になります。つまり，代入を繰り返す結果，式からは t 年後の期待株価 P_t が消え去り，もっぱら t 年後の期待配当 div_t の項目で

埋め尽くされるのです。配当割引モデル（DDM）という名称になるのは，そのためです。

　ところで，配当割引モデル（DDM）はキャピタルゲインを無視しているという批判を受けることがあります。たしかに，最終的な形は配当だけを計算の対象としているため，そのような印象を抱くのも不思議はありません。しかし，キャピタルゲインを無視しているのではなく，単に表面上は見えないだけのことです。キャピタルゲインは値上がり益ですから，株価上昇によって発生します。後ほどより丁寧に説明し直しますが，株価上昇は配当の現在価値の変化によって起こります（参照 4.6.）。つまり，報酬の形態は 2 種類（配当とキャピタルゲイン）であっても，価値の源泉は究極的には 1 種類（配当）しかないのです。したがって，配当だけを計算の対象とすることに誤りはありません。

　さらに，別の誤解になりますが，株価を重視するファイナンス理論は経営者の短期的な視野を助長していると批判されることがあります。しばしば，投資家は短期的な株式売買でキャピタルゲインを稼ぎたがる傾向があり，長期的に保有して配当を得ることには興味がないと評されます。そのような投資家たちから即効性のある短期的な成果が求められるため，経営者の視野も短期的にならざるを得ず，遠い将来を見据えた経営が阻害されると主張するのです。あるいは，経営者の視野が短期的になるがゆえに，直近の決算数値を良く見せようとする弊害があるとまで言われることもあります。

　しかし，先ほど配当割引モデル（DDM）の一般式が得られるまでの変形を示しましたが，さしあたり 1 年間だけ投資する場合から出発したにもかかわらず，代入を繰り返した結果，永久的に遠い将来の配当まで割引計算の対象になるという結果に落ち着いたのでした。ファイナンス理論は短期的な視野を助長するどころか，長期的な視野で将来のキャッシュフローを予想することを前提としているのです。また，株価は直近の決算数値だけに依存しているわけではないので，短期的な成果を性急に求めているのでもありません。遠い将来を見据えた経営が重要であることは，ファイナンス理論においても当然の帰結なのです。むしろ，責められるべきは，ファイナンス理論が示唆する内容を誤解したり，それに反する行動を取っている投資家や経営者のほうではないでしょうか。

4.5. 株式の価格：DDM ②

　以上のように，株価は配当割引モデル（DDM）で説明することができます。これは J. B. ウィリアムズ（John Burr Williams, 1900-1989）が 1938 年に提示したモデルでして，株式の価格は将来のすべての配当の現在価値を合計したものとして決まります。すなわち，それぞれ 1 株あたりの金額で，1 年後の配当を div_1，2 年後の配当を div_2…とするとき，株価 P は株主の要求収益率 k_E のもとで，1 年後の配当の現在価値 div_1／$(1 + k_E)$ と，2 年後の配当の現在価値 div_2／$(1 + k_E)^2$ と，3 年後の…を合計したものになるはずです。債券とは異なり株式には満期がありませんので，企業が倒産でもしないかぎり，理論上は永久的な将来まで配当を予想することになります。

　ところが，株式の理論価格はなかなかの曲者でして，一筋縄ではいきません。通常のファイナンス教科書では 1 株あたりの株価 P を導き出す数式が示され，これに株式数 N を乗じたものが株式価値 E になると説明されます。しかし，この順序で説明されると，1 株あたりの株価 P が先に決まり，全体の株式価値 E が後から決まるかのような誤解に陥りかねません。本来は全体が先，部分は後です。たとえば，大航海時代の胡椒貿易の例で言えば，港に持ち帰った積み荷を売りさばき，企業全体で稼いだ利益をシェアに応じて山分けする順序です。対価に関する論理的な順序がそうなのですから，そ

れらの現在価値だって全体が先，部分が後になると考えるべきでしょう。

4.6. 株式の価格：DDM ③

したがって，本書ではあえて総額ベースの配当割引モデル（DDM）に置き換えることにしました。すなわち，1年後の配当総額を DIV_1，2年後の配当総額を DIV_2，3年後の…とするとき，株式価値 E は株主の要求収益率 k_E のもとで，1年後の配当総額の現在価値 $DIV_1 ／（1 + k_E）$ と，2年後の配当総額の現在価値 $DIV_2 ／（1 + k_E）^2$ と，3年後の…を合計したものになるはずです。そのうえで，株式価値 E を株式数 N で割ったものが株価 P になるという順序です。

実際のところ，部分が先，全体が後という考え方に縛られているかぎり，株式分割（第7章），株式発行（第7章），自社株買い（第15章）が株価に与える影響を正確に理解できなくなってしまいます。あくまでも全体が先，部分が後という本質どおりの順序で考えなければなりません。

株価が配当割引モデル（DDM）で説明されるということは，株価の変動も配当割引モデル（DDM）に代入する数値の変化で説明されることになります。具体的に述べると，予想される将来の配当が増加（減少）すれば，株価は上昇（下落）します。これは式の分子における変化です。たとえば，企業の業績予想が改善することが考えられます。また，株主の要求収益率が下落（上昇）すれば，株価は上昇（下落）します。これは式の分母における変化です。たとえば，中央銀行の金融政策が緩和すれば無リスク利子率が低下します。あるいは，景気が良くなって投資家に経済的な余裕が生じれば，そうでない場合と比べてリスク回避の程度が弱くなり，リスクプレミアムを低下させます。

このように，分子・分母の変化に分けて考えることができますが，いずれも将来に予想する配当の現在価値が変化することを意味しています。先ほど，キャピタルゲイン（値上がり益）は配当の現在価値の変化によって生じると述べましたが（参照4.4.），株価が変動するからこそキャピタルゲイン（値上がり益），もしくは，キャピタルロス（値下がり損）が発生するのです。

4.7. 市場の効率性①

投資家が将来の業績を予想するための判断材料はその株式に関連する情報です。したがって，価格メカニズムがきちんと機能しているかぎり，あらゆる情報が株価に反映されるはずですし，株式市場はそのような役割を果たさなければなりません。

概念として，新しい情報が速やかに適切に証券の価格に反映されるような市場を**効率的市場**（efficient market）と呼びます。1970年，E. F. ファマ（Eugene F. Fama, 1939-）はこの考え方を**効率的市場仮説**（EMH：efficient market hypothesis）という名称のもとで整理し，実際の証券市場がおおむね効率的であることを示す実証研究を提供してきました。この業績だけではありませんが，E. F. ファマに対して2013年度のノーベル経済学賞が授与されています。この仮説は必ずしも株価に論点が限定されるものではありませんが，説明のしやすさを重視して，本書では株価に絞って論じていくことにします。

たとえば，ある製薬企業が画期的なガン治療薬を開発することに成功したとしましょう。これは良いニュースです。仮に情報が公表される直前の株価が500円で，新しい理論株価が900円だとしましょう。市場が効率的ならば，情報が公表された直後に900円まで上昇すると考えられます。ところが，

市場が非効率的ならば900円に調整されるまで時間がかかってしまいます。

　市場が効率的である場合，株価の調整が終わった段階では，この情報に基づいて投資家が株式を購入しても利益を得るには遅すぎます。他方，市場が非効率的である場合，株価は新しい情報をなかなか反映しないため，情報が公表されてからしばらく時間が経過していても，依然として情報に基づく株式の購入が利益をあげる余地があります。要するに，市場が効率的であれば，情報を入手してから取引しても，すでに情報を反映した現在価値どおりに株価が変動しているはずですから，異常に高い収益率を期待することはできないということです。いささか誤解されやすいポイントですが，「株式に投資しても絶対に利益が得られない」と言っているのではありません。「情報を手に入れてから行動してもたいてい遅すぎる。そのぐらいに株価の変動が速い」と言っているのです。

　株式ではなく債券の投資ですが，非効率的市場の有名なエピソードがあります。1815年，ナポレオン・ボナパルト（Napoleon Bonaparte, 1769-1821）が率いるフランス軍とイギリス軍がベルギーのワーテルローで交戦しました。イギリスのロスチャイルド財閥は家来をワーテルローに派遣し，伝書鳩を使ってイギリス軍の勝利を誰よりも早くキャッチしていました。N. M. ロスチャイルド（Nathan Mayer Rothschild, 1777-1836）はわざとイギリス国債の売り注文から始めて他の投資家の不安心理をあおり，価格が十分に安くなってから大量の買い注文に転じました。翌日，イギリス軍勝利の情報がようやく一般市民に到着し，今度は一転して国債価格が急騰したため，N. M. ロスチャイルドはかなりの利益を得たそうです。

　このように，他の投資家に先駆けて情報を入手できれば，その情報に基づいた証券投資で利益を得ることができるのですが，現在はリアルタイムで新しいニュースが配信される高度情報化社会ですから，自分だけが情報を独占的に入手することは非常に困難です。現在の証券市場は，N. M. ロスチャイルドの事例とは比較にならないぐらい効率的なのです。

　なお，E. F. ファマは市場の効率性の程度に応じて，効率的市場仮説（EMH）を3つのカテゴリーに分けて提示しています。**ウィーク型の効率性**（weak form efficiency，弱度）は，過去の株価がもたらす情報が速やかに適切に株価に反映される状況，**セミストロング型の効率性**（semi-strong form efficiency，準強度）は，公開されている情報が速やかに適切に株価に反映される状況，**ストロング型の効率性**（strong form efficiency，強度）は，経営者などの内部者（インサイダー）だけが知っている非公開の情報（インサイダー情報）さえ速やかに適切に株価に反映される状況を想定しています。

　このとき，効率性の程度が比較的弱いほうの仮説は，強いほうの仮説の部分集合という位置づけにあります。つまり，市場が強いレベルで効率的であれば，必然的に弱いレベルでも効率的だということになります。実証研究によると，現実の株式市場は，ウィーク型では効率的，セミストロング型ではほぼ効率的であるものの（反証もある），ストロング型では非効率的であるという結果が得られています。

　非公開の情報（インサイダー情報）にもとづく株式の売買は，重要事実を知らない一般投資家を犠牲にする不公正な取引であり，金融商品取引法によって禁止されています。ストロング型の効率性が満たされていない現実を考えると，妥当な法・ルールであると言えます。

4.8. 市場の効率性②

　効率的市場仮説（EMH）は百発百中レベルでいつでも正しく株価を形成すると主張するものでもありません。統計学で言うところの**不偏推定値**（unbiased estimate）という概念に関係するのですが，効率的市場仮説が想定する株価というのは，適正な株価の偏りのない推定値という位置づけにあります。

　もう少し平たく述べると，将来に起こり得る状況を現在に知っている全知全能の神が仮にいるものと前提して，その神が付けるはずの水準が適正な株価ということになります。しかし，私たち人間は全知全能ではないので，せいぜい将来を予想するしかありません。とはいえ，株式市場には非常に数多くの投資家が参加して，綱引きのように株価を形成しています。そのプロセスで多種多様な評価が反映されますので，ひとりの独裁者が勝手に決めた株価などではなく，より適正な株価になると期待されます。株式市場が効率的ならば，そのような株価に至るまでのスピードが速いはずです。

　また，効率的市場が想定する株価は，バイアス（偏り）なしに平均的には適正な水準に落ち着くと想定されるものです。ダーツにたとえると，下手な人であればいつも右側に偏る等，何か悪い癖を持っているものです。しかし，本当に上手な人であれば百発百中ではないとしても，おおむね中心のあたりに的中させる能力を持っています。いくらか外れるとしても，偏ることなく中心から左右対称にずれることでしょう。

　株価にバイアス（偏り）がないということは，希少な資源を無駄にしない優良な企業に高い評価がつくことを意味します。よって，株式市場としての望ましい役割を十分に果たすことができます。逆に，バイアス（偏り）があれば平均的には適正株価ではないということですから，私たちの社会において最適な資源配分を期待できません。実際にバイアス（偏り）のない適正株価が形成されているのか否かは，それこそ神でなければ客観的に知り得ません。しかし，少なくとも理論上は想定できる効率的市場が，そうでない非効率的市場よりも望ましい状況であるという点については，おおよそ誰であっても同意できることだろうと思われます。

　さて，すでに説明したように，期待配当の現在価値が変化することによって株価が変化するわけですが，これらの変化をもたらす究極の原因は，新しい情報です。たとえば，原油高のニュースによって配当の予想値は下がるかもしれませんし，景気が悪化しそうだというニュースによってリスク回避の程度が強まり，株主の要求収益率が上昇するかもしれません。つまり，新しい情報が入るからこそ，投資家たちが将来の業績予想を変更したり，あるいは，リスク負担に見合った期待収益率の上乗せを変更するわけで，これらが株価を変動させることになります。

　株式市場が効率的ならば，株価変動に規則性は生じないという考え方があります。ある時点の株価変動はそれ以前の株価変動とは独立であり，デタラメに見える確率的な動きを示します。これは**ランダムウォーク**（random walk）と呼ばれる現象で，酔っ払いの歩き方に由来する名称です。一見すると，理論性に乏しい主張に思われがちですが，むしろファイナンス理論とは整合する考え方であり，統計的にもほぼ実証されています。

　しばしば，ランダムウォーク理論は配当割引モデル（DDM）と相容れない対立関係にあると誤解されることがあります。おそらく，株価の動き方がデタラメになるという結論が，かなり緻密な印象を与える配当割引モデル（DDM）との間に大きな落差を感じさせるからでしょう。しかし，デタラメに

なるのは株価ではなくて株価変動です。むしろ，新しい情報にもとづいて投資家がそのつど予想を速やかに修正するからこそ，株価はランダムウォークすると考えなければなりません。したがって，株価変動がランダムになるという現象は，配当割引モデル（DDM）とは対立していませんし，効率的市場仮説とも矛盾していません。

　たとえば，画期的なガン治療薬の開発に成功したという良い情報が配信されれば，この製薬メーカーの株価は上昇するでしょう。しかし，その薬による副作用で患者が死亡したという悪い情報が配信されれば，株価は下落するでしょう。これらの事件，事故，イベントは規則性なくランダムに発生するため，事前に予測することができません。投資家が新しい情報にもとづいて予想をそのつど速やかに改訂するならば，事前に予測できない新しい情報だけが株価を動かす原因となります。

第 4 章からの示唆

　しばしば世間で誤解されるところですが，ファイナンスは「どのようにすれば株式投資で確実に儲かるのか」を考える科目ではありません。私たちは全知全能の神ではなくて普通の人間ですから，将来を不確実に予想することはできても，確実に予想することはできません。むしろ，ファイナンスは，合理的に行動する「投票者」がどのような結果をもたらすのかを検討し，「票」が集まる望ましい行動を考え，さらには望ましい「投票」ルールを考える性質の学問です。

　企業は投資家から調達したカネを投資プロジェクトにインプットし，モノの生産・販売によって消費者からカネを回収し，投資家に対して成果を分配します。当然ながら，集めたカネよりも増えていれば事業活動（ビジネス）は成功ですが，目減りしていれば失敗です。そのあたりの巧拙に関する将来の予想が現在の株価に反映されます。

　企業の財務担当者は市場メカニズムにさらされながら，企業のカネに関するマネジメントを最大限の努力で遂行すべき立場にあります。**CEO**（chief executive officer：最高経営責任者）を船長にたとえるならば，**CFO**（chief financial officer：最高財務責任者）はナビゲーターの役割を果たさなければなりません。

　企業の株価に対して責任を持つ財務担当者が，自発的に企業の活動をアピールする積極策のことを**IR 活動**（investor relations：投資家向け広報）と呼びます。投資家に企業の状況を速やかに報告し，適切な評価をしてもらう活動だと言えます。より具体的には，企業説明会や施設見学会を開催したり，わかりやすい事業報告書を配布したり，ホームページに決算内容を掲載する等の取り組みです。株式市場の信頼されるユーザーであるために，企業は真摯なスタンスで「市場との対話」を重視する必要があるのです。

第4章 企業価値と株価②

●学習のポイント

高リスクの株式は高期待収益率になるように，低リスクの株式は低期待収益率になるように価格が形成される。市場の均衡では，現在価値どおりに株価が決まる。市場が効率的ならば，新しい情報は速やかに株価に反映される。

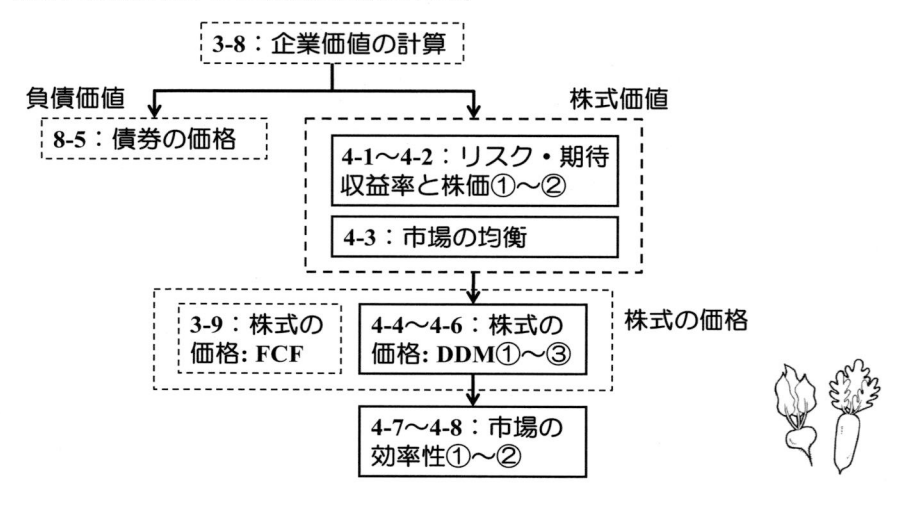

4-1 リスク・期待収益率と株価①

「高リスク・高リターン」の概念はかなり誤解しやすいので要注意

本書では「リターン」ではなく「期待収益率」と表記（2-2）

（例）1年後の期待株価は100

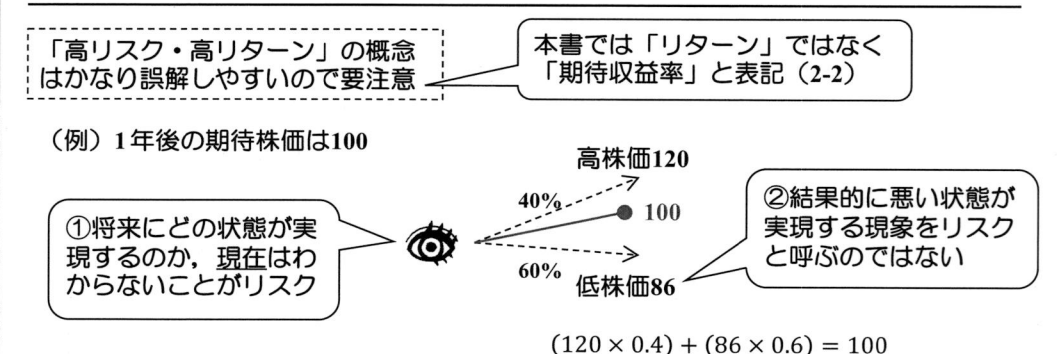

①将来にどの状態が実現するのか，現在はわからないことがリスク

②結果的に悪い状態が実現する現象をリスクと呼ぶのではない

$$(120 \times 0.4) + (86 \times 0.6) = 100$$

現在の投資額（株価）を90.9とすると...

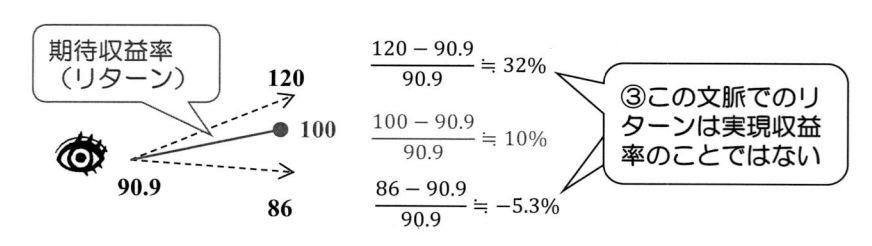

期待収益率（リターン）

$$\frac{120 - 90.9}{90.9} \fallingdotseq 32\%$$

$$\frac{100 - 90.9}{90.9} \fallingdotseq 10\%$$

$$\frac{86 - 90.9}{90.9} \fallingdotseq -5.3\%$$

③この文脈でのリターンは実現収益率のことではない

4-2 リスク・期待収益率と株価②

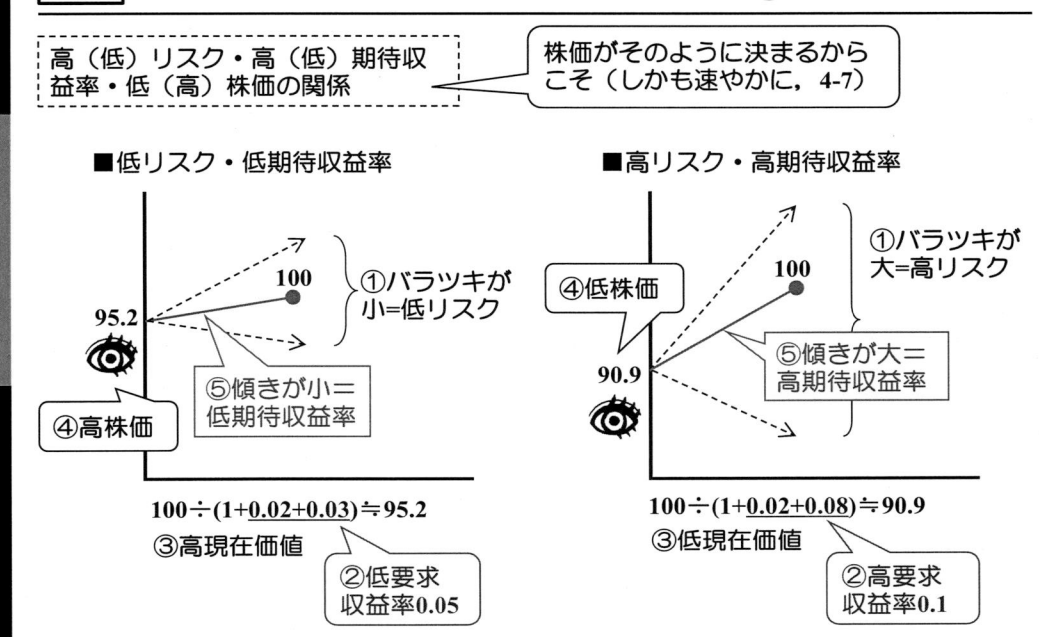

高（低）リスク・高（低）期待収益率・低（高）株価の関係

株価がそのように決まるからこそ（しかも速やかに，4-7）

■低リスク・低期待収益率

100

95.2

①バラツキが小=低リスク

④高株価

⑤傾きが小＝低期待収益率

$100 \div (1+\underline{0.02+0.03}) \fallingdotseq 95.2$

③高現在価値

②低要求収益率0.05

■高リスク・高期待収益率

④低株価

100

90.9

①バラツキが大=高リスク

⑤傾きが大＝高期待収益率

$100 \div (1+\underline{0.02+0.08}) \fallingdotseq 90.9$

③低現在価値

②高要求収益率0.1

4-3 市場の均衡

株価が現在価値どおりに決まり，よって期待収益率が要求収益率に一致するのが市場の均衡

数多くの投資家の綱引きで市場の均衡が決まる。綱が動かなくなる状況が均衡のイメージ

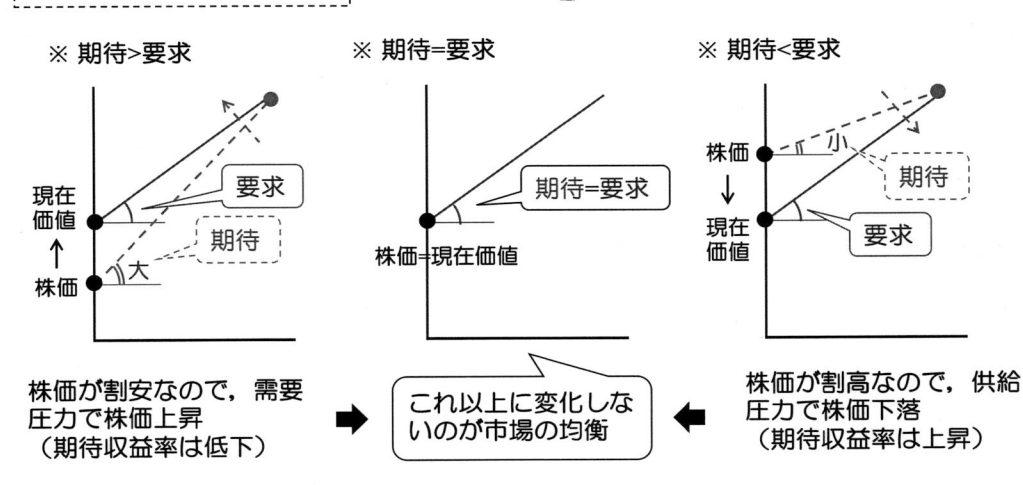

※ 期待>要求

現在価値↑株価

要求

期待

大

※ 期待=要求

株価=現在価値

期待=要求

※ 期待<要求

株価↓現在価値

小

期待

要求

株価が割安なので，需要圧力で株価上昇（期待収益率は低下）

➡ これ以上に変化しないのが市場の均衡 ⬅

株価が割高なので，供給圧力で株価下落（期待収益率は上昇）

4-4 株式の価格: DDM①

市場の均衡では，期待収益率（左辺）と要求収益率（右辺）が等しいので（4-3）…

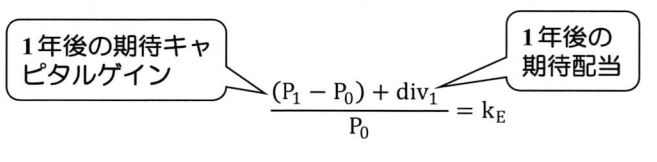

1年後の期待キャピタルゲイン

1年後の期待配当

$$\frac{(P_1 - P_0) + div_1}{P_0} = k_E$$

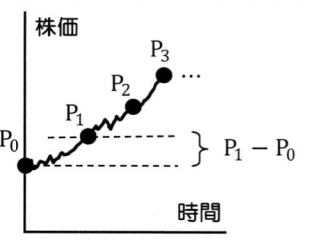

株価

P_0　P_1　P_2　P_3　…

$\} P_1 - P_0$

時間

変形すると，現在の株価P_0は…

$$P_0 = \frac{P_1 + div_1}{1 + k_E}$$

同様に，1年後の期待株価P_1は…

$$P_1 = \frac{P_2 + div_2}{1 + k_E}$$

さらに，2年後の期待株価P_2は…

$$P_2 = \frac{P_3 + div_3}{1 + k_E}$$

代入を繰り返すと…

$$P_0 = \frac{div_1}{1 + k_E} + \frac{div_2}{(1 + k_E)^2} + \frac{div_3}{(1 + k_E)^3} + \cdots$$

【誤解】株価は短期的な視点で決まるので，経営者の短期的視野を助長？

理屈上，将来のすべての期待配当で決まるので，むしろ長期的視野

4-5 株式の価格: DDM②

●配当割引モデル （DDM: dividend discount model）
　株価は将来の期待配当の現在価値

J. B. Williamsが1938年に構築した理論

※ FCF法（3-9）とは別法だが同じ株価になる理屈

■ 通常の解説

1株あたり期待配当

株価

$$P = \frac{div_1}{1 + k_E} + \frac{div_2}{(1 + k_E)^2} + \frac{div_3}{(1 + k_E)^3} + \cdots$$

株主の要求収益率

【誤解】株価Pが先に決まり，株式価値Eが後から決まる？

本質は全体が先，部分が後なので，Eが先，Pが後のはず

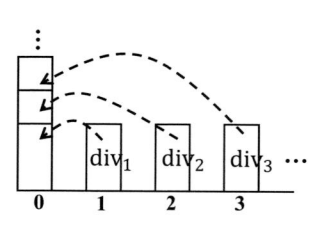

div_1　div_2　div_3　…

0　1　2　3

株式価値　$E = P \times N$　株式数

胡椒貿易の場合，持ち帰った積み荷を売って，利益を出資者で山分けする順序

4-6 株式の価格: DDM③

■総額ベースによる解説

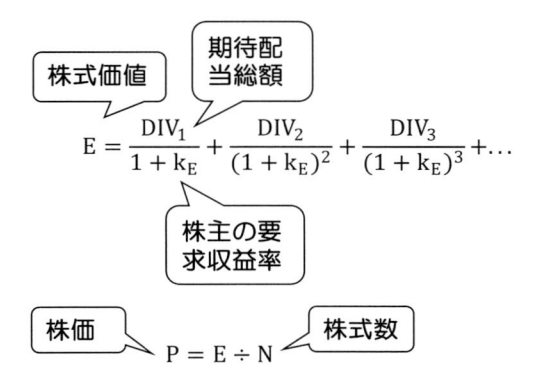

株式価値 期待配当総額

$$E = \frac{DIV_1}{1 + k_E} + \frac{DIV_2}{(1 + k_E)^2} + \frac{DIV_3}{(1 + k_E)^3} + \cdots$$

株主の要求収益率

株価 株式数

$$P = E \div N$$

株式分割（第7章），株式発行（第7章），自社株買い（第15章）を正しく理解するには，必ず全体が先，部分が後でなければ

●株価上昇の2パターン

①期待配当総額DIVが増加

$$E{\uparrow} = \frac{DIV_1{\uparrow}}{1 + k_E} + \frac{DIV_2{\uparrow}}{(1 + k_E)^2} + \cdots$$

②株主の要求収益率k_Eが下落

$$E{\uparrow} = \frac{DIV_1}{1 + k_E{\downarrow}} + \frac{DIV_2}{(1 + k_E{\downarrow})^2} + \cdots$$

無リスク利子率＋リスクプレミアム

たとえば，①は業績予想の改善，②は金融緩和で無リスク利子率の低下，投資家のリスク回避度の低下など

※ 株価下落はそれぞれ逆を考えよ

4-7 市場の効率性①

●効率的市場仮説（EMH: efficient market hypothesis）

証券市場は新しい情報を速やかに適切に価格に反映（E. ファマ, 1970年）

（例）製薬企業が画期的なガン治療薬の開発に成功

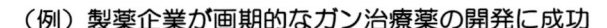

Eugene F. Fama (1939-)…2013年度ノーベル経済学賞。出所：3-4と同じ。

●効率的な市場

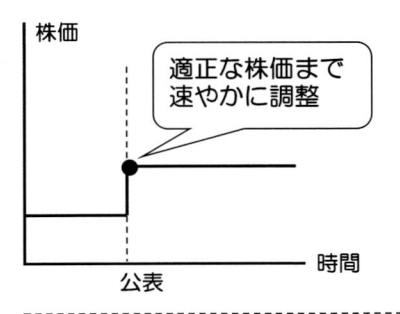

株価

適正な株価まで速やかに調整

公表　　時間

●非効率な市場

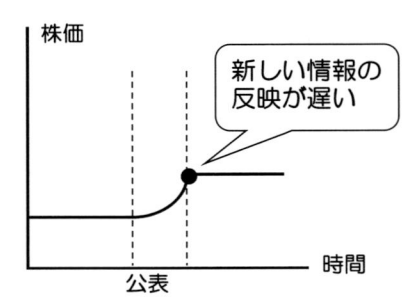

株価

新しい情報の反映が遅い

公表　　時間

市場が効率的ならば，情報を入手してから取引しても，すでに情報を反映した現在価値に株価が変動しているので（4-2），異常に高い収益率は期待できない。

4-8 市場の効率性②

※効率的市場の株価

<u>適正な株価の偏りのない推定値</u>

百発百中でなくても，バイアス（偏り）なしに平均的には的中という意味

効率的市場では，多種多様な投資家の評価が速やかに反映され，平均的には適正な株価となる

希少な資源を無駄にしない企業に高い評価

●株価のランダムウォーク
　株価変動に規則性なし

市場の効率性と関係が深い概念

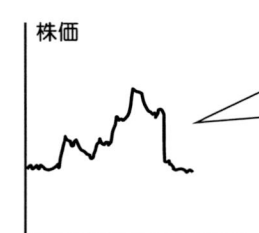

株価

規則性がない新しい情報をそのつど反映するので

株価が折り目正しく決まるからこそ，株価変動は酔っぱらい

（例）
・画期的なガン治療薬の開発に成功
　　→ 良い情報で株価上昇

・その薬による副作用で患者が死亡
　　→ 悪い情報で株価下落

第 **5** 章 投資政策①

　第1章で，コーポレートファイナンスには大きな柱が3本あると述べました（参照 **1.9.**）。具体的には，①投資政策，②資本構成，③ペイアウトであり，第5〜6章では最初の柱に取り組むことになります。すでに第2章で，将来の稼ぎの現時点の値打ちは現在価値（PV：present value）で測られることを説明しました（参照 **2.7.**）。本章ではこの概念がさらに拡張されたものとして，設備投資などの実物的な投資プロジェクトの採算を判断できるツール（道具）を説明します。なお，「実物的な」投資プロジェクトと表現したのは，他の企業の株式や債券に投資する等，金融商品への投資ではないという意味です。ただ，そのつど「実物的な」と表記するのも冗長に過ぎるので，単に投資プロジェクトと表記することにします。

　たとえば，ラーメン屋を経営するとして，思いついた設備投資をすべて実施すべきでしょうか。もちろん，答はノーです。当然ながら，美味いラーメンを作れば客は増えて多くのキャッシュが入ってくるでしょう。しかし，不味いラーメンしか作れなければ客は減り，ほとんどキャッシュを回収できません。結局のところ，設備投資の採算が取れるか否かは，ラーメンが美味いか不味いかに依存しています。したがって，ラーメン製造機を買うのに要するキャッシュよりも，その機械を使って稼ぎ出す（と予想している）キャッシュのほうが，現時点での値打ちとして少ないならば，そのような設備投資はしないほうが賢明であるという常識的な判断に落ち着きます。リスクがあるので予想にならざるを得ないところと，現時点での値打ちというところが，話を若干難しくしているにすぎません。

5.1. 投資政策

　第5〜6章で取り扱う内容は，しばしば**資本予算**（capital budgeting）と呼ばれるトピックですが，それほど本質を理解しやすい名称とも思えないため，本書では**投資政策**（investment policy）と呼ぶことにします[1]。企業の投資政策は，どのような判断基準で実物的な**投資プロジェクト**（investment project）を実施すべきかを論点とするトピックです。より具体的に述べると，設備投資や不動産投資などの**資本的支出**（capex：capital expenditure），**研究開発投資**（R&D：research and development），**合併・買収**（M&A：merger and acquisition）等です。しかし，これらを網羅的に説明しても冗長に過ぎるので，以下ではもっぱら設備投資を念頭に話を進めていきます。

　たとえば，新しい工場を建設するとか，傷んだ旧型の製造マシンを廃棄して最新鋭の機種に取り替える等の設備投資ですが，この種の投資プロジェクトは企業の重要な意思決定です。工場の製造現場から寄せられる声など，社内のさまざまな部署から新しい案が寄せられますが，使える資金がどれほど潤沢だったとしても，それらのすべてをやみくもに実施してよいはずがありません。ひとつひとつ

の案件につき，経済的に採算が取れるかどうかという観点で判断しなければなりません。

　設備投資の意思決定を貸借対照表（B/S）に関連づければ，左側の資産に該当します。なぜなら，工場や機械設備はいずれも資産として計上されるからです。一見すると，貸借対照表（B/S）の右側（資金調達）が先に決まるように思われるかもしれませんが，本来そうではありません。「すでにカネがあるけれども，何に使おうか」という順序で考えると，いきおい不要不急の設備投資を招くことになるでしょう。実際，無駄な投資が企業を後々苦しめるという話はしばしば耳にします。正しくは「この設備投資を実施すべきだが，資金はどこから調達すべきか」という順序で考えるべきでしょう。なぜなら，採算が取れないと判断され，計画の段階で却下される投資プロジェクト案だとすれば，そのための資金を必要としないからです。

　ところで，第1章で説明したように，企業を取り巻くカネの流れが広い意味でのキャッシュフローです（参照1.8.）。第一に，投資家からの資金調達が必要です（①）。第二に，集まった資金を使って投資プロジェクトを実施します（②）。これは事業活動（ビジネス）への支出です。第三に，消費者に対するモノ（あるいはサービス）の販売によって資金を回収します（③）。これは事業活動（ビジネス）からの収入です。第四に，債権者に対して返済，利子の支払い，株主に対してペイアウト（配当や自社株買い）を行います（④）。

　しかし，キャッシュフローの図は結果的にカネが流れる順序を示したものではありますが，意思決定の順序を示したものではありません。この図で言えば，投資プロジェクト（②）を実施するか否かの意思決定が，資金調達（①）の方法を考える意思決定よりも先決だということになります。ところが，その投資プロジェクト（②）は，資金回収（③）の見込みに依存して決定すべき問題なのです。

　実物的な投資機会がもたらす収入から，必要とする支出を差し引いたものが投資プロジェクトの**フリーキャッシュフロー**（FCF：free cash flow）です。同じことですが，ネットキャッシュフロー（net cashflow）と表現されることもあります。フリーキャッシュフロー（FCF）が大きいほど，その投資プロジェクトの稼ぐ力は強いと言えます。この用語は第1章で登場していますが，そこでは企業の全体で事業活動（ビジネス）からどれだけの純収入が期待できるかを論点としていました（参照1.8.）。本章で説明しているのは，ある投資プロジェクトがもたらす純収入です。もちろん，すべての投資プロジェクトのフリーキャッシュフロー（FCF）を束ねたものが，事業活動（ビジネス）のフリーキャッシュフロー（FCF）になります。

5.2. キャッシュフロー予測①

　第2章において，リスクがある投資の場合，将来の状態ごとにキャッシュフローを見積もり，その状態が起こる確率で加重平均して期待キャッシュフローを算出することを説明しました（参照2.2.）。もちろん，本章で説明している投資プロジェクトにもリスクがありますので，将来の状態の数だけフリーキャッシュフローを予測したうえで，それぞれの確率で加重平均し，期待フリーキャッシュフロー（FCF）を算出することになります。

　投資プロジェクトの期待フリーキャッシュフロー（FCF）を見積もるにあたって，気をつけるべき留意事項があります。ある投資プロジェクトを実施すべきか否かを問題にしていますので，実施する場合の期待フリーキャッシュフロー（withと呼ぶ）と，実施しない場合の期待フリーキャッシュフロー

（without と呼ぶ）を比較しなければなりません。その際，陥りやすい間違いがいくつかあるのです。

　たとえば，最新機に取り替える設備投資を検討している航空会社があるとしましょう。実施すれば，ハワイ路線の座席数が 2.5 倍になって運賃収入は 2.5 倍になると考えてください。しかし，却下して従来機を飛ばし続ける可能性もあり得ます。まず，最新機（500 席）を飛ばして運賃収入を得る with の支出・収入パターンを考えます（①）。しかし，引き続き従来機（200 席）を飛ばせば従来どおりの運賃収入が得られるわけで，これは without の支出・収入パターンとなります（②）。あえて最も単純な方法から説明しますが，実施するか却下するかを決めるためには，with（①）と without（②）を比較して，価値が大きいほうを選択すればよいはずです。

　しかし，同じ結論は①から②を差し引いて，その値がプラスになるかマイナスになるかでも導き出せます。つまり，プラスならば①のほうが大きいので実施（with）を選び，マイナスならば却下（without）を選ぶということです。ファイナンスでは，①から②を引いた差異に着目する方法を採用します。もう少し平たく述べると，実施しようとしている投資プロジェクトが追加的に生み出すものだけを捉えて，純粋な効果を見る発想です。これを **with-without の原則**（with-without principle）と呼びます。数値例の場合，設備投資の純粋な効果は，500 席の最新機を購入して追加 300 席分の運賃収入を得ることにあるわけで，決して 500 席分の運賃収入ではないのです。したがって，with から without を差し引いた増分だけを計算の対象とすべきです（①－②）。

　一般に，**機会費用**（opportunity cost）とは，他の代替案がもたらすはずの収益です。この例では，従来機（200 席）でも得られる運賃収入が相当します。最新機（500 席）プランを採用することは，従来機（200 席）プランを断念することを意味するので，従来機（200 席）プランがもたらすはずの収益が最新機（500 席）プランの機会費用になるということです。収益の話をしているのに名称が費用であることに戸惑うかもしれませんが，失った収益を一種の費用と捉えていると考えればわかりやすいでしょう[2]。

　ところで，この数値例には－1 年後という一見して奇妙な表記がありますが，これは 1 年前を意味しています。航空会社が設備投資するか否かを検討するにあたって，今後，ハワイへの海外旅行がどのぐらい需要があるのかをあらかじめ調査したとしましょう。意思決定をおこなう現在から遡る 1 年前，航空会社はシンクタンクにレポートの作成を依頼して調査費用を支払ったとします。この場合，最新機（500 席）を導入しようが，従来機（200 席）を引き続き使用しようが，すでに支払った調査費用を取り戻すことはできません。結果的に設備投資を断念するとしても，シンクタンクは依頼された仕事をきちんと果たしたわけで，無償奉仕になるはずがないからです。

　一般に，**埋没費用**（sunk cost）とは，すでに支払って回収できない費用のことです。この例では，シンクタンクに支払った調査費用が相当します。調査費用は with（①）と without（②）の両方に含まれているため，with から without を差し引く際に計算の対象から消え去ります（③）。ということは，設備投資の意思決定に関係しません。人間は弱い動物ですので，せっかく費用をかけた案を今さら断念するのはもったいないという邪念に惑わされがちです。しかし，過去に支払った費用を惜しむあまり，将来に巨額の損失を生み出すとすれば極めて愚かなマネジメントだと言わなければなりません。

5.3. キャッシュフロー予測②

　さて，with（①）から without（②）を差し引いた増分の期待フリーキャッシュフロー（FCF）で採算を判断することを説明してきました。もう少し詳細に，どのように増分を予測していくのかを説明することにしましょう。事業活動の流れは，購買物流，製造，出荷物流，販売・マーケティング，サービスなどの主活動と，全般管理，人事・労務管理，技術開発，調達の支援活動などに分解できます。実施するか却下するかを検討している投資プロジェクトが一見関係なさそうなところにまで影響を与えていないかどうかを，慎重に考えたうえでモレなくダブリなく数値化していくことが重要です。

　ひとつひとつの要素について，投資プロジェクトの実施がキャッシュを増やすかどうかは，収入の増減，支出の増減の合計 4 パターンに分類するとわかりやすくなります。第一に，収入の増加は入ってくるカネを増やすので，キャッシュを増やしてくれます。第二に，支出の減少は出ていくカネを減らすので，キャッシュを増やしてくれます。第三に，収入の減少は入ってくるカネを減らすので，キャッシュを減らしてしまいます。第四に，支出の増加は出ていくカネを増やすので，キャッシュを減らしてしまいます。

　たとえば，傘を製造する企業の事例で考えてみることにしましょう。従来は手作業だった製造工程を自動化するために，新しい機械を購入する設備投資をすべきか否かを検討しています。初期投資には 800 万円の資金を要します。以下の数値はいずれもリスクを含んだ将来の予想にもとづく期待値です。まず，機械化で従来よりも増産できるので売上高は 200 万円だけ増加すると期待できます（収入の増加）。さらに，機械化によって製造作業をおこなう人員を削減できるので人件費は 150 万円だけ減少すると期待できます（支出の減少）。しかし，機械化によって電気代は 110 万円だけ増加すると期待できます（支出の増加）。このとき，1 つ目と 2 つ目はキャッシュを増やす要因ですが，3 つ目はキャッシュを減らす要因です。これらを合計したネット（純額）で考えると，投資プロジェクトの全体では各期 240 万円ずつキャッシュが増加すると期待できることになります。

　この種のキャッシュフロー予測に役立つ知識は，他の分野・科目が提供してくれるはずです。たとえば，設備投資がどのぐらい生産効率を高めるのかは工学的な知識も必要とするでしょうし，製造ラインの再設計を要するならば生産管理の知識も要するでしょう。設備投資が製品の値下げを可能にするものならば，それが需要をどのぐらい増やすのかを予測するにあたって，ミクロ経済学や経営戦略論の知識が役に立つはずです。以上は数少ない例にすぎませんが，他の分野・科目で学ぶことは，おおよそキャッシュフロー予測に役立つと思ったほうがよいでしょう。

5.4. キャッシュフロー予測③

　さらに，キャッシュフロー予測に際しての留意点を付け加えておきます。一見すると無関係に思われることであっても，投資プロジェクトの採算に影響するという話です。

　まず，**シナジー効果**（synergy effect）ですが，これは相乗効果によってキャッシュフローが増加する現象のことです。たとえば，電鉄会社が沿線に遊園地を作れば，遊園地からの収入だけではなく，電車の運賃収入も増加するという効果が期待できます。やはり有名な事例と言えば，創業者である小林一三（1873-1957）がおこなった阪急電鉄の多角化でしょう。従来の発想ではすでに住宅地がある地域に鉄道を敷くのですが，逆に低開発であった郊外に鉄道を敷くことにして，そこに自ら住宅地を開

発しました。こうすれば，大阪の中心地である梅田駅に向かって上り電車が通勤客を運びます。ところが，反対方向の宝塚駅に向かってガラ空きの下り電車を動かすのは非効率ですので，宝塚に歌劇場や遊園地を作って行楽客の需要を生み出したのです。

　次に，**カニバリゼーション**（cannibalization）ですが，本来これは「共食い」という意味で，競合する自社製品の売上が落ちてしまう現象のことです。たとえば，ゲーム機メーカーの例ですが，性能や画質が良い新型機を発売すると，たいてい従来機の売上は減少してしまいます。新型機を宣伝するためにテレビ広告を打ったり，店頭で販売促進費用をかける等，巨額のマーケティング費用がかかることを考えれば，一概に新型機の投入が得策であるともかぎりません。よって，研究開発投資（R&D）の採算を慎重に判断することを要します。

5.5. NPV 法①

　先ほどから説明しているのは，企業が現在において実施すべきか却下すべきかを検討している投資プロジェクトが，将来においてどのぐらいの純収入を生み出すかです。やはり時点がズレているので，正しい意思決定のために現在価値を計算する必要があります。第 2 章で説明したように，時点が異なるキャッシュフローを見かけどおりの金額で単純比較することはできません（時間の要素）。また，リスクが異なるキャッシュフローを単純比較することもできません（リスクの要素）。このように，将来のキャッシュフローを現在価値（present value）に換算するには，無リスク利子率とリスクプレミアムを合計した要求収益率で割引計算する必要があるのでした（参照 **2.7.**）。また，投資家の要求収益率は，企業側の視点で捉えると資本コストになるのでした（参照 **3.2.**）。個別の投資プロジェクトの採否を検討する際は，投資プロジェクトの資本コストを使います。この点については，次の節で改めて説明することにします。

　投資プロジェクトの**正味現在価値**（NPV：net present value）とは，その投資プロジェクトが純粋に生み出す現在価値のことであり，噛み砕いて言えば，どれほど儲かりそうかを表しています。先ほど述べたように，各期について投資プロジェクトの期待フリーキャッシュフロー（FCF）を算出しますが，その時点で収入と支出のネット（純額）を取っていますので，これの現在価値が純粋な現在価値になることに違和感はないだろうと思います。いくぶん話がややこしくなりますが，期待フリーキャッシュフロー（FCF）の現在価値から初期投資（これも現在価値）を差し引くところに目を向けると，これも現在価値から現在価値を引いているという意味において，ネット（純額）の現在価値と言えます。いずれにせよ，正味現在価値（NPV）は純粋な現在価値です[3]。

　数値例ですが，ある企業が価格 90 万円の機械設備を導入するとして，期待フリーキャッシュフロー（FCF）が，1 年後に 30 万円，2 年後に 40 万円，3 年後に 50 万円だとしましょう。「期待」という 2 文字の中に確率で加重平均した期待値という意味が含まれていて，リスクを含んでいます（参照 **2.2.**）。投資家の要求収益率が 8% だとすれば，現在価値はそれぞれ 27.8 万円，34.3 万円，39.7 万円で，合計すると 101.8 万円の値打ちがあります。初期投資である 90 万円は現在なので，わざわざ割引計算をせずにマイナス符号をつければ済みます。言葉遊びのようですが，現在の 90 万円の現在価値は 90 万円だからです。

　このとき，正味現在価値（NPV）は 11.8 万円（= 101.8 − 90）であり，数値がプラスなので採算が取

れていることがわかります。この企業は機械設備を活用して101.8万円の価値を生み出すスキル（技量）を持っているということですが，その機械設備を90万円で買えるのですから，差額11.8万円の価値を純粋に生み出すと予想していることになります。仮に機械設備の価格が実際よりも高い101.8万円だったとすれば，ちょうど正味現在価値（NPV）はゼロとなりますので，機械設備の性能や企業のスキルだけでなく，機械設備の価格にも依存して採算が決まることがわかります。このような基準で投資プロジェクトの実施，却下を判断する方法をNPV法（正味現在価値法）と呼びます。

5.6. NPV法②

　一般的な原則を整理しておくことにしましょう。まず，n年後の期待フリーキャッシュフロー C_n を投資プロジェクトの資本コスト k で割り引いた現在価値をすべて合計します。たとえば，設備投資ならば，その機械設備が稼働できる将来までの年数を想定すればよいでしょう。つまり，経済的な耐用年数です。そこから現在の初期投資を差し引くと正味現在価値（NPV）が得られます。もちろん，通常は年に1度だけキャッシュを生み出すわけではなく，より日常的に頻繁に生み出しますので，n年後に当てはまる数値は0.0 ... x年後と理解してもらって構いません。

　投資プロジェクトの正味現在価値（NPV）を計算した結果，プラス（NPV＞0）となる場合，経済的に採算が取れるため実施すべきであると結論されます。マイナス（NPV＜0）となる場合，貴重なカネを減らすので却下すべきです。無理に実施しても投資家（具体的には株主）に損失をもたらすだけと予想されます。もしゼロ（NPV＝0）ならば，ちょうどギリギリで採算が取れる状況ですが，実施しても却下しても結果は同じです。実施した場合はゼロの経済的利益が得られる見込みである一方，却下した場合は何もしないという意味で経済的利益がゼロですから，どちらでもよい無差別となります。

　なお，正味現在価値（NPV）を計算する際に，分母で使われる割引率は投資プロジェクトの**資本コスト**（cost of capital）です。第3章で説明したように，企業価値を計算する際に使われるのは事業活動（ビジネス）の資本コストであり，それは企業の全体的な事業リスクを反映したものです（参照3.2.）。一応これらを区別しなければならないのは，企業の全体的な事業リスクと，新しくやろうとしている投資プロジェクトのリスクが必ずしも同じではないからです。たとえば，これまで低リスクの事業活動（ビジネス）だけを行ってきた企業が，新しくそれよりも高リスクの投資プロジェクトを実施するか否かを検討しているとき，これまでに使ってきた資本コストを当てはめると，ハードルが低すぎて間違った採算判断をしてしまう危険性があります。

　正味現在価値（NPV）は，ギリギリの採算を判断するハードルとの比較において，どのぐらいの余裕度で跳び越えそうであるのかを，率（％）ではなく金額（円）で表現したものと言えそうです。投資プロジェクトの資本コストは，最低限それだけの収益率を期待できなければ資金を提供しないという，投資家の意思を反映したハードルです。たとえば，ハードルの役割を果たす資本コストが8％ならばNPV＞0になりますが，資本コストが14.5％ならばNPV＝0となり，資本コストが20％ならばNPV＜0になってしまいます。直感的にわかりづらいかもしれませんが，率（％）で設定されたハードルに対して，それを跳び越えそうかどうかの判定を，率（％）ではなくて金額（円）で回答するのがNPV法なのです。

5.7. NPV 法③

　将来の期待フリーキャッシュフロー（FCF）をひとつひとつ現在価値に修正するにあたって，要求収益率は決定的に重要な役割を果たします。機械設備の性能や企業のスキルにもとづく期待フリーキャッシュフロー（FCF）が変わらなくても，時間やリスクに対する投資家の選好を反映した要求収益率が引き上げられれば，正味現在価値（NPV）はマイナスに変化して，投資プロジェクトは却下されるかもしれません。

　前提である期待フリーキャッシュフロー（FCF）の数値が変わらなくても，結論が切り替わるというところが重要です。比喩的に表現すると，跳び越えようとする選手の運動能力が変わったのではなくて，ハードルの高さが変わったのです。ありがちな話ですが，どれほど最新鋭の機械設備が性能的に優れていても，どれほど機械設備が安くても，どれほどその機械設備を使いこなすスキルが高くても，それらの魅力だけで投資の判断をするべきではありません。いつでも投資家が設定する採算ラインを意識する必要があることをファイナンス理論は示唆しているのです。

　通常，要求収益率 k が増加するにつれて正味現在価値（NPV）は低下しますので，グラフに描くと右下がりになります。つまり，要求収益率 k が低いうちは正味現在価値（NPV）がプラスであるものの，徐々に減少して，やがてはマイナスになるということです。判断が切り替わる境界点は，曲線が横軸と交わる NPV = 0 の箇所です。このグラフを用いて投資プロジェクトの採否を判断すると，横軸（NPV = 0 の水準）より上に位置するものは実施し，下に位置するものは却下することになります。

5.8. 投資政策と企業価値①

　ここで投資政策と企業価値の関係について説明しておくことにしましょう。ファイナンス理論において，企業の目的は企業価値の最大化にあるとみなすのでした。ひとつひとつの投資プロジェクトの採算を見極め，価値を創造できる案件だけを選び出す意思決定が投資政策です。

　企業価値の増分 ΔV は，企業が実施する投資プロジェクトの正味現在価値（NPV）を合計したものとなります。たとえば，新工場を建設したいとか，最新鋭の機械設備に入れ替えたい等，選択肢として複数の投資プロジェクトがあります。どれほど増加分が小さくても，正味現在価値（NPV）がプラスの案件が残っているかぎり，これらを漏らさず実施し尽くすことが**最適投資政策**（optimal investment policy）となります。このとき，企業価値は最大化します。ところが，正味現在価値（NPV）がマイナスの案件まで実施したならば，最適投資政策よりも企業価値は低い水準に減ってしまいます。

　企業価値の最大化は，ある前提下で株価の最大化と同じ意味を持ちます。企業価値 V は株式価値 E と負債価値 D の合計に等しいので，その増分 ΔV は投資家（株主もしくは債権者）に属するはずです。借り入れた金額をきちんと返済できない債務不履行でもないかぎり，債権者はあらかじめ約束された利子を受け取るだけの立場なので，投資プロジェクトの採算にかかわらず，負債価値 D の大きさは変わりません。ということは，債務不履行を捨象する前提下で，企業価値の増分 ΔV はもっぱら株式価値の増分 ΔE と対応します。株式価値 E を株式数 N で割ったものが 1 株あたり株価 P ですから，望ましい投資政策は株価の上昇を通じて株主に恩恵をもたらすという帰結になります。

　本書の全般を通じて，何かの財務活動が株価に及ぼす影響を考えるためには，図解で示したほうが

わかりやすいことが多いです。第3章で述べたように，企業全体の株式価値Eが先にありきで，これを株式数Nで割ったものが1株あたりの株価Pになります（参照3.9.）。よって，縦軸を株式価値E，横軸を株式数Nとして，企業が置かれている状況を示す点と原点を結んだベクトルを描くとき，その傾きが株価Pになります[4]。なぜなら，E＝PN という関係が成立するからです。これは本書に特有の「ベクトル図解」です[5]。

　いま論点となっている投資政策については，まず投資プロジェクトを公表する前の状況を起点として（①），そこから初期投資の分だけ下向きのベクトルが加わります（②）。なぜなら投資額を支出する分だけ企業の資金量が減っており，同じだけ株式価値を減らすからです。しかし，その投資プロジェクトのおかげで，将来の期待フリーキャッシュフロー（FCF）の現在価値だけ企業価値を高めます。先ほど説明したように，これは株式価値を高めるので，上向きのベクトルが加わります（③）。ということは，③から②を差し引いた正味現在価値（NPV）の分だけ上向きのベクトルが加わると表現してもよいことになります（④）。その結果，①と④のベクトルを合成したものが公表後の状況を示すベクトルになります（⑤）。ベクトルの傾きが大きく変化しているので，正味現在価値（NPV）がプラスである投資プロジェクトは公表時に株価を上昇させることがわかります。効率的な株式市場では新しい情報を速やかに反映しますので，投資プロジェクトを実施した後ではなく，公表時に株価が上昇するのです。

5.9. 投資政策と企業価値②

　基礎レベルの考え方として，企業が**余剰資金**（surplus funds）を現金・預金や有価証券で運用しても企業価値を高めることはありません。本来，企業は設備投資等の実物的な投資プロジェクトによって企業価値を高めることを期待されているのですから，いたずらに余剰資金を貯めこむのは称賛される行動ではないというのが基本的な考え方です。以下では，余剰資金の運用と実物的な投資プロジェクトが企業価値に及ぼす影響を比較することにしましょう。なお，現金・預金や短期の有価証券などを総称したものを**手元流動性**（liquidity on hand）と呼びます。必ずしも手元流動性のすべてが余剰資金というわけではないので，以下で論じるのは企業価値を高めることに貢献しない文字どおりの余剰資金であることに留意してください。

　まず，企業が余剰資金を現金・預金で保有する場合，最高レベルの流動性を維持することになります。定義的に，流動性は資産どうしを交換する際の容易さを表す概念ですが，決済の手段として現金・預金よりも利便性が高い資産はありません。ラーメン屋の例で言えば，手持ちの在庫品の麺でチャーシューを買うことは難しいですが，現金・預金でチャーシューを買うことは簡単でしょう。何にでも容易に交換できる利便性が現金・預金の長所であり，緊急の資金ニーズがある際は速やかに充てることができます。その代わりに，現金・預金はほとんど利子を生み出さないため，他の用途で得られたはずの収益を失っており，機会費用が高くなってしまいます。

　次に，企業が余剰資金を有価証券で運用する場合，市場の均衡において，その期待収益率は投資家の要求収益率と一致するはずです。なぜなら，誰にとっても証券の購入・売却は容易で流動性が高く，効率的な市場では株式や債券の価格が速やかに現在価値まで調整されるからです（参照4.7.）。期待キャッシュフローの現在価値と価格が同じであるということは，正味現在価値（NPV）がゼロというこ

とです。もっとも，利子等の収益が得られる分だけ会計的利益は増えるはずなので，価値を創造しないという説明に違和感を覚えるかもしれません。しかし，正味現在価値（NPV）を計算する際には資本コストが使われており，その資本コストは株主の要求収益が含まれる分だけ会計的費用よりも大きいことに留意してください。つまり，有価証券での運用がプラスの会計的利益をもたらすとしても，その正味現在価値（NPV）はゼロなのです。

　これに対して，実物的な投資プロジェクトを実施する場合，その期待収益率は投資家の要求収益率と一致しないのが通常です。なぜなら，事業活動（ビジネス）は参入・退出が容易ではなく，投資対象の価格調整がそれほどスムーズではないからです。そうであるからこそ，設備投資，研究開発投資（R&D），企業の合併・買収（M&A）等の実物的な投資プロジェクトは価値を創造できることになります。一般に，投資額は現在価値と一致せず，正味現在価値（NPV）はゼロではありません（参照 5.6.）。簡単に模倣されないノウハウや参入障壁が正味現在価値（NPV）の源泉となっているのです。そのこと自体はファイナンスというよりも，経営戦略論などの科目で学ぶところです。

　たとえば，ラーメン製造機の設備投資が異常なレベルで高い収益率を生み出すのであれば，従来よりも多くの事業者がラーメン屋の経営に参入してきますので，需要があるラーメン製造機の価格は上昇すると考えられます。仮にそのような価格調整が非常にスムーズであれば，ラーメン製造機からの期待収益率は速やかに低下し，投資家の要求収益率と一致するところまで変化するでしょう。そうであるならば，正味現在価値（NPV）はゼロということです。

　しかし，ラーメン製造機は株式や債券のように誰もが活発に売買するものではないため流動性が低く，需要・供給にもとづく価格調整はそれほど速やかではありません。また，たとえ同じ価格，同じ性能の機械設備であっても，それを使う企業のスキル（技能）によって，生み出すと期待されるキャッシュフローは異なるはずです。そこに企業の優劣が現れるので，株式や債券のように同じものを所有していれば同じキャッシュフローになる財とは大きく異なっているのです。

　以上のように，正味現在価値（NPV）がプラスの投資プロジェクトを見つけ出す事業活動（ビジネス）は企業価値を高めるけれども，正味現在価値（NPV）がゼロにしかならない有価証券での運用は企業価値を高めないというのが基本的な考え方です。わざわざ「基本的な考え方」と強調するのは，そうではない考え方もあるということですが，ファイナンス理論が発展してきた歴史的な順序にもとづけば，余剰資金の保有に積極的な意義を見出さないのが基礎レベルでの考え方です。だいぶ後になりますが，手元流動性に積極的な意義を見出す**財務フレキシビリティ**（financial flexibility）という概念については，第 12 章で解説します（参照 12.8.）。

第 5 章からの示唆

　本章では，企業が実物的な投資プロジェクトの採否を決めるにあたって，フリーキャッシュフロー（FCF）の正味現在価値（NPV）が重要な役割を果たすことを述べてきました。賢明なマネジメントのために，価値を生み出さない設備投資，研究開発投資（R&D），合併・買収（M&A）は却下しなければなりません。希少な資源を無駄に使わないという意味においても，採算が取れる投資プロジェクトに限って実施することが社会にとって望ましいと言えます。

　不況期に中央銀行（わが国では日本銀行）が金融緩和を行う理由を，本章の内容に即して理解するこ

とができます。社会全体に出回る資金量を調節するのが中央銀行の役割であり，以前よりもたっぷりの資金が出回れば，それを使いたがるユーザー間の競争は沈静化しますので，カネのレンタル料である利子率は下がります。これは資本コストが低下することを意味しているので，従来ならば却下されていた投資プロジェクトであっても，そのうちのいくらかはハードルを跳び越えそうになるため，実施されることになるでしょう。設備投資が活発化することによって，景気回復を後押ししようとしているのです。

　しかし，投資プロジェクトの採算を決めるハードルは資本コストでして，それを構成する要素としては，無リスク利子率よりもリスクプレミアムのほうが大きいと言わなければなりません。つまり，投資家がリスクを取ることに対して慎重であれば，収益率の上乗せであるリスクプレミアムは高くなり，それが原因で投資プロジェクトは却下されやすくなります。得てして投資家のリスク回避度が高まるのは不況期ですから，設備投資の活発化を通じて景気回復を図ることが難しいのも頷けるところです。それが上手く行かない原因を中央銀行の金融政策だけに求めるのは適切ではありません。

【注】

1）　第5～6章で説明する内容は，しばしば管理会計（management accounting）でも採り上げられるトピックです。管理会計では資本予算と呼ばれることが多いのですが，ファイナンスでは投資政策，あるいは，投資決定と呼ばれることが多いです。コーポレートファイナンスと管理会計を併せて学ぶと，重なっている領域のみならず，そうでない領域についても，企業のマネジメントに対する理解が深まります。

2）　よく使われる身近な話ですが，大学に進学することの費用は，経済学的には毎年支払う学費だけではありません。その間，進学せずに就職していれば給与収入を得ていたはずですから，かなり大きな機会費用も負担しています。失った給与収入は会計的には認識されませんが，経済的には一種の費用なのです。ファイナンスも経済学の一種なので，経済的費用で採算を考えます。

3）　ほとんど好みの問題ですが，「純」のほうがnetの訳語として馴染みがあると思うので，改訂前の本書は「純現在価値」と表記していました。しかし，多数派の教科書は「正味現在価値」と表記していますので，今回の改訂ではそちらに合わせることにしました。とはいえ，著者はいまだに「純現在価値」のほうが語感として好きではあります。

4）　ベクトル図解の横軸を単に株式数と表記することにしました。意味するところは，流通市場に出回っている株式数です。改訂前の本書がそうであったように，本当は発行済株式数と表記したかったところです。しかし，第15章で説明しますが，横軸が発行済株式数では，わが国の法・会計ルールとの関係上，消却しないタイプの自社株買いを説明しにくくなることに配慮しました。

5）　実を言うと，ベクトル図解は20年以上前に著者が思いついた説明法です。通常は文章だけで説明する，あるいは，数式を展開して説明するところですが，図解によって直感的な理解が得られる等のメリットがあります。

MEMO

第5章 投資政策①

●学習のポイント

設備投資，R&D（研究開発投資），M&A（合併・買収）などの判断基準として，NPV法は理論的に正しい方法である。投資プロジェクトがもたらす収入の増減，支出の増減をモレなく数値化して，キャッシュフローを予測することが重要である。

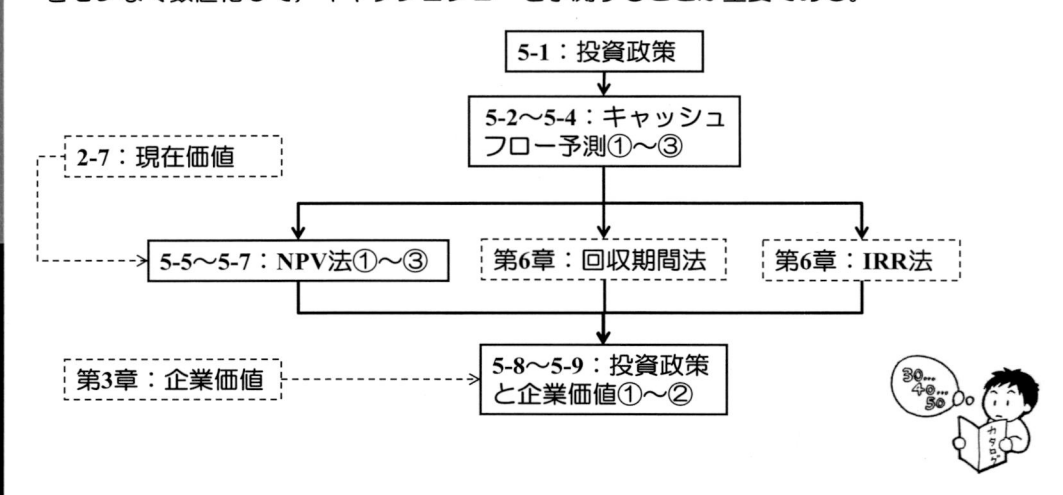

5-1 投資政策

●投資政策（investment policy）

企業はどのような判断基準で<u>実物的な投資プロジェクト（設備投資など）を実施すべきか？</u>

却下する場合，そのための資金調達も不要になるため，①よりも先決の意思決定

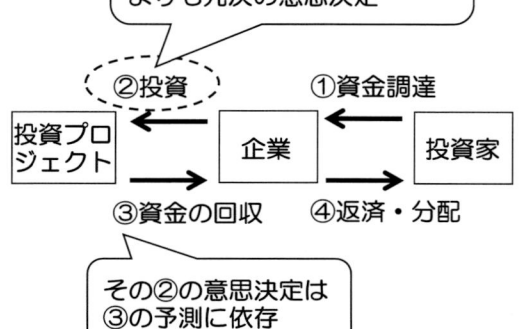

②投資

①資金調達

| 投資プロジェクト | ← | 企業 | ← | 投資家 |

③資金の回収　④返済・分配

その②の意思決定は③の予測に依存

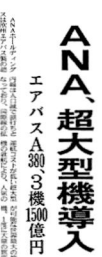

2016年1月1日『日本経済新聞』

ANA、超大型機導入
エアバスA380、3機1500億円

ANAがエアバス社製の超大型機をハワイ路線に導入。500以上の座席（従来の2倍超）で，1便あたりの旅客数を増やすねらい

●投資プロジェクトのフリーキャッシュフロー（FCF）

各期，投資プロジェクトからの純収入（③－②）

事業活動のフリーキャッシュフロー（1-8，3-8）と混同注意

5-2 キャッシュフロー予測①

●with-withoutの原則

（例）航空会社が200席の従来機から500席の最新機に取り替える案

①実施時の期待FCF（with）

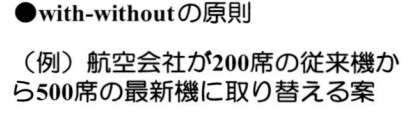

500席

−

②却下時の期待FCF（without）

200席

＝

どちらが良いかは①≧②でも判断できるが…

増分の期待FCFで判断（＝①−②≧0）

Δ300席

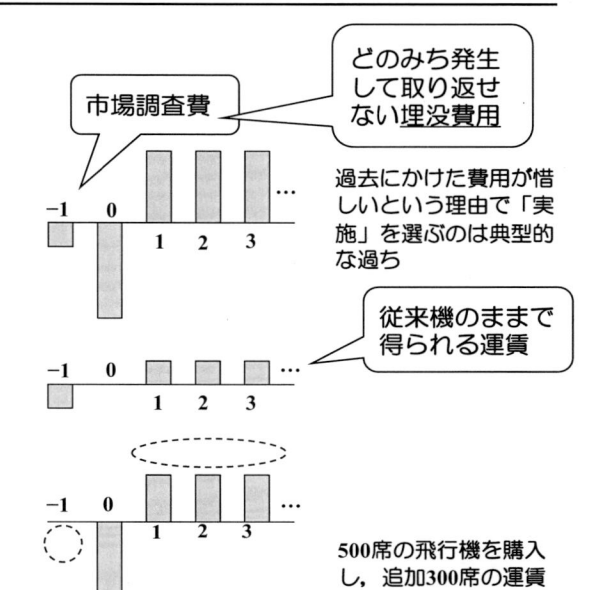

市場調査費

どのみち発生して取り返せない埋没費用

過去にかけた費用が惜しいという理由で「実施」を選ぶのは典型的な過ち

従来機のままで得られる運賃

500席の飛行機を購入し，追加300席の運賃を得ることの採算

5-3 キャッシュフロー予測②

初期投資

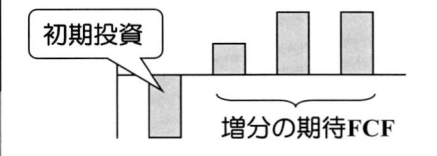

増分の期待FCF

※ 増分の期待FCFを認識するために，収入の増減，支出の増減の4パターンを予測

収入↑／支出↓｝キャッシュ↑　収入↓／支出↑｝キャッシュ↓

（例）手作業だった製造工程を機械で自動化

	現在	1年後	2年後	…
初期投資	−800			
売上の増加		200	200	…
人件費の減少		150	150	…
電気代の増加		−110	−110	…
		240	240	…

リスクを含んだ将来の予想にもとづく期待値

※ 一見関係なさそうな活動にも影響がないかを検討

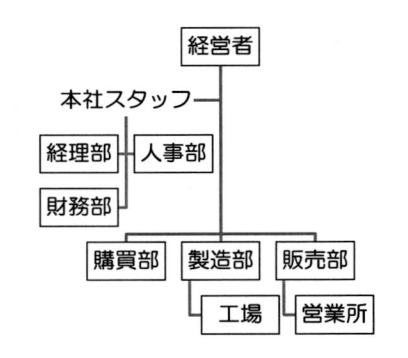

5-4 キャッシュフロー予測③

※キャッシュフロー予測に際して考慮すべき副次的な効果

● シナジー

相乗効果によって期待FCFが増加

（例）電鉄会社が沿線に遊園地を作れば，遊園地収入だけでなく，電車の運賃収入も増加

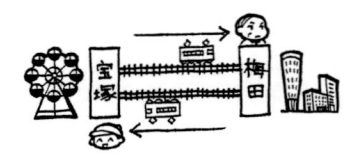

阪急電鉄の事例。沿線の住宅を自ら開発し，梅田に通勤客を運ぶ。さらに，反対側の宝塚に遊園地や歌劇場を作れば，ガラ空きの電車を動かさなくて済む。

● カニバリゼーション

競合する自社製品の売上げが落ちて期待FCFが減少

（例）新しいゲーム機器の発売が，既存のゲーム機の売上を減らす

日本電産「買収で減損ゼロ」

2017年4月26日『日本経済新聞』

日本電産の企業買収は53件目。シナジー効果を重視していて，主力のモーター技術を買収先の技術と組み合わせて家電や自動車向けの需要を開拓している。

53件目は独社

5-5 NPV法①

● 正味現在価値（NPV: net present value）

投資プロジェクトが純粋に生み出す現在価値

（例）耐用年数3年，投資プロジェクトの資本コストk=8%

k=8%

リスクの高さに応じて，投資プロジェクトの資本コストを採算を判断するハードルに設定

NPV =11.8

初期投資

39.7

34.3

27.8

−90

期待FCFの
PV=101.8

30

40

50

50

0   1   2   3   年

期待FCF

101.8の現在価値を生み出す設備を，90で買えるため，価値創造は差額の11.8

$$NPV = -90 + \frac{30}{1+0.08} + \frac{40}{(1+0.08)^2} + \frac{50}{(1+0.08)^3}$$

5-6 NPV法②

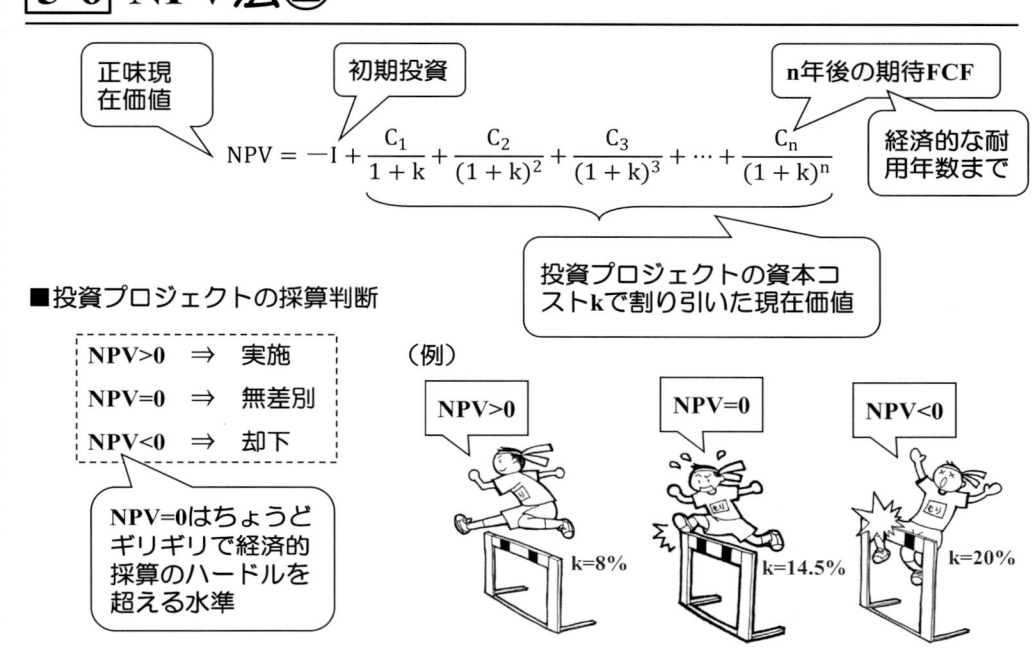

正味現在価値

初期投資

n年後の期待FCF

経済的な耐用年数まで

$$NPV = -I + \frac{C_1}{1+k} + \frac{C_2}{(1+k)^2} + \frac{C_3}{(1+k)^3} + \cdots + \frac{C_n}{(1+k)^n}$$

投資プロジェクトの資本コストkで割り引いた現在価値

■投資プロジェクトの採算判断

NPV>0　⇒　実施
NPV=0　⇒　無差別
NPV<0　⇒　却下

NPV=0はちょうどギリギリで経済的採算のハードルを超える水準

（例）

NPV>0　k=8%
NPV=0　k=14.5%
NPV<0　k=20%

5-7 NPV法③

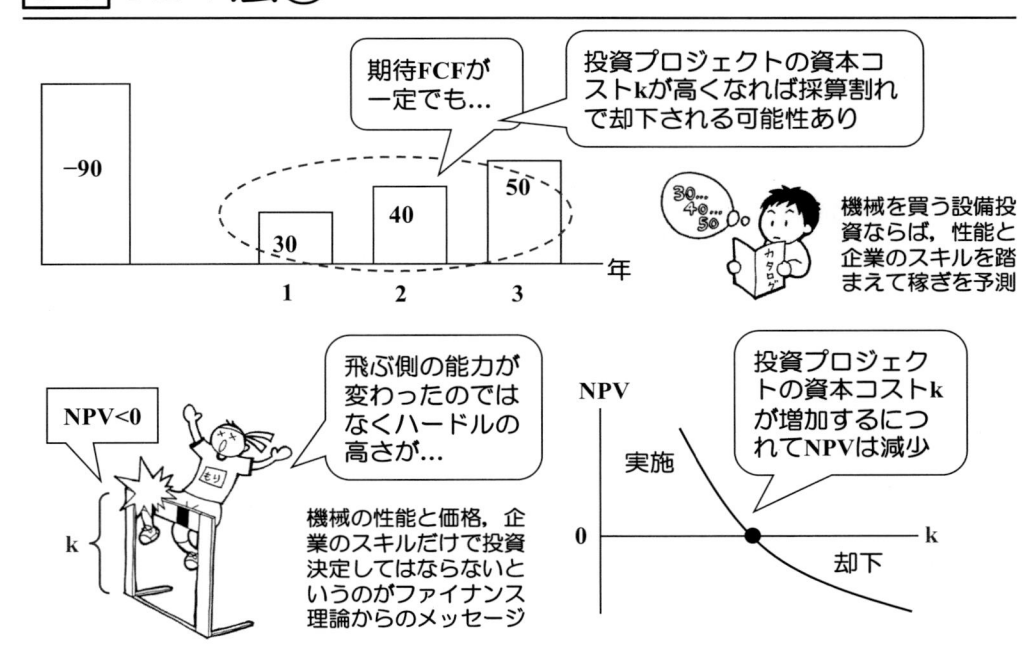

期待FCFが一定でも…

投資プロジェクトの資本コストkが高くなれば採算割れで却下される可能性あり

−90
30
40
50
年
1　2　3

機械を買う設備投資ならば，性能と企業のスキルを踏まえて稼ぎを予測

NPV<0

飛ぶ側の能力が変わったのではなくハードルの高さが…

k

機械の性能と価格，企業のスキルだけで投資決定してはならないというのがファイナンス理論からのメッセージ

投資プロジェクトの資本コストkが増加するにつれてNPVは減少

NPV

実施
0
却下
k

5-8 投資政策と企業価値①

●最適投資政策

NPV>0を実施し，NPV<0を却下すれば企業価値を最大化するので最適

$$\Delta V = NPV_1 + NPV_2 + \cdots + NPV_n$$

企業価値 V

負債価値 D

債務不履行を捨象すれば一定（3-9）

株式価値 E

ΔV　　ΔV

最適投資政策で最大の株価上昇

NPV>0の投資プロジェクトは，公表時の株価を上昇させる

■株価変動のベクトル図解

E=PNの関係で傾きが株価P

株式価値E

②初期投資

③期待FCFの現在価値

①公表前

株価P　　株式数N

⑤公表後

④NPV

株価上昇

効率的市場では公表時（4-7）

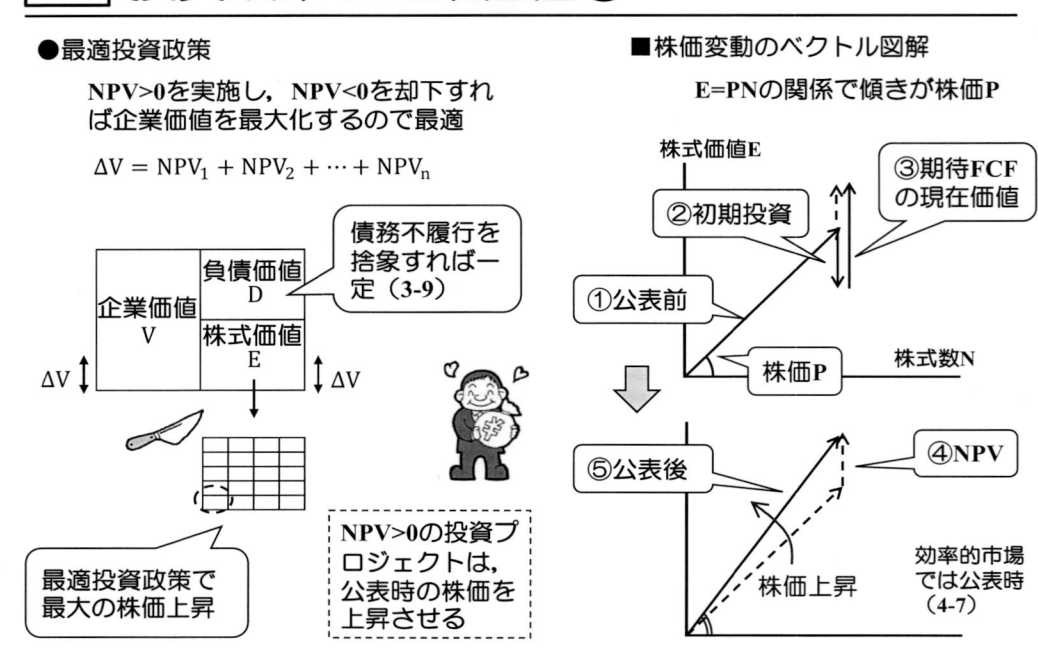

5-9 投資政策と企業価値②

企業が余剰資金を債券・株式等で運用してもNPV=0であり，企業価値を高めない

会計的利益はプラスでも，経済的利益はゼロ（3-3）

■余剰資金

効率的市場において，証券の価格は速やかに現在価値に決まる（4-7）

NPV=0

現在価値

投資額　0　1　2　3　…

誰でも簡単に売買できるので，NPV≠0から瞬時に調整

■実物的な投資プロジェクト

設備等の価格調整が遅いので，通常は現在価値と一致せず

NPV>0の機会を発掘できる

NPV

現在価値

投資額　0　1　2　3　…

同じ設備や材料を使って，より多くのキャッシュを生み出せる

簡単に模倣されないノウハウや参入障壁がNPVの源泉

第6章 投資政策②

第5章に引き続き，本章でも投資プロジェクトの採算について解説を進めていきます。第5章で説明した正味現在価値法（NPV法）と呼ばれる投資プロジェクトの判断基準に加えて，回収期間法と内部収益率法（IRR法）について説明していきます。これらの判断基準を比較して，どのような点において理論的に正しくないのか，あるいは，どのような点に使用上の注意を要するのかを論じることになります。

結論を先に述べておくと，投資プロジェクトの判断基準として，回収期間法はファイナンス理論的に望ましくありません。これに対して，内部収益率法（IRR法）は理論的に正しく，しかも直感的に理解しやすい利点を持っていますが，残念ながら万能な判断基準ではなく，状況によっては使えない場合もあります。結局のところ，直感的なわかりやすさに欠けるとはいえ，最善の回答を与えてくれる正味現在価値法（NPV法）が投資政策における最も優れた判断基準となります。

6.1. NPV法（再）

第5章で説明した**NPV法**（net present value method）を再論しておきましょう。発生するタイミングが異なる期待フリーキャッシュフロー（FCF）は，すべて現在の時点に引き寄せて価値を計算し，必要とされる投資額との比較において採算を判断することになります。その際，投資プロジェクトの資本コストが実現すべき最低限のハードルとして設定されます。期待フリーキャッシュフロー（FCF）の正味現在価値（NPV）は，投資プロジェクトが純粋に生み出す現在価値です。一般的な原則として，計算した結果がプラス（NPV > 0）ならば実施，マイナス（NPV < 0）ならば却下すべきです。ちょうどゼロ（NPV = 0）ならば，実施しても却下しても企業価値を増やしも減らしもしませんのでどちらでもよく，その意味で無差別となります。

6.2. 回収期間法

以上のように，企業はNPV法で投資プロジェクトの採算を判断することが望ましいとされているのですが，実際のところ，数多くの企業は**回収期間法**（payback period method）と呼ばれる基準を用いています。これは初期投資の額を目標とする基準期間内に回収できる投資プロジェクトならば実施してもよいとみなすルールです。

具体的に，たこ焼きメーカーが設備投資を検討しているケースで考えてみましょう。この企業にはA案，B案，C案の3つの投資プロジェクトがありますが，いずれも耐用年数3年の機械設備を100万円で購入するものであり，企業の経営者は基準期間を2年に定めたものとします。単純化して1年

後，2年後，3年後にキャッシュを生むことが期待されているとしましょう。このとき，A～C案はいずれも1年後，2年後の単純合計が100万円になります。したがって，回収期間法にしたがえば，いずれも基準期間である2年以内に初期投資の100万円を回収できるという考え方になり，実施してもよい投資プロジェクトであると判断されます。

しかし，回収期間法はNPV法では決して起こらない判断ミスを引き起こす危険性があり，ファイナンス理論の観点からは欠陥だらけであると評されています。以下では論点を3つに整理して，NPV法との優劣を論じていくことにしましょう。

第一に，回収期間法は期待フリーキャッシュフロー（FCF）が発生するタイミングの違いを無視して，単純に合計する誤りを犯しています。つまり，キャッシュの時間的価値をまったく考慮に入れていないということです（参照2.6.）。収入は遅くなるほど時間を味方につけていない分だけ値打ちが低くなります。だからこそ，現在価値を計算する必要があると言えます。同じことですが，資本コストが計算プロセスのどこにも反映されていないところに問題があります。

具体的には，A案とB案の比較によって説明できます。1年後にA案は50万円を回収できる予想ですが，B案はまったく回収できないと見積もられています。その代わりに，2年後にA案は50万円を回収できると予想する一方，B案は100万円を回収できる予想です。回収期間法では1～2年後の期待フリーキャッシュフロー（FCF）を単純合計しますが，どちらも100万円で差が付きません。しかし，NPV法を用いれば，1～2年後の回収の速さの違いを反映してA案の正味現在価値（NPV）のほうが大きいとわかります。つまり，B案は期待フリーキャッシュフロー（FCF）のタイミングが遅い分だけA案よりも劣っているのですが，回収期間法にはこの違いを示すことができないという欠陥があります。

第二に，回収期間法は基準期間よりも後の期待フリーキャッシュフロー（FCF）を無視しています。数値例では2年が基準期間ですが，3年後の期待フリーキャッシュフロー（FCF）をまったく判断材料に入れていないということです。具体的には，A案とC案の比較によって説明できます。どちらの案も1年後に50万円，2年後に50万円を回収できる予想であり，ここで差が生じることはありません。しかし，3年後にA案は200万円を回収できると予想する一方，C案は500万円を回収できる予想ですから，明らかにC案のほうが望ましいはずです。ところが，回収期間法ではあらかじめ定めた基準期間の2年で境界線を引いてしまう欠陥があります。その点，NPV法を用いれば，3年後の期待フリーキャッシュフロー（FCF）の違いが反映されてC案のほうが正味現在価値（NPV）は大きいとわかります。

第三に，回収期間法にはそもそも基準期間の設定が恣意的であるという欠陥があります。この例で2年という目標は最初から与えられた数値ですが，その理論的根拠はなく，何らかの考えにもとづいて企業の経営者が設定したという言い方しかできません。一般的に述べると，基準期間を長めに設定したことによって実施されるとか，短めに設定したことによって却下されるなど，投資プロジェクトの採否が主観的なさじ加減で誘導される可能性もあります。

以上述べた3つの理由によって，回収期間法では判断ミスを犯す危険性があり，ファイナンス理論の観点からは望ましくないとされています。その点，NPV法ならば，具体的な数値でA，B，C案に正しく差をつけることができます。

6.3. IRR 法①

第5章で NPV 法による投資判断ルールを詳しく解説しましたが，考え方それ自体は，おそらく以下で解説する方法のほうが直感的にわかりやすいと思われます。**内部収益率** (IRR：internal rate of return) とは，多期間にわたって発生する期待フリーキャッシュフロー (FCF) を1年あたりの期待収益率に均（なら）したものです。通常，これとは異なる定義が示されるのですが，後ほど論じるように，それほどわかりやすいとも思えません。よって，投資政策の文脈において，内部収益率 (IRR) の本質は投資プロジェクトの期待収益率であると述べておくことにします。

第5章の数値例を再び使うことにしましょう。価格90万円の機械設備を導入するとして，期待フリーキャッシュフロー (FCF) が，1年後に30万円，2年後に40万円，3年後に50万円だとします。これらのタイミングと金額のデコボコを平均化して，たったひとつの数値に集約し，1年あたり何％ずつ儲かりそうであるのかを表すのが内部収益率 (IRR) です。つまり，現在の90万円と，将来3年間にわたって期待フリーキャッシュフロー (FCF) を生み出すパッケージをすべて天秤に乗せて，異時点間をつなぐ収益率を何％に設定すればバランスするのかを考えていることになります。

タイミングが異なる期待フリーキャッシュフロー (FCF) をひとつの尺度のもとで把握しようと思えば，キャッシュの時間的価値を考慮に入れなければなりません（参照 2.6.）。1年後の30万円を現在の投資額と比較するためには，タイミングを合わせるために1年分の引き戻しが必要であり，(1 + IRR) で割り算をする必要があります。同様に，2年後の40万円は $(1 + IRR)^2$ で割り，3年後の50万円は $(1 + IRR)^3$ で割ります。

以上を踏まえて，$90 = 30 / (1 + IRR) + 40 / (1 + IRR)^2 + 50 / (1 + IRR)^3$ という方程式を得ますが，未知数の IRR に 14.5% を代入するとき，ちょうど左辺と右辺がバランスします。つまり，この投資プロジェクトの内部収益率 (IRR) は 14.5% です。実際のところ，この投資プロジェクトは尻上がりに収益性が上がっていくデコボコのパターンであるにもかかわらず，一種のフィクションですが，あたかも毎期一定で 14.5% ずつキャッシュを生み出していくかのようにみなされます。

このように，内部収益率 (IRR) は，投資プロジェクトが1年あたりでどのぐらい儲けそうであるのかを表す期待収益率なので，外部から与えられる要求収益率（資本コスト）との比較によって，採算が取れているかどうかを判断します。これが **IRR 法** (internal rate of return method) による採算判断のやり方です。数値例の場合，期待収益率を意味する内部収益率が 14.5%（= IRR）であるのに対して，要求収益率（資本コスト）は 8% ですから，投資家が要求している以上に期待できる投資プロジェクトであり，実施したほうがよいことがわかります。要求と期待を比較しているという認識が重要です。

現在となっては深刻ではありませんが，実用的な難点は手計算が困難であることです。適当な数値を次々と代入していくしかありません。たとえば，未知数の IRR に 20% を代入すると右辺が小さすぎる一方，10% を代入すると逆に大きくなりすぎます。よって，求めている解は 10 〜 20% の領域のどこかにあるはずです。このような要領で左右から徐々に検討の範囲を狭めていくと，ようやく 14.5% を代入するときに両辺が等しくなり，これが求めている解だとわかります。もっとも，パソコンの表計算ソフトは面倒な試行錯誤を瞬時にこなしてくれますので，現代は恵まれた時代だと言えます。かつてはソロバンをはじいたり，電卓を叩くしかなかったことを考えると隔世の感があります。

6.4. IRR 法②

　一般的な原則を整理しておくことにしましょう。まず，右辺ですが，n 年後の期待フリーキャッシュフロー C_n を内部収益率（IRR）で割り引いた現在価値をすべて合計します。設備投資ならば，その機械設備が稼働できる将来までの年数を想定すればよいでしょう。一方，左辺には初期投資額を置きますが，これは割引計算をしなくても，そのまま現在価値です。そのうえで，左辺と右辺を等しくするような内部収益率（IRR）を見つけてやれば，それが求めている解です。ということは，現在価値（左辺）と現在価値（右辺）が釣り合うような割引率を見つけていることになります。

　ところで，要求収益率は，最低限それだけの収益率を期待できなければ資金を提供しないという，投資家の意思を反映したハードルです（参照 2.5.）。これを企業側の視点では投資プロジェクトの資本コストと呼びます（参照 5.6.）。内部収益率（IRR）それ自体を計算する際，どこにも資本コストは使われていません。しかし，IRR 法においては，期待収益率を意味する内部収益率（IRR）と，要求収益率を意味する資本コストを比較することになります。

　投資プロジェクトの内部収益率（IRR）を計算した結果，資本コスト（要求収益率）よりも高くなる場合（IRR＞k），経済的に採算が取れるため実施すべきであると結論されます。資本コスト（要求収益率）よりも低くなる場合（IRR＜k），貴重なカネを減らすので却下すべきです。もし両者が等しければ，ちょうどギリギリで採算が取れる状況であり，経済的な意味において利益も損失もゼロにしかなりませんので，実施しても却下しても無差別となります。

　数値例において，投資プロジェクトの内部収益率（IRR）は 14.5％です。たとえば，ハードルの役割を果たす資本コスト（要求収益率）が 8％ならば IRR＞k になりますが，14.5％ならば IRR＝k となり，20％ならば IRR＜k になってしまいます。つまり，率（％）で設定されたハードルに対して，それを跳び越えそうかどうかの判定を，IRR 法では率（％）で回答していることになります。その点，わざわざ金額（円）に置き換えて採算を示す NPV 法よりも，直感的にわかりやすいと言えそうです。企業内でプレゼンテーションをする際も，もしファイナンス理論に精通しない人々を相手とするならば，おそらく NPV 法よりも的確に内容を伝えられるでしょう。

6.5. IRR 法③

　さて，なぜ内部収益率（IRR）という名称になるのかを考えてみることにしましょう。内部収益率（IRR）は，投資プロジェクトの期待フリーキャッシュフロー（FCF）さえわかれば，文字どおり内部的に決まりますので，外部から与えられる資本コスト（要求収益率）とは無関係に算出されます。機械設備の性能，価格，企業のスキルが変化しないかぎり一定です。つまり，ニュアンスとしては，投資プロジェクトの意思決定者である経営者から見て内部から出てくる数値だということになります。

　実施・却下の判断が切り替わるとすれば，それはもっぱら外部環境の変化が原因です。ハードルである資本コスト（要求収益率）が引き上げられれば，投資プロジェクトは却下という結論に切り替わるかもしれません。第 5 章の正味現在価値（NPV）の箇所でも同じことを述べましたが，どれほど機械設備が性能的に優れていても，どれほど機械設備が安くても，どれほどその機械設備を使いこなすスキルが高くても，それらの魅力だけで投資の判断をすべきではないのです。

　ところで，通常の教科書では，内部収益率（IRR）を「正味現在価値（NPV）をゼロにする割引率」

と定義して，そこから説明を始めています。前述の計算式において，左辺の投資額を右辺に移項すれば，$0 = -90 + 30 / (1 + \text{IRR}) + 40 / (1 + \text{IRR})^2 + 50 / (1 + \text{IRR})^3$ になりますので，たしかに間違いではありません。しかし，知りたがっていることが何であるかをベースにした本質的な説明であるというよりも，どちらかと言えば数学的な特徴をベースにした説明のように見えますので，この解説がわかりやすいとも思えません。著者の感覚では，あくまでも式は $90 = 30 / (1 + \text{IRR}) + 40 / (1 + \text{IRR})^2 + 50 / (1 + \text{IRR})^3$ であり，初期投資額が何％ずつの収益を生み出すと期待できるかです。このとき，左辺は現在の初期投資（支出）の現在価値であり，右辺は将来の純収入（収益－支出）の現在価値です。

　もっとも，ここまで考えてくれば，「正味現在価値（NPV）をゼロにする割引率」という説明の仕方もわからなくはありません。なぜなら，すでに説明したように，内部収益率（IRR）の計算は，現在価値（左辺）と現在価値（右辺）が釣り合う数値を探す作業だからです（参照 6.4.）。収入の現在価値（PV）と支出の現在価値（PV）が等しいならば，純収入の現在価値がゼロということですから，正味現在価値（NPV）がゼロであると言えるのです。ただ，内部収益率（IRR）が何を目的としたものであるかを説明し始める段階において，まずは投資プロジェクトの期待収益率であると表現しておいたほうが，より的確に本質を理解しやすいのではないかと思われるのです。

6.6. NPV 法と IRR 法の優劣①

　よく考えると，NPV = 0（正味現在価値がゼロ）と IRR = k（期待収益率と資本コストが等しい）は，同じメッセージを異なった形で表現しているだけです。どちらも経済的な採算がギリギリ取れて，実施・却下が無差別になる局面を表現しているからです。比喩的に述べると，ハードルのギリギリを靴底が擦れて，ちょうど跳べるか跳べないかが分かれる限界の高さです。第5章でも述べましたが，資本コスト k が増加するにつれて，投資プロジェクトの正味現在価値（NPV）は低下するのが通常です（参照 5.7.）。資本コスト k を横軸，正味現在価値（NPV）を縦軸に取ると，右下がりの曲線が得られ，横軸（NPV = 0の水準）よりも上ならばプラス（実施），下ならばマイナス（却下）となります。判断が切り替わる境界点は，曲線が横軸と交わる NPV = 0 の箇所です。

　通常の右下がり曲線となるケースにおいて，上下で見るか，左右で見るかの違いがあるとは言うものの，NPV 法と IRR 法はまったく同じ結論を導き出します。どちらも単位が％で共通しているため，グラフの横軸に資本コスト k と内部収益率（IRR）を同居させることができます。数値例において，内部収益率（IRR）は14.5％ですから，その箇所に破線を描きこむことにしましょう。たとえば，資本コストが8％であるとき，それは内部収益率（IRR）よりも左の位置にあるため，投資プロジェクトは実施すべきです（IRR ＞ k）。しかし，資本コストが20％であるとき，それは内部収益率（IRR）よりも右の位置にあるため，投資プロジェクトは却下すべきです（IRR ＜ k）。

　しかし，残念ながら，直感的にわかりやすいツール（道具）が万能であるとも限りません。NPV 法はそうでないのですが，以下の3つの例外的ケースで示すように，IRR 法は不適切な採算判断を与えてしまう可能性があります。このような弱点を抱えているため，2つの方法で判定が分かれたときは，いつでも NPV 法のほうを優先して採算判断をすることが望ましいのです。

　第一に，期待フリーキャッシュフロー（FCF）が最初にプラス，後にマイナスとなる場合，資本コ

ストが上昇するほどかえって正味現在価値（NPV）が増加することになります。したがって，通常とは逆に右上がりの曲線となります。先にカネが入り，後から出ていくというのは，いわば借入型のパターンであり，この場合の内部収益率（IRR）は調達の利子率，資本コストは運用の利子率に相当する位置づけにあります。となると，前者が後者よりも高いのは逆ザヤでして，実は採算が取れていません。よって，内部収益率（IRR）が資本コストを上回る投資プロジェクトを採用すると，かえって企業価値を減らしてしまいます。

　たとえば，建設会社はある程度の金額を依頼主から前払いで受け取り，それを使ってビルの建設工事にとりかかるのが通常のようです。建設会社の立場で内部収益率（IRR）を計算したとして，もしそれが資本コストよりも高いならば，一見するとこの契約は採算が取れるように思いがちです。ところが，このときの正味現在価値（NPV）はマイナスであり，実は却下したほうがよい契約となります。

　第二に，期待フリーキャッシュフロー（FCF）の方向が2回以上変化する場合，正味現在価値（NPV）の大きさを示す曲線は横軸と複数回交わります。したがって，内部収益率（IRR）が複数存在することになってしまいます。

　たとえば，原子力発電所を建設する場合，初期投資はマイナス，稼働してからの期待フリーキャッシュフロー（FCF）はプラスになるのが通常だと思われます。しかし，設備が老朽化して稼働を中止する際，環境への悪影響を防ぐための取り壊しに巨額の費用がかかるため，最後はマイナスとなります。この例では内部収益率（IRR）が2個存在することになりますが，片方を使えば実施という判断になり，もう片方を使えば却下という判断になるといった現象が起こり得ます。

　第三に，相互に排他的な投資プロジェクトの場合，IRR法はミスリーディングな判断を下してしまいます。相互に排他的というのは，複数の代替案の中からどれか1つしか実施できない状況を意味します。ただ，これを説明するには紙幅を要しますので，項を改めることにします（参照 **6.7.**）。

　以上の3つは例外的なケースであり，NPV法とIRR法は異なった採算判断を与えることになります。このような場合，いつでもNPV法が示す結論を採用すべきです。逆に言えば，通常のケースではNPV法とIRR法は同じ結論を導き出します。

　必ずしもファイナンス理論に詳しくない人に対しても説明がしやすい等，直感的にわかりやすいのはIRR法です。率（％）で問われているのに金額（円）で回答するNPV法は，一見すると切れ味の良いツールでもなさそうです。しかし，たとえ話になりますが，IRR法はカッターナイフのようなもので，NPV法はハサミのようなものです。カッターナイフのように単純で使い勝手が良い道具は，直線的に紙を切る用途には適していても，髪を切ることには適していません。その点，ハサミは紙も切れるし，髪も切れるという融通性があります。使用上の注意を守って，状況に応じた道具の使い分けが求められるのです。

6.7. NPV法とIRR法の優劣②

　さて，IRR法が使えない例外的ケースとして，第三の論点だけ説明を後回しにしていました。相互に排他的な投資プロジェクトとは，複数の代替案の中からどれか1つしか実施できない状況を意味します。

　たとえば，小さな空き地を小物ショップにするか（A案），それとも焼きそば屋台にするか（B案）

を比較検討しているとしましょう。簡単化のため，たったの1年で終了する投資プロジェクトだとします。資本コスト（要求収益率）は20％だとしましょう。片方の案を選択した時点で他方の案を断念しなければなりません。なぜなら，この空き地には両方を建てるだけの余裕がないからです。

　内部収益率（IRR）を計算すると，A案は50％，B案は33％になるため，これだけで判断すればA案のほうが望ましいと思いがちです。ところが，正味現在価値（NPV）を計算すると，A案は12.5万円，B案は16.7万円になるため，逆にB案のほうが望ましいことになります。つまり，2つの方法で判定が分かれてしまいます。

　結論を述べると，NPV法による判定を信用してB案を実施し，A案を却下すべきです。IRR法は収益率を比較していますから，A案の効率性が高いことを示してはいますが，規模の影響を考慮に入れたものではありません。たとえ効率性では劣っていても，B案のほうが純粋に生み出す価値が大きいゆえに望ましいのです。NPV法はこの結論を間違いなく示してくれます。

　効率性よりも規模が重視されるべき理由について，直感的にわかりやすい極端な話を示しておきましょう。いま1円を投資すれば1年後に3円のキャッシュフローを期待できる機会があったとします。この投資プロジェクトの内部収益率（IRR）は200％という驚異的な値であるため，効率性だけで判断すれば魅力があると思えてしまいます。しかし，得られる利益は1年間でたったの2円でして，規模で収益性を判断する正味現在価値（NPV）はたいした数値になりません。もし1億円を投資して1年後に300万円のキャッシュフローを期待できる機会があったとすれば，内部収益率（IRR）はたったの2％ですが，私たちにとっては1年間で2円だけ儲かる機会よりも魅力がある投資機会なのです。

6.8. リアルオプション①

　さて，第5〜6章では企業の投資政策について論じてきました。NPV法，回収期間法，IRR法の順に説明してきましたが，いずれを採算の判断基準に設定したとしても，今からやろうとする投資プロジェクトがどのぐらいの期待フリーキャッシュフロー（FCF）をもたらすかの予想は必要となります。そのうえで，ファイナンス理論の観点からはNPV法が最も優れた判断基準になることを説明してきました。

　しかしながら，伝統的なNPV法は，将来の状況がどうであろうとも当初の計画どおりに推進する投資プロジェクトを想定しており，やや現実性に欠けています。実際の設備投資は様子を見ながら発進して，好調ならばアクセルを踏み込み，不調ならばブレーキを踏む柔軟性を持っているはずです。このように，将来の状況変化に応じた柔軟性をリアルオプション（real option）と呼び，近年はこの方向で拡張されたNPV法が，実務の世界でも影響力を持つようになっています[1]。

　以下では，撤退の柔軟性に限定して検討することにしましょう。たとえば，カフェ（喫茶店）を2年間だけ経営するとして，1年後に好調ならばそのまま好調を維持できる一方，不調ならばさらに悪化するものとしましょう。また，1年後に設備の修繕（メンテナンス）が必要であり，費用を自己負担するものとします。簡単化のため，好調：不調の確率を50：50としましょう。リアルオプションを考慮に入れない伝統的なNPV法にしたがえば，この投資プロジェクトには−16万円の正味現在価値（NPV）しかなく，アッサリと却下されるはずです。

6.9. リアルオプション②

　ところが，よく考えると，不調が続く場合，設備を修繕してまでカフェを継続する積極的な理由がありません。そこで1年後の状況を見て撤退するというリアルオプションを考慮に入れて期待キャッシュフローを計算し直すことにしましょう。

　樹形図を示しましたが，1年後に好調である場合，前提によって2年後も好調と予想しているため，あえて撤退する理由がありません。よって，修繕費用を負担してカフェを継続するはずです。ところが，1年後に不調である場合，前提によって2年後はさらに悪化すると予想しているため，無理にカフェを継続する理由がありません。よって，修繕費用を負担することなく撤退するはずです。

　実際，1年後に撤退する可能性を考慮に入れると，無意味な修繕費用が節約されることを根拠に，投資プロジェクトの正味現在価値（NPV）は44万円に変化します。つまり，拡張されたNPV法のもとでは，従来よりも差額60だけ価値が高まっており，採算が取れる投資プロジェクトという結論に切り替わります。これは様子を見ながら撤退するという柔軟性がもたらしたメリットであると言えます。

第6章からの示唆

　第5章に引き続き，この章では投資プロジェクトの採算を判断する方法を説明してきました。結局のところ，回収期間法やIRR法には何らかの欠陥ないしは使用上の注意がある一方，NPV法は理論的に正しく，しかも例外なく使える基準であるため，投資プロジェクトの採算を判断するうえで最強のツール（道具）であると評価されます。

　本章では主としてIRR法に紙幅を割いてきましたが，その本質を投資プロジェクトの期待収益率と説明したほうがわかりやすいとも示唆しました。第5章で述べましたが，投資プロジェクトの期待収益率は資本コスト（要求収益率）と一致しないのが通常です（参照 5.9.）。なぜなら，実物的な投資は参入・退出が容易でなく，投資対象の価格調整がそれほどスムーズではないからです。そうであるからこそ，設備投資，研究開発投資（R&D），企業の合併・買収（M&A）等の実物的な投資プロジェクトはプラスの正味現在価値（NPV）をもたらし，企業価値を高める可能性があります。

　ときどき見受けられる誤解ですが，投資プロジェクトの期待収益率を，株式や債券の期待収益率と混同しないことが重要です。たとえば，ある企業の株式や債券が1年あたりで何％ずつ儲かりそうであるのかを示すとすれば，それが証券投資の期待収益率です。第4章で述べたように，市場の均衡において，株式の期待収益率は投資家の要求収益率と一致します（参照 4.2.）。なぜなら，株式の購入・売却が容易だからであり，効率的な市場において株式の価格は速やかに現在価値まで調整されるからです。第4章の説明は株式に限定したのですが，これは債券にも同様に当てはまります。つまり，企業が余剰資金を株式や債券で運用しても，正味現在価値（NPV）はゼロにしかならないということです。これと混同している場合は，実物的な投資プロジェクトの期待収益率も速やかに要求収益率と一致するまで価格調整されると考えてしまいますので，注意を要します。

【注】

1) リアルオプションは，細分化すると撤退オプション，拡張オプション，延期オプションなど多岐にわたりま

す。詳細を理解しようと思えば，一冊の本を要するぐらいです。ただ，基礎的な概念については，砂川（2017）の解説が非常にわかりやすく，本書の解説もこれを参考にしています。

第6章 投資政策②

●学習のポイント

投資プロジェクトの判断基準として，回収期間法は理論的に間違っている。IRR法は理論的に正しく，直感的に理解しやすい利点を持つけれども，残念ながら万能な判断基準ではない。結局のところNPV法が最も優れた判断基準である。

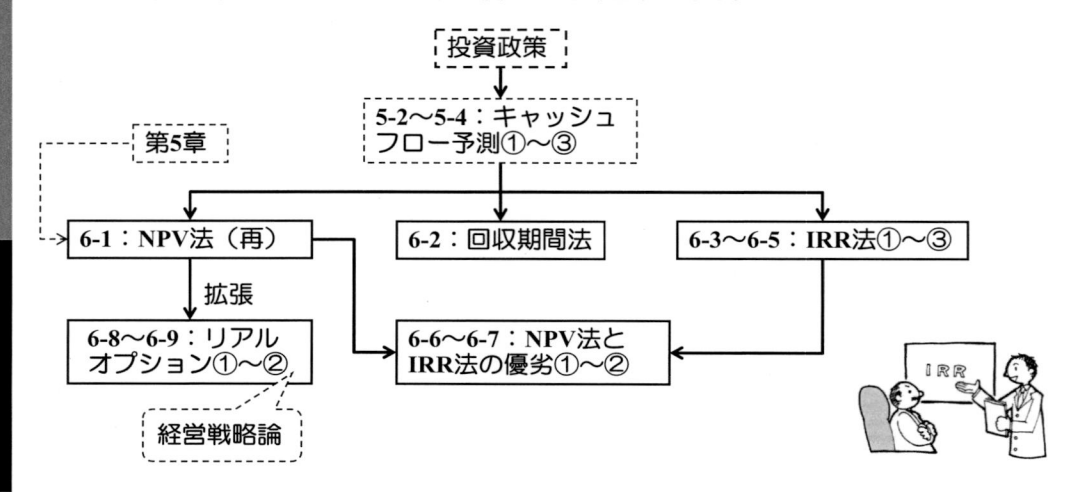

6-1 NPV法（再）

●正味現在価値（NPV: net present value）

　　　投資プロジェクトが純粋に生み出す現在価値

（例）耐用年数3年，投資プロジェクトの資本コストk=8%

k=8%

リスクの高さに応じて，投資プロジェクトの資本コストを，採算を判断するハードルに設定

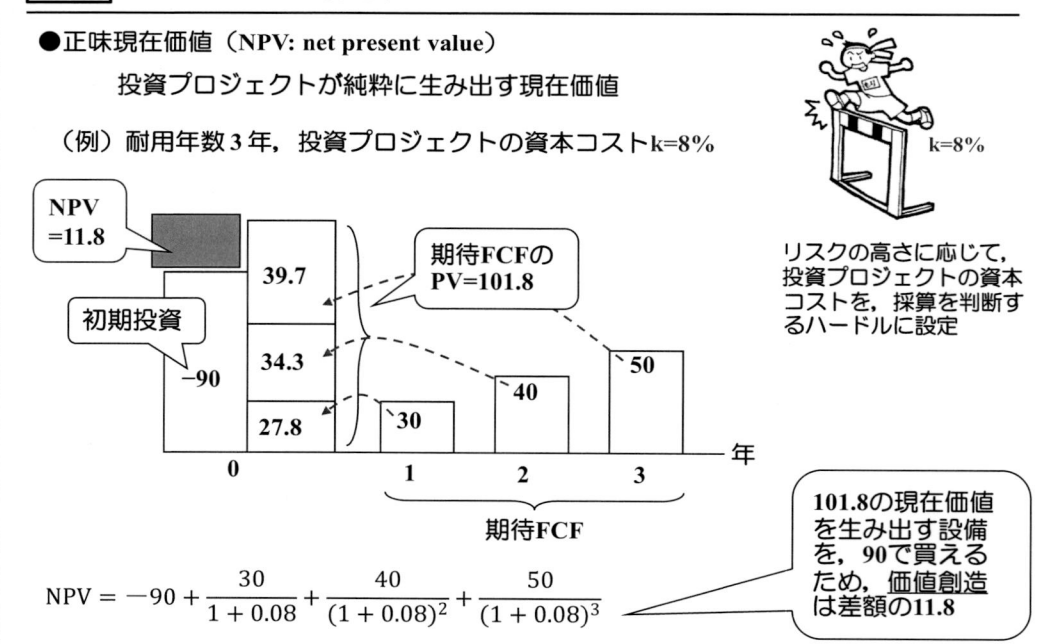

101.8の現在価値を生み出す設備を，90で買えるため，価値創造は差額の11.8

$$NPV = -90 + \frac{30}{1 + 0.08} + \frac{40}{(1 + 0.08)^2} + \frac{50}{(1 + 0.08)^3}$$

6-2 回収期間法

● 回収期間法（**payback period method**）

初期投資額を，目標とする基準期間内に回収できれば実施

> わが国では
> 最も普及

（例）耐用年数3年の機械のいずれかを購入

いずれも2年後までに単純合計100

	投資額	1年後	2年後	3年後	NPV
A案	−100	50	50	200	148
B案	−100	0	100	200	145
C案	−100	50	50	500	386

基準期間 ー ー ー →

期待FCF

資本コスト
k=8%

NPV法は適切

※問題点

①キャッシュの時間的価値を無視
　　　【A案とB案の比較】…1〜2年後の回収の速さ
②基準期間後を無視
　　　【A案とC案の比較】…3年後の大きさ
③基準期間の設定が恣意的

> 回収期間法は資金繰り
> 重視だが，価値創造の
> 機会を失いかねない

6-3 IRR法①

● 内部収益率（**IRR: internal rate of return**）

実物的な投資プロジェクトの期待収益率

（例）投資プロジェクトの資本コストk=8%

IRR法は直感的にわかりやすいのでプレゼンしやすい。

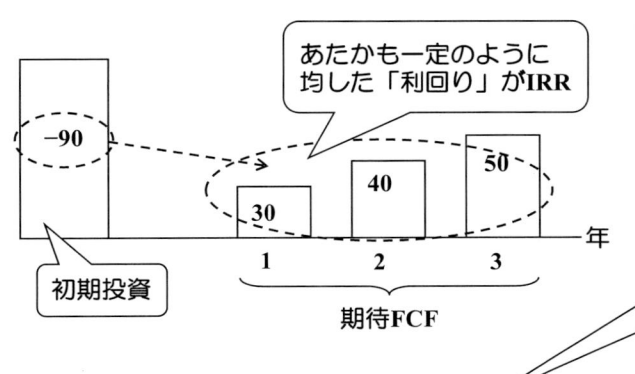

あたかも一定のように
均した「利回り」がIRR

−90

30　40　50

年

1　2　3

初期投資

期待FCF

> IRR=14.5%はk=8%よりも高いので採算がとれる

> 試行錯誤で未知数のIRRに0.14512…を代入したとき，ちょうど左辺=右辺に

両側から範囲
を狭めて追い
詰める

$$90 = \frac{30}{1 + IRR} + \frac{40}{(1 + IRR)^2} + \frac{50}{(1 + IRR)^3}$$

6-4 IRR法②

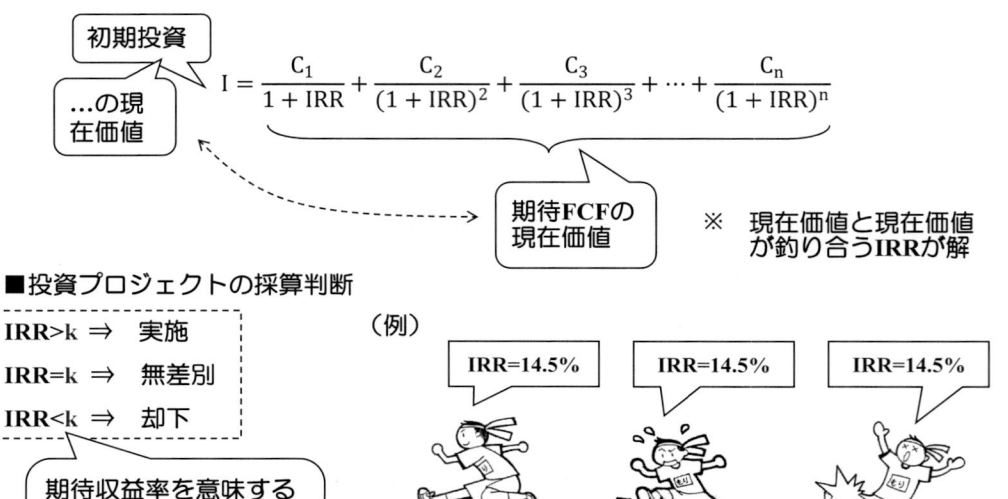

初期投資

...の現在価値

$$I = \frac{C_1}{1 + IRR} + \frac{C_2}{(1 + IRR)^2} + \frac{C_3}{(1 + IRR)^3} + \cdots + \frac{C_n}{(1 + IRR)^n}$$

期待FCFの現在価値

※ 現在価値と現在価値が釣り合うIRRが解

■投資プロジェクトの採算判断

IRR>k ⇒ 実施

IRR=k ⇒ 無差別

IRR<k ⇒ 却下

期待収益率を意味するIRRが，採算のハードルである資本コストkを超えるかどうか

（例）

IRR=14.5%　　　k=8%

IRR=14.5%　　　k=14.5%

IRR=14.5%　　　k=20%

6-5 IRR法③

※なぜ内部収益率という名称なのか？

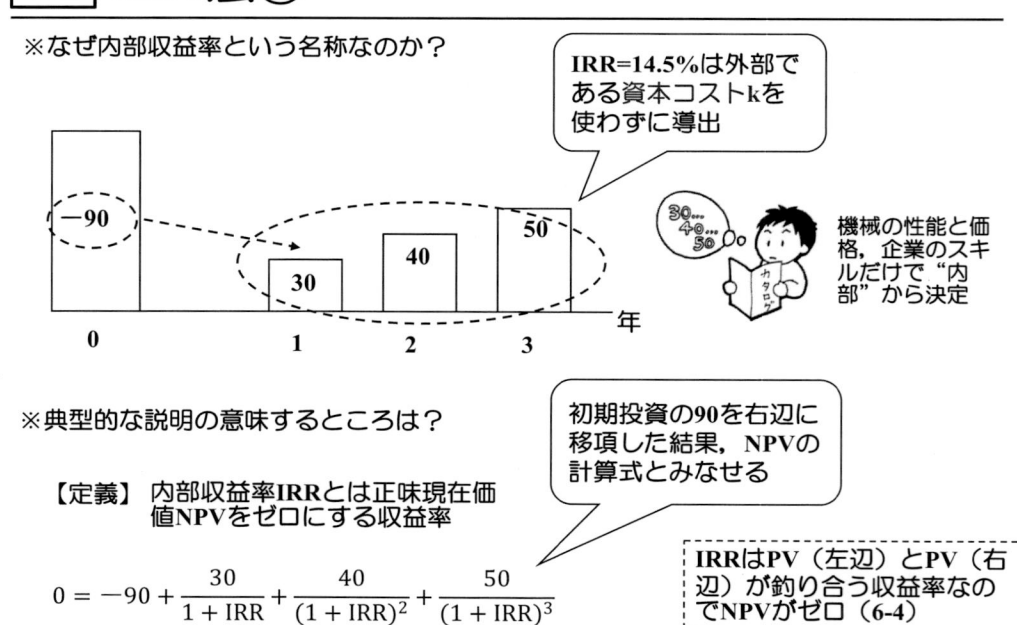

IRR=14.5%は外部である資本コストkを使わずに導出

−90

30

40

50

0　　　1　　　2　　　3　　年

機械の性能と価格，企業のスキルだけで"内部"から決定

※典型的な説明の意味するところは？

初期投資の90を右辺に移項した結果，NPVの計算式とみなせる

【定義】内部収益率IRRとは正味現在価値NPVをゼロにする収益率

$$0 = -90 + \frac{30}{1 + IRR} + \frac{40}{(1 + IRR)^2} + \frac{50}{(1 + IRR)^3}$$

IRRはPV（左辺）とPV（右辺）が釣り合う収益率なのでNPVがゼロ（6-4）

6-6 NPV法とIRR法の優劣①

※通常，IRR法はNPV法と同じ結論を導くが....。

【例外】

①期待FCFが最初に正，のちに負

→ グラフは右上がり

②期待FCFの符号が2回以上変化

→ グラフは逆U字型

③相互に排他的な投資プロジェクト

（複数の代替案からひとつだけを選択）

6-7

これらの例外では
IRR法が異なる結
論を出すが，いつ
でもNPV法の結論
を採用すべし

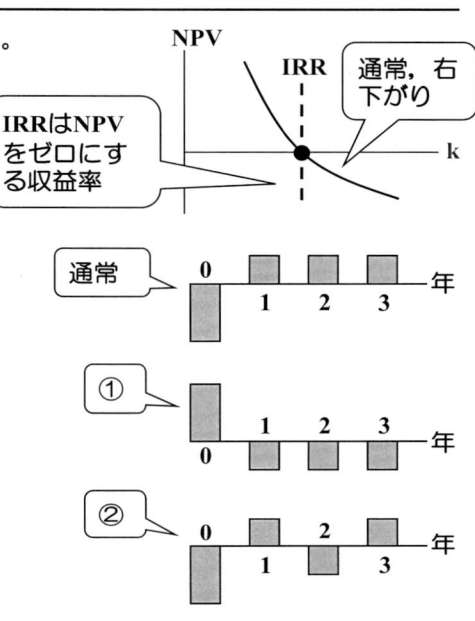

IRRはNPV
をゼロにす
る収益率

通常，右
下がり

通常

①

②

6-7 NPV法とIRR法の優劣②

■相互に排他的な投資プロジェクト

ある案を実施すれば他の案が実施できなくなる状況

いずれかひとつ
の案だけを選択

（例）　小さな空き地を小物ショップにするA案，焼きそ
ば屋台にするB案で，どちらも1年後に終了

IRR法ではA案が魅
力的（効率性）

NPV法ではB案が
魅力的（規模）

	投資額	1年後	IRR	NPV
A案	−50	75	50%	12.5
B案	−150	200	33%	16.7

資本コス
トk=20%

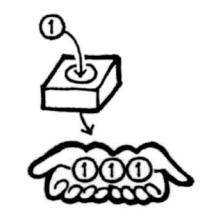

1円の投資で1年後に3円
を期待できればIRRは
200%だが，儲けはたっ
たの2円でNPVも小さい。

IRR法は規模を考慮しないところに弱点

→　NPV法にしたがってB案を実施すべき

企業価値を最大化するため
には，効率性よりも価値創
造の規模のほうが重要

6-8 リアルオプション①

●リアルオプション（**real option**）

NPV法
の改良

投資プロジェクトにおいて，将来の状況
変化に応じて意思決定ができる**柔軟性**

何があろうと
も，前進ある
のみ…？

（例）カフェを2年間だけ経営。投資プロジェク
トの資本コストkは8%

1年後の好不調は2年後にも
持続し，1年後に修繕費用
500が必要と前提

NPV<0なので通常のNPV
法ならば却下される投資
プロジェクト

※リアルオプションを導入しない通常のNPV法

確率	好調 1/2	期待値	不調 1/2
初期投資	−1,300	−1,300	−1,300
1年後	1,300	1,100	900
修繕	−500	−500	−500
2年後	1,300	850	400

$−1,300+1,100/1.08$
$−500/1.08+850/1.08^2 = \underline{−16}$

いったん初期投資を実施す
れば，何があっても継続す
ることが前提で柔軟性なし

6-9 リアルオプション②

※リアルオプションを導入した拡張NPV法

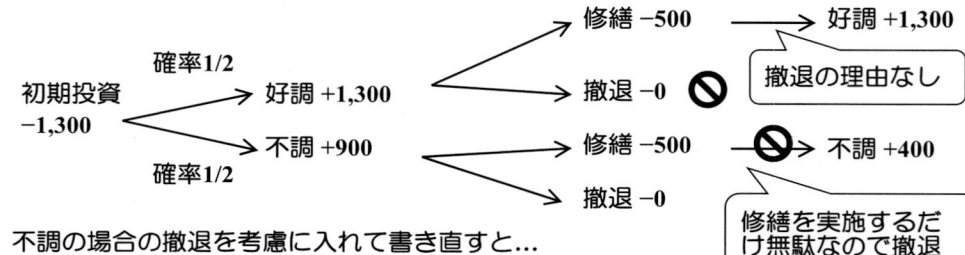

初期投資
−1,300

確率1/2 → 好調 +1,300
確率1/2 → 不調 +900

修繕 −500 → 好調 +1,300
撤退 −0 🚫

撤退の理由なし

修繕 −500 🚫→ 不調 +400
撤退 −0

修繕を実施するだ
け無駄なので撤退

不調の場合の撤退を考慮に入れて書き直すと…

確率	好調 1/2	期待値	不調 1/2
初期投資	−1,300	−1,300	−1,300
1年後	1,300	1,100	900
修繕	−500	−250	0
2年後	1,300	650	0

$−1,300 + 1,100/1.08 + 250/1.08$
$+ 650/1.08^2 = \underline{44}$

拡張NPV>0な
ので実施すべき

通常NPV=−16との差額60が
リアルオプションの価値

拡張NPV=通常NPV+リアル
オプションの価値

第7章 エクイティファイナンス

　第5～6章では貸借対照表（B/S）の左側（投資政策）を論じてきましたが，第7～8章では右側（資金調達）を詳しく見ていきます。概念上，資金調達は，企業の外側から資金を取り入れる外部資金調達と，企業が事業活動（ビジネス）で稼いだ資金をそのまま利用する内部資金調達の2種類に区分されます。このうち，株主資本（equity）となる外部資金調達を**エクイティファイナンス**（equity finance）と総称します。また，負債（debt）となる外部資金調達を**デットファイナンス**（debt finance）と総称します。

　後ほど，第9～12章において資本構成の話題を提示しますが，やはり貸借対照表（B/S）の右側ではあるものの，そこで問題になるのは株主資本と負債の割合です。本章では割合ではなく，株式発行について使用上の注意を説明することになります。既存株主に損失を与えるような増資は望ましくないため，できるだけ避けるべきです。以下では6種類の増資について，望ましいものが3つ，明らかに望ましくないものが2つ，よく考えると望ましいとは言えないものが1つであることを説明します。

7.1. 株式公開と株式発行

　株式会社を設立する際には，創業者である最初の株主が出資金を払い込むことによって**株主資本**（equity）が形成され，事業活動（ビジネス）を起ち上げるための資金源となります。そのうえで，取締役などの機関を選任し，設立登記によって法人格を取得します。企業が法人格を取得することによって，出資者たちの名義ではなく，会社の名義で事業活動（ビジネス）を行うことが可能になります。

　株式会社の大半は閉鎖的な企業のままで，創業者株主がそのまま株式を保有し続ける場合が多く，流通市場が機能していません。増資をするとしても，たいてい特定少数の縁故者を相手とする株式発行にとどまるのが実態です。わが国において，このような**未公開株**（private equity）は約150万社あると言われています。

　それらの数多くの株式会社の中から，ごく少数の企業だけが**株式公開**（IPO：initial public offering）を果たし，**公開株**（public equity）となります[1]。従来はプライベートの領域にとどまっていた株式を，広く誰でも売買できる状態にするということです。流通市場で売買されますので，言葉の正しい意味で株式の自由譲渡性を体現しています。また，知名度の高さを生かして，不特定多数を相手とする株式発行が可能となります。このように，本来の株式会社制度の趣旨に沿った公開株は，わが国で約4,000社あります。

　なお，**株式の上場**（listing）とは，証券取引所で売買できる状態にすることです。従来，証券取引所に上場することと，株式を公開することは必ずしも同じ意味ではありませんでした。なぜなら，店

頭市場で株式公開を果たすことは，上場ではなく登録と呼ばれていたからです。しかし，かつての店頭市場も消失しましたので，もはや限りなく同じ意味に近づいています。

　株式公開（IPO）の時点に限らず，それ以降におこなわれる増資についても言えることですが，**株式発行**（share issue）は募集と売出の2つに分類されます。まず，新規に発行する株式に関連するものを募集と呼びます。このうち**公募**（public offering）は，不特定多数の投資家を勧誘する行為であり，**私募**（private placement）は，特定少数の投資家を勧誘する行為です。これに対して，**売出**（secondary distribution）は既発行の株式について不特定多数の投資家を勧誘する行為です。ということは，募集が狭義の発行市場に相当する一方，売出は厳密な意味での発行市場とは言えません。

　通常，株式発行は**アンダーライティング**（underwriting）と呼ばれる証券会社の引受業務によって実施されます。現在の主流の方法は**買取引受**（bought deal）であり，これは最初に証券会社が全額を買い取ってから，その後で投資家に売り出す方法です。この場合，証券会社は比較的低い価格で発行企業から株式を買い取り，これよりも高い価格で一般投資家を相手に売り出す形になります。よって，証券会社の収益源は売買価格差（スプレッド）であり，実質的な手数料に相当します。もっとも，後半部分である売出は，既発行の証券に関する勧誘なので狭義の発行市場には含まれないはずです。とはいえ，最終的に一般投資家が購入することを念頭に株式を発行するのですから，買取引受と売出を一体化したプロセスと捉え，広義の発行市場に含めることは不自然でありません。

7.2. 増資の種類

　資金調達を目的として追加的に新しく株式を発行することを増資と呼びます。もう少し厳密に述べると，会社法において増資は法定資本金の増加を意味しており，必ずしも資金調達とはなりません。しかし，コーポレートファイナンスにおいては，資金調達を目的とした株主資本の増加を意味すると捉えてください。つまり，増資という言葉を狭義で用いるか，広義で用いるかの違いです。以下，増資という言葉を広義で用いることにして，株式発行という言葉と互換的にも使います。

　増資の分類については，発行価格の違いに着目すると2種類，応募する投資家の性質に着目すると3種類あるため，これらの組み合わせで合計6種類あります。発行価格とは投資家が企業に払い込む1株あたりの金額のことですが，発行時の株価に設定される場合が**時価発行**（A）であり，それよりも低い水準に設定される場合が**割引発行**（B）です。一方，どのようなタイプの投資家に応募の資格を与えるかは，原則として取締役会の決議事項です。第一に，**公募増資**（①）は不特定多数の投資家を勧誘します。第二に，**第三者割当増資**（②）は，取引先企業や銀行など，特定の投資家に限定して応募の資格を与えます。第三に，**株主割当増資**（③）は，すでに株式を保有している既存株主に限定し，持株比率に応じて応募の権利を与えます。

　投資家が資金を払い込むことによって，これと交換に新株が交付されます。すでに発行済である既存株に新株が加わりますが，増資の手続きが完了した後は，既存1株も新1株も同じ権利を持つ同等の1株になります。第1章で説明したように，そもそも株式は，均等に細分化されたオーナーシップ（所有権）を表すからです（参照 1.2.）。

　資金調達を目的とする増資（株式発行）では，株主の出資であるゆえに右側の株主資本が増加し，その分だけ左側の資産も増加します。貸借対照表（B/S）は左側と右側が同じになるようにルール化

されています。右側と左側に与える影響は同じ額ですから，左右が同じになるというルールにおいて，このような会計処理は辻褄が合っています。増資による資金調達が完了した直後において左側の資産は現預金ですが，それを在庫投資や設備投資に用いるほうが通常ですから，貸借対照表（B/S）を作成する期末において，棚卸資産や固定資産と金額的に対応していてももちろん構いません。

7.3. 完全市場と不完全市場

　ところで，本章では**完全市場**（perfect market）を想定して，株式発行に関する基礎的な内容を説明していきます。私たちが現実に生きている世界では，株式を売買すれば証券会社から手数料を徴収されますし，稼いだ所得に対しては課税されます。しかし，最初から税や取引費用などがもたらす影響を考えると，あまりにも理論が複雑になってしまいます。そこで，経済学の常套手段ではありますが，ファイナンスにおいても，まずは**市場の不完全要素**（market imperfections）を無視した理論モデルを構築することによって，土台となる基礎的な結論を導き出します。その後，徐々に不完全要素を考慮に入れて，基礎的な結論に修正を加えていくアプローチを採用します。

　市場の不完全要素は，税，取引費用，エージェンシー費用，情報の非対称性の4つに分類されます。**税**（tax）は企業や投資家の所得に対して課されます。株式売買手数料や企業経費は**取引費用**（transaction cost）の一種になります。また，**エージェンシー費用**（agency cost）は，株主・経営者間もしくは債権者・株主間の利害対立から生じる企業価値の減少です。さらに，**情報の非対称性**（asymmetric information）は，ある情報を経営者が知っているのに対して，投資家が知らない状況を問題にしています。これらを考慮に入れた理論は，**不完全市場**（imperfect market）のモデルと呼ばれます。

　さしあたり，この章ではこれらの不完全要素を無視して増資（株式発行）が株価や既存株主の富（財産）に及ぼす影響を述べていきます。のちに第11～12章で結論に修正が加わることになります。また，このタイミングで違いを述べましたが，完全市場と不完全市場を切り分けるアプローチは増資（株式発行）に限ったものではなく，第9～12章で説明する資本構成（株主資本と負債の割合）や，第13～14章で説明する配当政策（配当と内部留保の割合），第15章で説明する自社株買いの理論にも当てはまります。

7.4. 株式発行と株価①

　まず，時価発行（A）の増資を原因として株価が変化することはありません。身近なたとえ話として，40℃の風呂に40℃の湯を足しても，全体の温度は40℃のままですが，これと同じような現象だと理解すればよいでしょう。

　たとえば，かなり小さい数値例になりますが，既存株が20株，増資前の株価が100円，よって株式価値が2,000円だったとしましょう。そこに新株10株が発行価格100円（時価）で発行されたとすれば，増資額は1,000円です。これらを合計すると，増資後の株式価値は3,000円になります。増資の手続きが完了した後は，既存1株も新1株も同じ権利を持ちますので，株式数の30株で割って株価は100円となります。要するに，増資前の株価100円のところに発行価格100円で増資しても，増資後の株価は100円にしかならないということです。

　これに対して，割引発行（B）による増資ですが，これを原因として株価は下落するはずです。やはりたとえ話から入りますが，40℃の風呂に30℃のぬるま湯を足せば，全体の温度は40℃よりも低くなってしまいます。これと同じような現象だと理解すればよいでしょう。

　たとえば，既存株が20株，増資前の株価が100円，よって株式価値が2,000円だったとしましょう。そこに新株10株が発行価格80円（時価未満）で発行されたとすれば，増資額は800円です。これらを合計すると，増資後の株式価値は2,800円になります。増資の手続きが完了した後は，既存1株も新1株も同じ権利を持ちますので，株式数の30株で割って株価は93円となります（7円の株価下落）。要するに，増資前の株価100円のところに発行価格80円で増資すると，増資後の株価は93円に下がってしまうということです。これは割引発行による**株価の希薄化**（equity dilution）と呼ばれる現象です。

7.5. 株式発行と株価②

　以上で述べたように，時価発行の増資は株価を変化させません。後々の便宜のために，同じことをベクトル図解でも説明しておくことにしましょう。第5章で説明したように，縦軸を株式価値 E，横軸を株式数 N としてベクトルを用いた図解をすると，傾きが株価 P になります（参照5.8.）。なぜなら，$E = PN$ という関係が成り立つからです。増資が実施されると，株式数 N と株式価値 E の両方が増加します。要素を分解して示すと，株式数 N が増加するのは株式発行の効果であり，水平方向の右向きのベクトルで表現されます（②）。一方，株式価値 E が増加するのは資金調達の効果であり，垂直方向の上向きのベクトルで表現されます（③）。したがって，増資はこれらの2つの効果を合成した右上がりの破線のベクトルで表現することができます（②＋③）。

　時価発行の場合，新株の発行価格 P_S は現在の株価 P と同じですから，元のベクトルの右上の位置に，まったく同じ傾きのベクトルが描き加えられる結果となります。増資後の状況は①〜③のベクトルを合成した④で表現されますが，傾き（株価）は増資前（①）と変わりません。数学的に言えば，平行線と交わってできる同位角が等しいからです。結局のところ，時価発行（A）の増資を原因として株価が変化することはありません。

　時価発行の増資では株価が変化しませんので，外部の投資家が新株を引き受けても，既存株主に損得は生じません。これは公募増資（A①）や第三者割当増資（A②）で起こり得る現象です。説明の簡単化のために，既存株主は公募増資（A①）に応募したりはせず，また，第三者割当増資（A②）で権利を与えられることもないと想定しましょう。通常はそうではないのですが，その影響を考え出すと説明がまわりくどくなるからです。引き続き同じ数値例を使いまわしますが，増資前の株価は100円であり，増資後の株価は100円です。新株主は発行価格である100円を支払う代わりに，同じく100円の値打ちがある新株を手に入れるため，損得が生じない等価交換となります。一方，既存株主はもともと保有していた100円の株式をそのまま保有するだけですから，やはり損得はありません。要するに，新旧株主間で**富の移転**（wealth transfer）は起こりません。つまり，片方の損によって，もう片方が得する状況は発生しないということです。

　次に，時価発行で株主割当増資（A③）をおこなう場合ですが，やはり既存株主に損失は発生しません。イラストは省略しますが，これは企業の所有者（オーナー）である既存株主が，自分自身で新

株を引き受けるケースです。既存株主は増資前の株価である 100 円を支払う代わりに，同じく 100 円の値打ちがある新株を新たに手に入れるため，損得が生じない等価交換となります。要するに，以前と同じ株価のままで，以前よりも多くの株数を保有することになるのです。

このように，時価発行であるかぎり，公募増資（A①）であっても，第三者割当増資（A②）であっても，株主割当増資（A③）であっても，増資を原因として既存株主に損失が生じることはありません。その意味で望ましい株式発行の方法だと言えます。本章の冒頭において，増資には合計 6 種類の方法があること，そのうちの 3 種類は望ましい方法であることを予告的に述べましたが，この項で検討した 3 種類が望ましい方法なのです。

7.6. 株式発行と株価③

次に，割引発行の増資が株価を下落させることを，やはりベクトル図解でも説明しておくことにしましょう。割引発行の場合，新株の発行価格 P_S は現在の株価 P よりも低いため，元のベクトルの右上の位置に，比較的傾きが緩いベクトルが描き加えられます。増資後の状況は①〜③のベクトルを合成した④で表現されますが，傾き（株価）は増資前（①）よりも小さくなります。つまり，割引発行（B）による増資を原因として株価 P が下落することが図形的に確認されます。

割引発行の増資では株価が下落しますので，外部の投資家が新株を引き受けると，既存株主には希薄化の損失が発生します。これは公募増資（B①）や第三者割当増資（B②）で起こり得る現象です。やはり，既存株主は公募増資（B①）に応募したりはせず，また，第三者割当増資（B②）で権利を与えられることもないと想定しましょう。数値例において，増資前の株価は 100 円であり，増資後の株価は 93 円です。新株主は発行価格である 80 円を支払う代わりに，これよりも高い 93 円の値打ちがある新株を手に入れるため，明らかに割引の利益を受けます。一方，既存株主はもともと保有していた 100 円の株式が 93 円に希薄化されてしまう損失を受けます。要するに，新旧株主間で富の移転が発生します。新株主に現在の株価よりも低い発行価格で資金を払い込ませることは，既存株主の側から見れば，株主であることの権利を安売りしているに等しい状況です。

ところが，割引発行で株主割当増資（B③）を行う場合，必ず応募すると前提するかぎりは既存株主に損失は発生しません。イラストは省略しますが，これは企業の所有者（オーナー）である既存株主が，自分自身に対して新株を安売りするケースであり，必ず応募する想定のもとで各自の持株比率（シェア）は変化しません。既存株主はもともと保有していた 100 円の株式が 93 円に希薄化されてしまう損失を受けます。しかし，これと同時に，既存株主は発行価格である 80 円を支払う代わりに，これよりも高い 93 円の値打ちがある新株を手に入れるため，明らかに割引の利益を受けます。したがって，前者である希薄化の損失と，後者である割引の利益が相殺して，トータルの損益はゼロとなるのです。

しかし，割引発行の株主割当増資（B③）で既存株主に損失が生じないという結果は，必ず応募するという前提に依存しています。ある既存株主が応募しなかったならば，その株主には割引の利益が発生しない一方，希薄化の損失だけが発生するはずです。なぜなら，保有株数が変わらない状況下で株価が下落するからです（補論 6）。応募しない行動が不利になるということは，せいぜい良くて引き分け，悪くて負けの状況ですから，既存株主は嫌でも応募したほうが自己防衛的に適切だということ

になります。そのように考えると，事実上の応募強制力を持つという点で割引発行の株主割当増資（B③）は望ましい増資の方法ではありません。

　以上をまとめると，割引発行で株式発行をする際，外部の投資家に安売りする公募増資（B①）や第三者割当増資（B②）では既存株主に損失が生じます。本章の冒頭において，増資には合計6種類の方法があることを述べましたが，この2種類が明らかに望ましくない方法なのです。これに対して，必ず応募する前提下で自分たちに安売りする株主割当増資（B③）の場合，既存株主に損失は生じません。ところが，事実上の応募強制力を持つという点で，これも望ましい方法ではありません。結局のところ，割引発行（B）は3タイプとも何らかの欠点を持っていることになります。

7.7. 株式発行に関する誤解①

　近年は見かけなくなりましたが，かつて時価公募増資（A①）は既存株主に利益をもたらすために有利だと解説する文献もときどき見受けられました。しかし，これは明らかな間違いです。時価公募増資では既存株主に損得が生じないのであって，利益が生じるわけではありません。

　しばしば，記者会見の場で，実施することに決めた投資プロジェクトの内容と，それを可能にするための資金調達として時価公募増資の計画が同時に発表されることがあります。それを受けて企業の株価が上昇したとしても，その原因は投資プロジェクトのほうに求められるのであって，時価公募増資のほうではありません。たまたま2つの情報が同時に公表（アナウンス）されただけのことですから，これらを混同すべきではありません。投資政策と増資の効果を混同しないためには，要素を分解して考えることが求められます。

　第5章で説明したように，採算が取れる投資プロジェクトはプラスの正味現在価値（NPV）を持ちますので，その分だけ企業価値Vを高める効果を持ちます（参照 **5.8.**）。また，それに対応して株式価値Eが高まります。図解すると，投資プロジェクトの公表（アナウンス）によって正味現在価値（NPV）の大きさだけ垂直方向に上向きのベクトルが加わります。よって，公表前の状況を示すベクトルと合成すれば，公表後において株価Pが上昇することを傾きの変化で表現することができます。要するに，この企業が実施しようとしている投資プロジェクトが株式市場から評価され，正味現在価値（NPV）の大きさに見合う分だけ株価Pが上昇するということです。

　これに対して，増資（株式発行）はそれだけで価値を生み出すことはなく（NPV = 0），単に注入された資金の分だけ株式価値Eが増加するだけです。なぜなら，資金調達によって得られるのは，その時点では現預金だからであり，その現預金の正味現在価値（NPV）はゼロだからです。すでに確認したように，時価発行の公募増資（A①）は株価Pを変化させる原因とはなりません（参照 **7.5.**）。何が株価上昇の原因であり，何が株価上昇の原因ではないのかを，正しく認識することが重要です。平たく述べると，カネを集めただけで価値が生まれることはなく，そのカネを用いた事業活動（ビジネス）でこそ価値が創造されるということです。

　もし時価公募増資を実施しただけで既存株主が得をするのであれば，それこそ頻繁にカネ集めをして金庫の中に寝かせておくだけで済みますから，苦労してファイナンス理論を勉強しなくても，誰だって有能な経営者になれる理屈です。もちろん，そのような魔法はありません。

7.8. 株式発行に関する誤解②

増資をすると **1株あたり利益**（EPS：earnings per share）が低下するので，それを原因として株価が下落すると新聞記事等で説明されることも多いです。しばしば，1株あたり利益の希薄化と表現されたりもします。しかし，前半の「増資をすると1株あたり利益が低下する」までは正しいのですが，後半の「それを原因として株価が下落する」は間違っています。

ここで言う1株あたり利益（EPS）は，その企業の会計的な利益を株式数Nで割ったものです。会計的な利益として増資を実施する時点から見て直近の決算値を用いる場合，過去の確定した数値です。ということは，この割り算において分子の値は一定です。一方，増資を実施すれば株式数Nは増加しますので，この割り算において分母の値は大きくなります。

したがって，増資を実施すれば1株あたり利益（EPS）が低下するのは当然の現象でして，それ自体は間違っていません。しかし，これが原因で株価Pが下落するというのであれば，時価発行でもそうなるはずです。ところが，すでに確認したように，時価発行は株価Pを変化させないはずです（参照7.5.）。つまり，1株あたり利益（EPS）の低下が株価下落を招くという説明は，ファイナンス理論に反しているのです。

そもそも，ファイナンスにおけるバリュエーション（価値の計算）は，将来のキャッシュフローを予想して現在価値を導き出すという時間軸で物事を考えています。過去の数値はせいぜい将来を予想する際の参考値にとどまります。この観点から捉えれば，一定にしかなり得ない過去の会計的利益をそのまま分子に当てはめる割り算が意味をなさないことに納得が行くでしょう。繰り返しになりますが，将来と現在をつなぐ視点がファイナンス的なのです。1株あたり利益（EPS）を重視する見解は，ファイナンスの文脈に会計的な視点を間違って落とし込んでいるように見受けられます。

その点，将来の会計的利益を予想して当てはめる発想のほうが幾分か妥当ですが，この場合は1株あたり利益が低下するとは限らないどころか，投資政策の効果と区別することが難しくなります。増資それ自体はカネ集めに過ぎませんので，利益を増やす効果はないことに気をつけましょう。増資がもたらす効果を論じるときは，事業活動（ビジネス）が稼ぎ出す会計的利益を論点とすべきではないのです。増資額だけ大きくなる株式価値Eを，新株の分だけ増える株式数Nで割るという，それ自体の効果を捉えた計算でなければ本質を見誤ってしまいます。

また，第1章で詳しく論じたように，事業活動（ビジネス）が稼ぎ出した利益を，出資者である株主が持株比率（シェア）に応じて山分けするのが株式会社の本質です（参照1.2.）。これに対応して株価も「全体が先，部分が後」の順序で決まると考えなければなりません（参照4.6.）。1株あたり利益（EPS）の低下が株価下落を招くという考え方は，やはり「部分が先，全体が後」という順序で捉える間違いにはまっているように思われます。

要するに，正しくファイナンス理論にもとづけば，1株あたり利益（EPS）が低下することをもって，増資が株価を下落させる原因とみなすことはできません。ただ，このように説明すると，理論嫌いの方々から批判を受けるのが常のようです。たとえば，実際の投資家たちは1株あたり利益（EPS）の低下を重視して取引しているのだから，それが現実であって理論は間違っているといった類の批判です。しかし，論理的に間違ったものを追認するのは社会科学の役割とは言えませんし，いつだって現実こそが正しいのであれば，それが何であってもよいことになってしまいます[2]。

すでに説明したように，割引発行の増資は株価の希薄化をもたらしますが（参照 7.6.），ここで論じている 1 株あたり利益（EPS）の希薄化とはまったく異なる概念です。前者はファイナンス理論にもとづく理論的な概念ですが，後者は会計的な数値を用いた単なる計算です。この 2 つは混同しやすいため，かなりの注意を要します。

7.9. 株式分割

ここまで資金調達を目的とする増資（株式発行）を説明してきましたが，そうでない増資（株式発行）として**株式分割**（stock split）を説明しておくことにしましょう。企業が株式分割を実施したがるのは，1 株のサイズを小さくすることによって，投資家が以前よりも少額から投資できるようになり，株主層を広げる効果があると期待されているからです。比喩的に述べれば，ピザを切り分ける際，適度に細かくしたほうが食べやすいだろうということです。細かく切り分けてもピザそれ自体が大きくなるはずはなく，単に切れ目の数を増やしているだけです。

株価 P に及ぼす影響については，株式価値 E が先に決まると考えなければ，株式分割を正しく理解することができません。これは既存株主に対して無償で新株を割り当て，株式数 N を増やす財務活動です。仮に株価 P が先に決まるならば，株式数 N の増加に伴って株式価値 E も大きくなってしまう理屈ですが，さすがにナンセンスだと言わざるを得ません。単に株式分割を実施しただけでは企業の実態がまったく変わらないのですから，以前とまったく同じ株式価値 E を，以前よりも多い株式数 N で表現していると考えるべきです。

よって，株式分割を実施すれば，株価 P は下落するはずです。ベクトル図解で確認すると，分割前の状況（①）に対して，株式数 N が増える水平方向の力（②）だけが加わります。なぜなら，資金調達ではなく，株式価値 E が増える垂直方向の力は加わらないからです。ということは，分割後の状況（③）は，2 つのベクトル（①～②）を合成したものとなります。ベクトルの傾きは小さくなりますが，これは株価 P が下落することを意味します。たとえば，1:2 の株式分割では従来の 1 株が 2 株になるため，株価は分割前の 2 分の 1 になります。

しかし，現実には株式分割の実施がアナウンスされた後，かえって株価が上昇する不可解な現象もしばしば見受けられます。もしかすると，部分である株価が先に決まると考えている投資家が多いのかもしれません。仮にそうであるとすれば，そのような投資家の錯覚につけこんで，企業には積極的に株式分割を実施する誘因が生じます。なぜなら，単に株式数を増やすだけで簡単に企業価値を高めることができるからです。もちろん，経済学的に望ましい現象ではありません。

ところで，単純に株価 P を並べても企業の優劣は判断できませんので，ほとんど意味のない比較になります。というのは，たとえ株式価値 E が大きくても，株式数 N が多ければ株価 P は小さくなる理屈でして，その株式数 N の多さは単に株式分割を大々的に実施した結果にすぎないかもしれないからです。ピザ全体の大きさを比較するならば多少の意味はありますが，ナイフを入れる切れ目の数が違うのですから，一切れのサイズを比較しても意味をなしません。これは世間一般で数多く見受けられる間違いです。

たとえば，2005 年 9 月の新聞記事によると，三菱電機の株価が日立製作所の株価を逆転しています。この当時，株式価値 E で比較すると，三菱電機は約 1.6 兆円である一方，日立製作所は約 2.4 兆

円でした。つまり，ピザ全体では日立製作所のほうが大きいのです。次に，株式数 N を比較すると，三菱電機は約 22 億株である一方，日立製作所は約 34 億株でした。つまり，ナイフを入れる切れ目の数も日立製作所のほうが多いのです。最後に，株価 P を比較すると，三菱電機は 729 円である一方，日立製作所は 703 円でした。しかし，ごく単純に株価が高い三菱電機のほうが優良企業であるとは言えません。仮にこの直後に三菱電機が 1:2 の株式分割を実施したとすれば，株価は 365 円程度になるでしょう。これをもって，ただちに日立製作所のほうが優良企業という評価に切り替わるはずもないのです。

このように，株価を単純に比較しても意味をなさないからこそ，私たちは財務諸表や市場関連の数値を用いて企業の分析をおこなうわけです。たとえば，株主資本利益率（ROE：return on equity），売上高利益率，資産回転率などは，**財務分析**（financial analysis）で使われる代表的なツールです。また，株価純資産倍率（PBR：price book-value ratio）や株価収益率（PER：Price earnings ratio）などは，**証券分析**（investment analysis）で使われる代表的なツールです。

第7章からの示唆

本章では，そのときの株価で新株を発行しても株価に影響を与えないため，誰が新株を引き受けても既存株主に希薄化の損失を与えないことを説明してきました（時価発行）。これに対して，株価よりも低い価格で新株を発行する場合，公募増資や第三者割当増資は既存株主に希薄化の損失を与えます。また，株主割当増資は事実上の応募強制力を持つ点において，やはり望ましくありません。

したがって，大きな結論としては，企業が株式発行で資金調達をしたい場合，時価発行で増資するほうが望ましいことになります。かつては割引発行の株主割当増資（B③）が主流でしたが，現在はほぼ時価に近い発行価格での公募増資が主流となっています。つまり，そのときの「会員権価格」に近い条件で新しいメンバーを募るという，ごく常識的な方法に落ち着いたということです。

ただし，新聞記事等で「時価公募増資」という表現がされていても，厳密に時価発行の公募増資（A①）ではなく，実際には時価よりも低い発行価格で実施されることが多いため，実態的には割引発行の公募増資（B①）と言えます。したがって，現実的な物の見方としては，時価発行か割引発行かというよりも，どの程度の割引が許容されるのかという問題になります。

すでに説明したように，証券会社が引受（アンダーライティング）をする際，比較的低い価格で買取引受をしてから，それよりも高い価格で投資家に対して売出をおこなうのが通常です（参照7.1.）。株式を発行する企業の視点において，証券会社が比較的低い価格で買い取ることは割引発行の公募増資（B①）であることを意味します。証券会社は売れ残りのリスクを負担しており，それに見合った価格差（スプレッド）を取ろうとすることが背景にあります。

ところで，本章で説明してきた内容は，通常のファイナンス教科書では省略されたり，あるいは，ごく簡素に説明が済まされることが多いように思われます。また，どちらかといえば制度的な解説に終始する傾向があります。しかし，発行価格の違いが株価にもたらす影響，そして，そのことが株主の富に及ぼす影響は，ファイナンス理論を正しく理解するうえで非常に重要な知識になるというのが著者の見立てです。というのは，後ほど第12章で情報の非対称性が株価に及ぼす影響について論じますが，その際，本章で説明した希薄化の概念を応用的に用いることになるからです。

補論6

　割引発行の株主割当増資（B③）を説明するにあたって，本論では希薄化による株価下落を暗黙の裡に一定とみなした数値例で説明しましたが（参照7.6.），厳密には応募しない株主が存在することを原因として増資後の株価は変わってきます。結論としては，新株を引き受ける権利を放棄する非応募株主が損失を受けるだけではなく，それを原因として応募株主が利益を受けるという富の移転が発生します。

　なお，発行価格の割引率 b をゼロと置けば時価発行（ケースA）の場合も説明できますし（参照7.5.），新株への応募率 a を100％と置けば，全員が応募する場合も説明できます（参照7.6.）。いずれも，株主間で富の移転は発生しません。

【注】

1）　しかし，わが国の現在の会社法では，定款に株式の譲渡制限がない株式会社のことを「公開会社」と規定しており，従来からファイナンスの文脈で使われてきた「公開」とは異なる概念になっています。この点に限らず，たとえ同じ用語であっても，ファイナンスと会社法，会計学とでは意味が異なる場合があるので注意を要します。

2）　ファイナンス理論がどれほど論理的に正しい説明を与えても，人々がそれに反する考え方をするならば，実際の現象はファイナンス理論とは異なるものとなります。このあたりが社会科学に特有の難しさだと思われます。

MEMO

第7章 エクイティファイナンス

●学習のポイント

時価（現在の株価）よりも低い発行価格で株式発行を実施すれば株価は下落する（割引発行）。よって，外部の投資家に新株を割り当てれば，既存株主に希薄化の損失が発生してしまう。

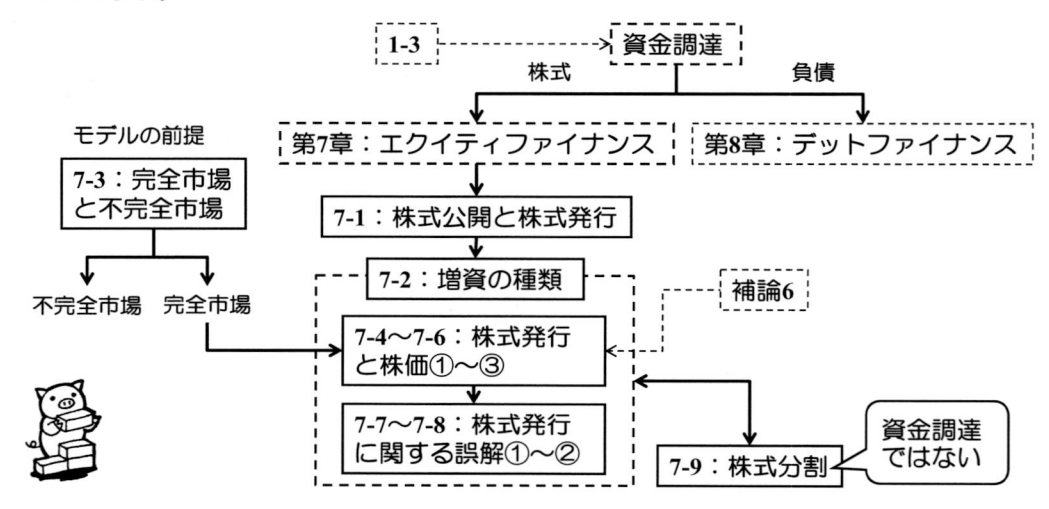

7-1 株式公開と株式発行

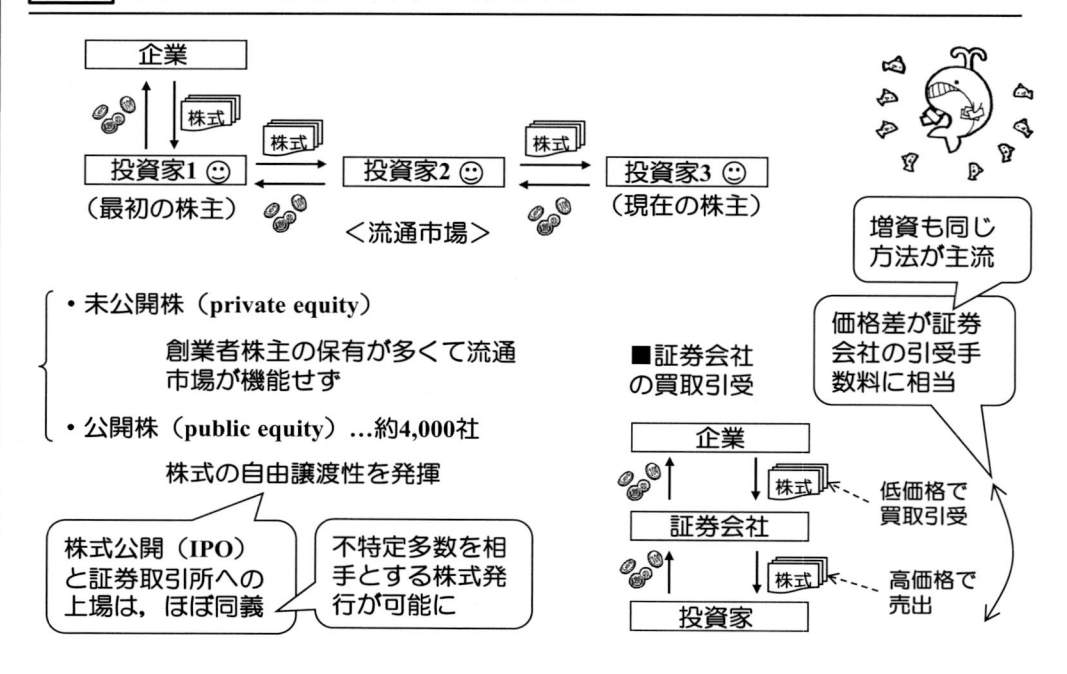

7-2 増資の種類

※発行価格による分類

（A）時価発行
　　　発行時の株価に設定

（B）割引発行
　　　発行時の株価よりも低く設定

> 新株の1株
> あたり払込金

> 2×3＝6
> 通りの組
> み合わせ

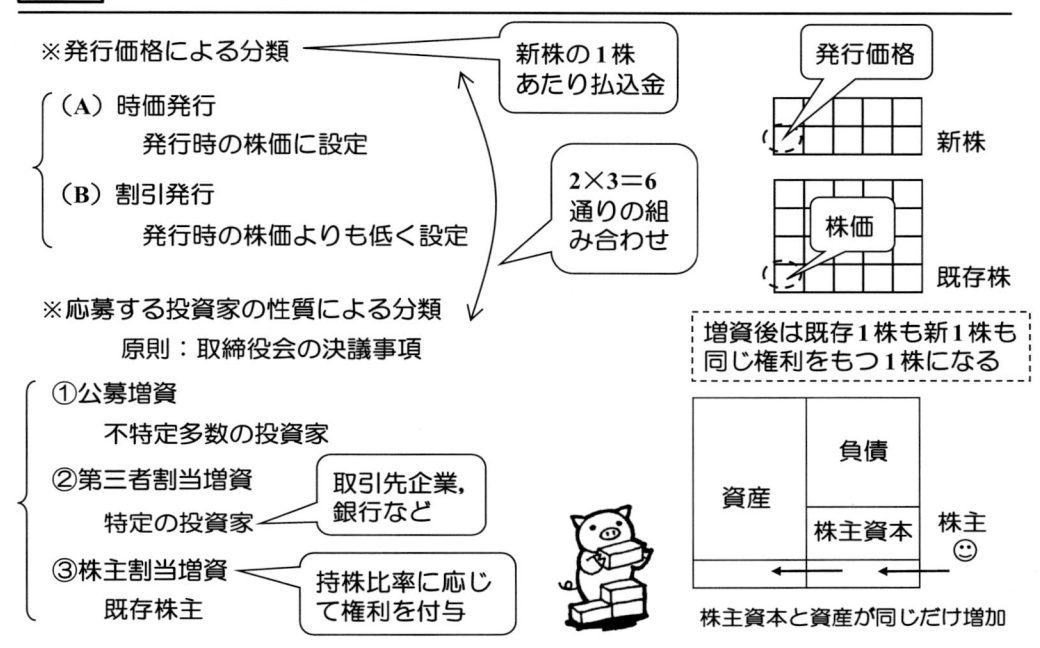

> 増資後は既存1株も新1株も
> 同じ権利をもつ1株になる

※応募する投資家の性質による分類
　　　原則：取締役会の決議事項

①公募増資
　　不特定多数の投資家

②第三者割当増資
　　特定の投資家

> 取引先企業，
> 銀行など

③株主割当増資
　　既存株主

> 持株比率に応じ
> て権利を付与

株主資本と資産が同じだけ増加

7-3 完全市場と不完全市場

> ファイナンス理論は，まずは<u>不完全要素</u>
> を無視した基礎的なモデルから考察

↑　完全市場（perfect market）

まずは単純な状況で共通認識を
固め，徐々に現実的な修正をほ
どこすのが経済学のスタンス

●市場の不完全要素

■税

■取引費用

■エージェンシー費用

> 株主・経営者間もしくは債
> 権者・株主間の利害対立

■情報の非対称性

> 経営者は株主よりも企業
> の実態をよく知っている

7-4 株式発行と株価①

※完全市場で考察

●時価発行

40℃の湯に40℃の湯を足してかき混ぜても，湯の温度は40℃のまま

◎新株10株　発行価格100

増資額1,000

◎既存株20株

増資前の株価100

株式価値
2,000

◎増資後30株

増資後の株価100

株式価値
3,000

●割引発行

40℃の湯にぬるい湯を足してかき混ぜると，湯の温度が下がるようなもの

◎新株10株　発行価格80

増資額800

◎既存株20株

増資前の株価100

株式価値
2,000

◎増資後30株

増資後の株価93

株式価値
2,800

1株あたり7の希薄化

7-5 株式発行と株価②

●時価発行

完全市場において，時価発行で増資しても株価は変わらない

わが国では，1968年に日本楽器が実施して以来，主流の方法

実際には数％程度の割引発行が通常で，それを時価発行と呼ぶ慣行

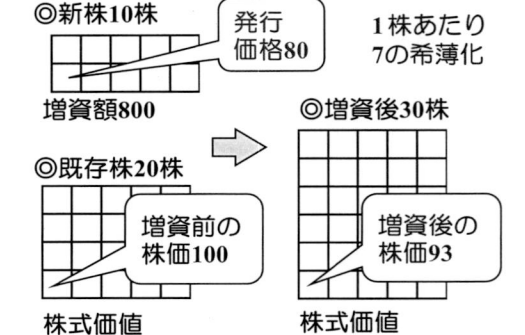

株式価値E

①増資前　発行価格　③資金調達

P_s

②株式発行

株価P

株式数N

株式価値E

④増資後

①～③のベクトルを合成

P　株価不変

株式数N

時価発行の増資で，外部の投資家が新株を引き受けても，既存株主にも新株主にも損得なし

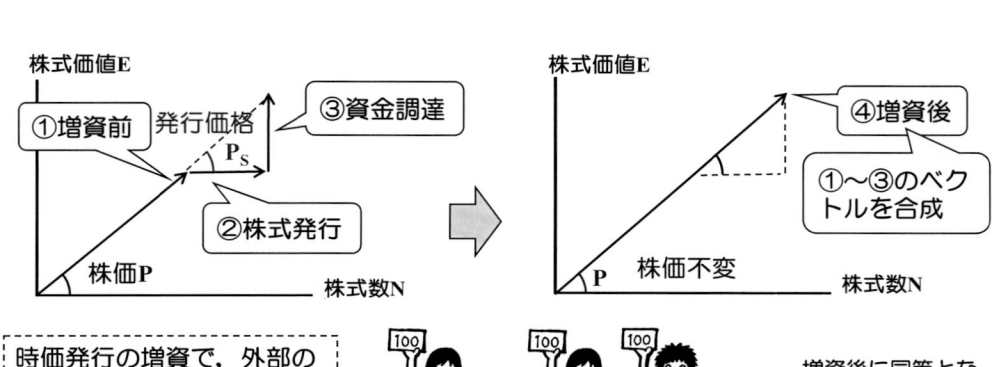

既存株主　新株主

増資後に同等となる所有権を新株主に現在の値打ちで売っているため

7-6 株式発行と株価③

●割引発行

たとえ完全市場でも，割引
発行で増資すれば株価は下
落（株価の希薄化）

2006年2月25日『日本経済新聞』

ゴールドマン・サックスなどを引受先と
する三洋電機の第三者割当増資。株主が
不満。新株の発行価格が時価の4分の1

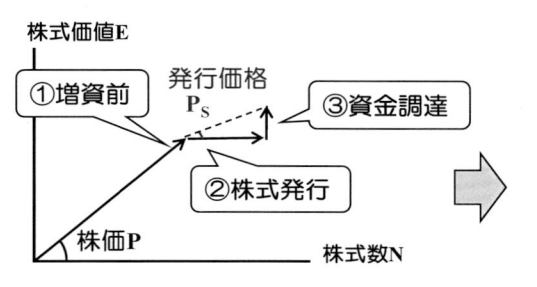

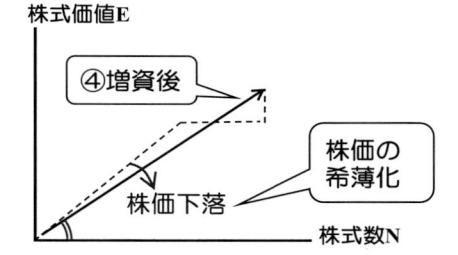

割引発行の増資で，外部の
投資家が新株を引き受ける
と，既存株主から新株主に
富の移転が発生

増資後に同等とな
る所有権を新株主
に安売りしている
ため

7-7 株式発行に関する誤解①

（例）投資プロジェクトと，そのための時価
発行の増資を同時に発表して株価上昇

【誤解】時価発行の増資が原因で株価上昇
【正解】投資プロジェクトが原因で株価上昇

2021年9月14日『日本
経済新聞』

料理宅配大手の出前館
が公募増資などで800
億円を調達。テレビ
CMなど広告宣伝費に
（株価は上昇）

●投資プロジェクト

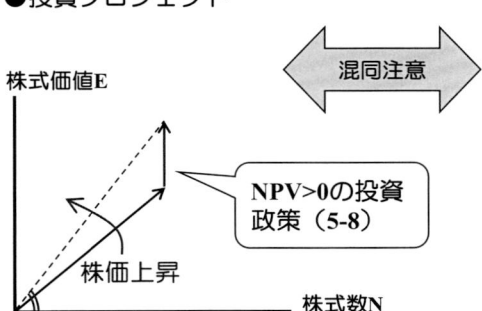

NPV>0の投資
政策（5-8）

混同注意

●時価発行の増資

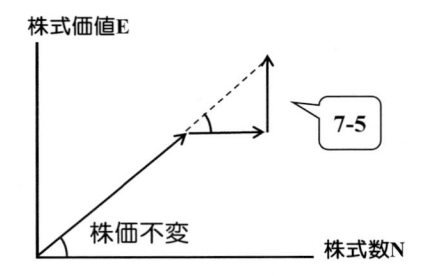

7-5

7-8 株式発行に関する誤解②

【誤解】増資をすると1株あたり利益の希薄化を
原因として株価下落

株価の希薄化とは
異なるので注意

P/L

費用	収益
利益	

1株あたり利益（EPS）
＝利益 ÷ 株式数

過去の利益ならば必
然的に低下だが，そ
れと株価とは無関係

将来の利益だとしても，
投資政策と混同しやすい

1株ベースで
株価を考える
誤解も背景に

話題の㊗ シャープ

1株利益の希薄化を懸念

増資で機関投資家が売り

2018年6月26日『日本経済新聞』

シャープは公募増資などで最大
2,162億円を調達すると発表。
1株あたり利益の希薄化を嫌気し
た機関投資家らの売りで株価が
下落したと解説

7-9 株式分割

●株式分割（stock split）

資金調達をせずに株式
数だけが増加

切れ目の数を増
やしているだけ

1株を小さく
するのが目的

株式分割をすれば株
価下落

（例）1：2の株式分割
ならば株価は2分の1に

全体が先，
部分が後（4-6）

株式価値E
②株式発行
①分割前
③分割後
P　株価下落
株式数N

【誤解】株価が
高いほうが優良
企業？

2005年9月27日
『日本経済新聞』

株価が逆転したと
いう内容

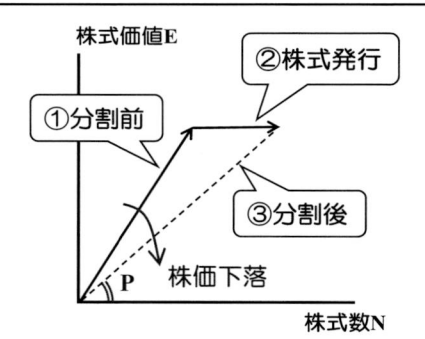

三菱電株 終値729円
日立の株価上回る

（例）P＝E÷N

・三菱電機
　729円＝約1.6兆円÷約22億株

・日立製作所
　703円＝約2.4兆円÷約34億株

株価を比較しても
無意味だからこそ，
財務分析や証券分
析が必要

※ 補論6

増資前の株価をP_1，増資後の株価をP_2，増資前の既存株数をN，新株数をΔN，新株の発行価格の割引率をbとすると…

$$P_1 N + P_1(1-b)\Delta N = P_2(N + \Delta N)$$

これを解くと…

$$P_2 = \frac{N + (1-b)\Delta N}{N + \Delta N} P_1$$

株価の希薄化の大きさは…

$$P_1 - P_2 = \frac{P_1 b \Delta N}{N + \Delta N}$$

既存株主は増資後もN株を保有すると前提すれば，希薄化の損失は…

$$\frac{P_1 b \Delta N}{N + \Delta N} N \qquad …①$$

新株主は増資後にΔN株を保有するので，希薄化の損失は…

$$\frac{P_1 b \Delta N}{N + \Delta N} \Delta N \qquad …②$$

一方，新株主の割引購入の利益は…

$$P_1 b \Delta N \qquad …③$$

③から②を引くと，新株主の純利益は…

$$\frac{P_1 b \Delta N}{N + \Delta N} N \qquad …④ \quad \text{①と同じ}$$

既存株主の損失の分だけ，新株主は利益を受ける（富の移転）

※　時価発行ならば$b=0$で，富の移転は発生せず

第**8**章 デットファイナンス

本章では負債（debt）を形づくる**デットファイナンス**（debt finance）を取り扱い，利子率の期間構造や期間対応の原則を説明します。主な論点は，利子の節約と返済の資金繰りの安全性です。通常，長期利子率のほうが短期利子率よりも高くなります。利子の負担と返済の資金繰りのリスクを考慮に入れて，長期（短期）の必要額は長期（短期）で調達するのが原則です。

8.1. 負債の種類

すでに第1章で基礎的な解説を行っていますが，企業にとって負債は返済義務がある資金源であり，資金提供者である債権者に対しては，その対価として利子を支払う必要があります（参照1.4.）。以下では，デットファイナンスの主要な手段として，債券発行，銀行借入，仕入債務の3つを解説します。

第一に，**債券発行**（bond）は，元本の返済と利子の支払いを約束して譲渡可能な債権を発行する手法です。第1章で説明したように，企業は各期の**債券保有者**（bondholder）に対して利子を支払い，満期（返済期日）に約束された金額を償還（返済）します（参照1.7.）。しかし，数のうえで圧倒的に多い未公開企業は，次に説明する銀行借入に強く依存せざるを得ません。知名度が高くない中小企業にとって債券を発行することは簡単ではありません。

第二に，**銀行借入**（loan）ですが，必要なとき比較的迅速な資金調達ができるため，短期の資金繰りに利用されます。わが国の実態は必ずしもそうではないのですが，教科書的に述べると，長期の負債は機動性に乏しい債券発行，短期の負債は機動性が高い銀行借入を使うのが基本的な使い分けとなります。単なる借用証書には流通市場が存在しませんので，証券化によって譲渡可能とするのでもないかぎり，貸し手である銀行と借り手である企業との関係は返済を迎えるまで続きます。

第三に，**仕入債務**（trade payable）ですが，これは債券発行や銀行借入のような金融市場を通じて調達する**金融負債**（financial debt）ではなく，事業活動（ビジネス）から生じる負債です。したがって，**事業負債**（operating debt）と呼ばれることもあります。たとえば，タコ焼き屋の例で言えば，材料であるタコを売ってくれた魚介類販売業者に対してただちに現金で支払うのが最も単純な決済ではありますが，相手が認めてくれるならば仕入代金の決済を将来に延期することができます。支払を待ってもらっている期間中，実質的に企業間でカネの貸し借りをしていることになるので，これを**企業間信用**（trade credit）と呼びます。将来に代金を支払う義務を仕入債務と呼び，この債務を手形で負っている場合は**支払手形**（bills payable），そうでない場合を**買掛金**（accounts payable）と呼びます。

8.2. 債券発行

　債券には利子を支払う方法に関して２種類のタイプがあり，そのうち**利付債**（coupon bond）は毎期そのつど利子を支払う債券です。券面には額面金額（満期に返済すべき償還額）が記されていますが，これとは別に**クーポン**（利札）が付いています。額面金額に対する利子の割合を**クーポン利率**（表面利率）と呼びますが，最も基本的なタイプである**固定利付債**（fixed rate bond）の場合，いったん発行時に決まれば最後まで変更されることはありません。

　たとえば，額面金額100万円，３年満期，クーポン利率5％，利払いが年１回の債券の場合，債券保有者は毎期１枚ずつクーポンを切り離して，受け取るべき利子５万円（＝100万円×5％）と交換します。発行の３年後には満期を迎えますので，額面金額100万円が償還されます。どのような理由か，いつしか受け取る利子のほうもクーポンと呼ばれるようになったため，紛らわしくなっていますが，本来，クーポンは利札を意味する言葉です。

　これに対して，**割引債**（zero-coupon bond）は毎期そのつど利子を支払わない債券です。単刀直入に言えば，クーポン（利札）が付いていない債券です。これだけで説明を終わらせてしまえば，利子を受け取れない不利な投資対象だと誤解されるでしょう。そうではなく，単に毎期の利払いがないだけのことで，資金調達と償還の差額のなかに利子が織り込まれています。

　たとえば，額面金額100万円，３年満期，発行価格90万円の債券があるとしましょう。このとき，投資家が比較的低い90万円で購入した債券が，満期には比較的高い100万円で償還されます。つまり，価格差の10万円が３年分の利子に相当するのです。発行価格90万円は，額面金額100万円よりも利子相当分だけ「割り引かれて」います。

8.3. 利子率の期間構造①

　第２章で説明したように，**利子率**（interest rate）は利子の元本に対する割合です。より一般的な収益率という用語を本書では多用してきましたが，ここでは考察の対象がデットファイナンス（負債）であるため，利子率という用語が使われます。

　本書はここまで説明の簡単化のために１種類の利子率だけを想定してきましたが，実際には異なる期間に応じて複数の利子率があります。まず，**スポットレート**（spot rate）とは，現在と将来の２時点をつなぐ利子率のことです。借入が時点０（現在），返済が時点 n（将来）とすれば，時点０〜nの利子率を S_{0n} と表現できます。簡単化してすべて１年区切りで考えるならば，いわば n 年契約に適用される１年あたりのレンタル料です。これに対して，**フォワードレート**（forward rate）とは，将来と将来の２時点をつなぐ利子率のことです。借入が時点 n－1（将来），返済が時点 n（将来）とすれば，時点 n－1〜nの利子率を $F_{n-1,n}$ と表現できます。これも１年あたりのレンタル料です。

8.4. 利子率の期間構造②

　では，資金調達の期間とスポットレートの間にはどのような関係があるのでしょうか。**イールドカーブ**（yield curve）とは，横軸を返済までの期間，縦軸をその期間に適用されるスポットレートとして描いたものであり，利回り曲線とも言われます。代表的な３つの形状として，右上がりならば**順イールド**，水平ならば**フラット**，右下がりならば**逆イールド**と呼ばれます。例外はありますが，通常

は順イールドになることが知られています。これは長期利子率が短期利子率よりも高くなることを意味しています。たとえば，2年間借り入れる場合のスポットレートS_{02}が，1年間借り入れる場合のスポットレートS_{01}よりも高くなる状況です。

　イールドカーブの形状を説明するための理論は，**利子率の期間構造**（term structure of interest rates）と呼ばれます。最も基本的な考え方である**純粋期待仮説**（pure expectations hypothesis）によると，長期利子率は将来の短期利子率に関する投資家の期待（予想）だけで決まります。より具体的に述べると，長期利子率はその期間にまたがる短期利子率の幾何平均と同じになると言うのです。たとえば，現在に借りて1年後に返済する短期利子率（S_{01}）を4%，1年後に借りて2年後に返済する短期利子率（F_{12}）を6%とした場合，現在に借りて2年後に返済する長期利子率（S_{02}）はおおよそ5%になります。なぜなら，$(1 + S_{02})^2 = (1 + S_{01})(1 + F_{12})$という関係が成立するからです。この数値例がそうであるように，イールドカーブが右上がりになるとすれば（順イールド），それは短期利子率が将来高くなると予想されているからであると純粋期待仮説は説明します（$S_{01} < F_{12}$）。

　もし長期利子率が短期利子率の幾何平均と釣り合っていなければ，均等化するまで需給が調整されるはずで，これを**裁定**（arbitrage）と呼びます。もし長期利子率（S_{02}）が割高ならば，数多くの企業が短期調達の更新を選ぶので，需要圧力によって短期利子率（S_{01}とF_{12}）が上昇します。逆に，短期利子率（S_{01}とF_{12}）が割高ならば，数多くの企業が長期調達を選ぶので，需要圧力によって長期利子率（S_{02}）が上昇します。結局，両者が釣り合う均衡状態まで調整されるでしょう。電車のたとえ話をすると，乗り継ぎなしの乗車料金と，2つの区間を乗り継いだときの乗車料金を比べたとき，乗客は安いほうに集中しますので，結局は乗り継いでも，乗り継がなくても同じになるような料金体系に落ち着くだろうということです。

　純粋期待仮説が妥当だとすれば，いったん資金を必要とする期間が決まりさえすれば，それを長期調達で賄っても，短期調達の更新で賄っても，イールドカーブの形状に関係なく利子の負担は同じにしかなりません。逆に言えば，そうなるように各期のスポットレートとフォワードレートが決まっていることになります。少なくとも利子の節約を論点として，長期調達で借りるか，短期調達の更新で借りるかで悩む必要はないことになります。

　これに対して，**流動性プレミアム仮説**（liquidity premium hypothesis）によると，投資家に長期運用をさせるためには追加的な報酬（プレミアム）が必要であるため，短期利子率よりも長期利子率のほうが高くなると説明されます。投資家はできるだけ短期運用をしたがると想定されているので，あえて長期運用をしてもらうためには，短期利子率の幾何平均だけでは不十分であり，流動性プレミアムを上乗せした水準の長期利子率でなければなりません。イールドカーブが右上がりになるとすれば（順イールド），それは期間が長くなるほど利子率の上乗せが高くなるためであると流動性プレミアム仮説は説明します。

　流動性プレミアム仮説が妥当だとすれば，順イールドの場合，短期調達の更新を選ぶほうが，長期調達よりも利子の負担を軽くできます。たとえば，現在に借りて1年後に返済する短期利子率（S_{01}）が4%，1年後に借りて2年後に返済する短期利子率（F_{12}）も4%だったとしましょう。この場合，先の純粋期待仮説の下では，現在に借りて2年後に返済する長期利子率（S_{02}）も4%に落ち着くはずです（フラット）。ところが，流動性プレミアム仮説の下では，たとえば5%といった具合に，あえて

長期で運用してもらうための代償として1%のプレミアムが上乗せされるのです（順イールド）。再び電車のたとえ話をしますが，乗り継がなくて済むという快適さは乗客に利便性をもたらすので，2つの区間を乗り継いだときの乗車料金より割高であっても，需要があるということです。つまり，乗り継ぐ必要がないという利便性に対してプレミアムが付くのです。

　もっとも，投資家ができるだけ短期運用をしたがる根拠に関して，流動性プレミアム仮説の中にもいくつかのバージョンがあります。第一に，長期運用の場合はいったん投資した資金が長期間にわたって拘束されるため，他の有利な投資機会を失うことが挙げられます。第5章でも述べたように，他の資産への転換が容易であるために現金・預金は最も流動性が高いのですが（参照 5.9.），投資することはあえて流動性を失うことを意味しています。

　第二に，債券の買い手がなかなか見つからないとか，見つけるための妥協として低い価格で売却せざるを得ない場合もあり得ます。前述の第一の論点に関連しますが，債券の場合は途中で売却できますので，一見すると満期までの残存期間が長くても支障にならないようにも思えます。しかし，売買が容易でないとか，余計な取引費用が発生することも，ある意味で流動性の低さであり，その不便に対して報償を要求する理屈です。

　第三に，残存期間が長い債券ほど価格変動リスクが高いので，その代償として利子率にプレミアムを上乗せするという捉え方もあります（**期間プレミアム**）。本書では詳細な説明を割愛しますが，債券の価格変動リスクは**デュレーション**（duration）という概念に関係しています[1]。後ほど説明しますが（参照 8.5.），最終利回りが高くなると債券の価格は下落するという関係があります。他の条件を一定とすると，満期までの残存期間が長くなるほど，最終利回りの変化に対する債券価格の変動幅は大きくなるのです。なお，この考え方には**期間プレミアム仮説**（term premium hypothesis）という名前を付けたほうが理解しやすいのですが，流動性プレミアム仮説の一種と位置づけて説明されることが多いです。

8.5. 債券の価格

　理論上，将来のすべての利子と償還額（額面金額）の現在価値を合計することによって債券価格が決まります。株式の場合はどの1株も均質ですが，債券の場合は発行のタイミングによって条件がまったく異なりますから，個別性が非常に強い金融商品です。あたかも株式のように，負債価値を発行枚数で割って債券価格を導き出すという要領で考えるわけにはいきません。

　まずは利付債の場合ですが，たとえば，満期3年，年1回の利払い，額面100万円，クーポン利率3%としましょう。額面100万円に対して毎期3万円の利子が支払われることになります。これらの現在価値を合計したものが利付債の理論価格です。その際，1年後の利子は時点0～1のスポットレート S_{01} を，2年後の利子は時点0～2のスポットレート S_{02} を，3年後の利子と償還額は時点0～3のスポットレート S_{03} を使って現在価値を計算することになります。

　これに対して，割引債の場合，単にクーポン利子の箇所にゼロを代入すればよく，利子の項はすべて消えます。それでも償還額がゼロではないため，割引債の理論価格はプラスの値になります。したがって，利付債と割引債をそれぞれ異なる価格式で憶えておく必要はないと言っておきましょう。

　ただ，割引債の価格から出発して利付債の価格を説明する逆方向の流れのほうが，実を言うとファ

イナンス理論的には筋の良い順序となります。というのは，満期の異なる割引債をいくつも組み合わせてポートフォリオを作ると，実質的に利付債と同じものを作り出せるからであり，どちらも同じ価格になるはずだという裁定（アービトラージ）の考え方が背景にあるからです。

ところで，各期で異なるスポットレートを用いて債券の価格が決まってしまえば，今度はその債券の価格を所与として，**最終利回り**（YTM：yield to maturity）を計算することができます。第6章で投資決定の判断基準を論じた際，内部収益率（IRR）という概念を説明しました（参照6.3.）。最終利回り（YTM）とは，債券を満期まで保有した場合に得られる利子・償還額から内部収益率（IRR）を導き出したものです。つまり，本当はデコボコのパターンであるにもかかわらず，あたかも毎期一定でキャッシュフローを生み出すかのようにならしたうえで，債券投資からの収益率が何%であるのかを認識するのです。

さて，ここまで利子・償還額や最終利回りを説明してきましたが，これらの条件が変化すれば債券の価格が変動するであろうことは容易に想像がつくところでしょう。すでに述べたように，最も基本的なタイプである固定利付債の場合，あらかじめクーポン利子が決まっていて変更されることがありません。満期の償還額も変化しませんので，債券の価格は最終利回りに応じて変動することになります。つまり，分子は変わらずに分母だけが変化するということです。具体的に述べると，最終利回りが下落すれば債券価格は上昇する一方，最終利回りが上昇すれば債券価格は下落するという，逆行関係になります。

8.6. 債券の格付け

債券に限った話ではありませんが，企業がきちんと利子の支払いや元本の返済をおこなわないことがあり，これを**債務不履行**（default）と呼びます。また，債務不履行の確率がゼロではないことを踏まえて，貸し付けたカネが戻ってこない危険性のことを**信用リスク**（credit risk）と呼びます。もちろん，企業が債務不履行を起こせば，債券保有者にとっては大きな損失となります。よって，債券を購入する際は信用リスクを把握しておくことが重要です。とはいえ，一般の投資家が自分自身で債務不履行の確率を推計することは非常に困難であり，おおよそ現実味がありません。

そこで，**格付機関**（credit rating agency）と呼ばれる専門の業者が元利金の支払いの確実性を測定し，誰にでも理解できる簡単な記号で評価するようになりました。歴史的には，1909年に米国のムーディーズ社が鉄道会社の債券に**格付け**（credit rating）を与えたのが最初です。初期の段階で格付けの重要性はそれほど認識されていませんでしたが，1929年の株価大暴落から始まる大恐慌において，高格付け債ほど債務不履行に陥った事例が少ないことが判明しました。そのことから債券の格付けは投資家からの信頼を確保するに至り，米国では1930年代に定着しています。

債務不履行の確率が高くなるほど，その債券は格付けが低くなります。CよりもB，BよりもAの評価が高く，重ねる文字数が多いほど格付けは高くなります。あたかも高級レストランに与えられる三つ星，二つ星みたいなものです。このように，一般の投資家は自分自身で財務分析をしなくても，簡単な記号で債務不履行の確率が高いか低いかを認識することができるようになりました。

参考までに，機関投資家の自主ルールとしてAAA，AA，A，BBBまでが投資適格債である一方，BB，B，CCC，CC，Cはジャンク債という位置づけになります。語源としてジャンクは「くず」で

あり，債務不履行の可能性が高いことを意味しています。わが国での有名な事例ですが，2001年9月にマイカル（旧・ニチイ）の経営が破綻し，合計31本の社債が3,500億円の債務不履行を起こしています。海外のS&P社やムーディーズ社といった格付機関は，発行時からジャンク債と評価していました。

債券の格付けが低くなるほど，それに見合った**信用スプレッド**（credit spread）が上乗せされ，最終利回りは高くなります。つまり，債務不履行の確率が高い債券ほど期待収益率は高くなるということです（高リスク・高期待収益率）。株式と同様，債券の場合もベータ係数（β）を用いて市場関連リスクを認識することができます（参照3.6.）。よって，無リスク利子率にリスクプレミアムを合計したものが債権者の要求収益率 k_D になります。しかし，債券の場合，債務不履行の確率に応じた**デフォルトプレミアム**（default premium）をさらに上乗せするところが株式との違いになります[2]。もっとも，リスクプレミアムとデフォルトプレミアムを明確に区別することは難しく，明らかに本書が取り扱うレベルを超えています。類書がそうであるように，本書でも無リスク利子率に信用スプレッドを上乗せしたものが最終利回りになるという説明の仕方にとどめておくことにします。

債券の格付けが低い企業は，投資家に対して高い利子率を提示しなければ，そもそも債券発行ができません。信用スプレッドが大きくなるほど利子の負担が重くなるため，企業にとって不利な発行条件となります。たとえば，額面100万円の利付債を発行する企業があったとします。無リスク利子率は1%ですが，上乗せされる信用スプレッドが7%だとしましょう。このときクーポン利率は8%に設定され，企業にとっては毎期8万円ずつの利子負担が生じます。これとは別の企業があったとして，同じような条件の債券を発行したがっており，信用スプレッドが3%だったとしましょう。この企業は毎期4万円ずつの利子で済みますので，資金調達に要する費用はかなり異なっています。

8.7. 期間対応の原則①

第1章で説明したように，貸借対照表（B/S）の右側は株主資本と負債である一方，左側は資産であり，大きく3種類に区分されます。しかし，どのぐらい容易に現金化できる資産であるかという観点から，あるいは，返済を要する期日までにどのぐらいの時間が残されているかという観点から，より細かく5種類や7種類に区分することもできます。ここで論点になっているのは，負債で調達した資金の返済に関する資金繰りです。どのような資産，負債をどのようなバランスで持っているのかによって，企業の資金繰りリスクは異なってきます。以下では，**流動性配列法**にもとづく貸借対照表（B/S）の区分について，それぞれ詳細に説明していくことにしましょう。

第一に，**流動資産**（current assets）は，現金化しやすい資産であり，短期の運用になります。おおむね1年以内に現金化できる資産と考えればよいでしょう。流動資産が多いほうが資金繰りは楽になります。なぜなら，短期的に現金化できる分，借りている資金の返済に使いやすいからです。しかし，現金化の容易さの程度に違いがあるので，流動資産をさらに3つに分けることに大きな意味があります。以下では，やや多めに紙幅を割いて説明していきます。

まず，**棚卸資産**（inventories）は販売活動をおこなわなければキャッシュの回収に近づかないため，やや流動性に劣る資産です。例として，タコ焼きを生産・販売するメーカーで事業活動（ビジネス）の流れを説明することにしましょう。企業はカネを費やして材料を仕入れ，生産の段階になれば工場

に運びます。生産プロセスの途中にあるものを仕掛品と呼び，完成したものを製品と呼びます。これらの材料，仕掛品，製品を棚卸資産と総称します。例で言えば，タコ（材料）が，作りかけのタコ焼き（仕掛品）になり，冷凍タコ焼き（製品）になるまでの状況に対応しています。資金繰りの観点で言えば，最初に費やしたカネがモノ（在庫品）の形で寝てしまっている状況と言えるでしょう。

　次に，**売上債権**（trade receivable）はすでに販売活動を終えた段階の資産であるため，流動性は棚卸資産よりも高くなります。しかし，製品が売れたとしても，販売先からすぐにキャッシュを受け取れるとは限りません。支払を待ってあげたとすれば，売上代金を回収できるのはしばらく後になります。企業間信用を与える側から見て，代金を受け取る権利を売上債権と呼び，この債権を手形で保有している場合は**受取手形**（bills receivable），そうでない場合を**売掛金**（accounts receivable）と呼びます。例で言えば，冷凍タコ焼きを買ってくれたスーパーマーケット業者から手形を受け取って（あるいは，売掛金に計上して），支払いを待つまでの状況に対応しています。資金繰りの観点で言えば，最初に費やしたカネが手形等の形で寝てしまっている状況と言えるでしょう。

　最後に，**手元流動性**（liquidity on hand）とは現金・預金または有価証券（短期）であり，キャッシュそのもの，もしくは，すぐに現金化できるものです。どれほど棚卸資産や売上債権が多くても，業績が不振の企業であれば資金繰りが楽であるとは言えません。カネは決済手段になりますが，モノはそうではないからです。例で言えば，冷凍タコ焼きを販売して回収したカネでネギや卵を買うことはできますが，販売前の冷凍タコ焼きを使ってネギや卵を買うことはできません。また，どれほど受取手形や売掛金が多くても，取引先が支払ってくれるとか，銀行が買い取ってくれたりしなければカネを回収できず，貸し倒れになるリスクもあります。資金繰りの観点から言えば，ここで説明している3種類の流動資産のうち，手元流動性こそが最も安全な資産であると言えます。とはいえ，業績が好調ならば商品は順調に売れるため，棚卸資産や売上債権は問題なくキャッシュになって戻ってきます。このように考えると，事業活動（ビジネス）が好調であることが，いかに資金繰りにとって重要であるかを理解することができます。

　第二に，**固定資産**（fixed assets）は，そもそも現金化を予定していない類の資産であり，長期の運用になります。たとえば，設備投資で得られた工場，機械などは固定資産です。事業活動（ビジネス）のために長期にわたって使用するものですから，本来であれば借りている資金の返済に充てる性質のものではありません。固定資産を売却しなければ返済の原資を確保できない状況であるとすれば，その企業の資金繰りはかなり苦しいものであると言わなければなりません。

　第三に，**流動負債**（current liabilities）は，返済の期限が1年以内である短期の負債です。たとえば，支払手形，買掛金，満期までが1年以内の債券，銀行からの短期借入金などです。負債の全体的な大きさを所与とすれば，流動負債が多いほうが資金繰りは苦しくなります。なぜなら，差し迫って返済を求められている分，これに充てる資金を早いうちに用意する必要があるからです。

　第四に，**固定負債**（fixed liabilities）は，返済の期限までに1年超の余裕がある長期の負債です。たとえば，満期までが1年超の債券，銀行からの長期借入金などです。負債の全体的な大きさを所与とすれば，固定負債が多いほうが資金繰りは楽になります。なぜなら，返済を求められるまでに時間的余裕があるため，差し迫って資金を用意する必要がないからです。

　第五に，**株主資本**（equity）は，株主からの出資金です。貸借対照表（B/S）の右側の大きさを所与と

すると，株主資本は多いほうが資金繰りは楽になります。なぜなら，そもそも返済を必要としない資金調達源だからです。より本質的に述べると，株主資本は株式会社の所有者たちによる自己資金です。

　以上を踏まえると，流動負債よりも流動資産が大きければ，そうでない場合と比べて返済の資金繰りには余裕があると言えます。なぜなら，1年以内に返済しなければならない負債よりも，1年以内に現金化できそうな資産のほうが大きいからです。逆に，流動負債よりも流動資産が小さければ，そうでない場合と比べて返済の資金繰りは苦しいと言わなければなりません。なぜなら，1年以内に返済しなければならない負債に対して，部分的であるにせよ，現金化の予定がない資産が金額的に対応しているからです。

8.8. 期間対応の原則②

　企業の事業活動（ビジネス）に要する資金のうち，どの程度を長期調達（株主資本と固定負債）で確保すべきでしょうか。必要な資金量は棚卸資産の水準に依存しますので，企業の成長を前提とすれば右上がりに推移すると想定されます。また，棚卸資産には季節変動があるため，波状に推移すると想定されます。たとえば，ケーキの販売はクリスマス直前に繁盛期を迎えるため，他の季節と比べて極端に多く生産しなければなりません。よって，ケーキ屋は12月にかなり多くの資金を必要とします。しかし，他の季節はまったくそうではありません。

　結論を先に述べると，基本的な考え方は**期間対応の原則**（maturity-matching principle）であり，設備投資などの長期的な必要額（固定資産）は長期調達（株主資本と固定負債）で対応する一方，在庫投資や企業間信用などの短期的な必要額（流動資産）は短期調達（流動負債）で対応します。このように，期間対応の原則（マッチング）にもとづいた資金調達であれば，ケーキ屋の例で言うと，冬は必要額が多いために長期調達だけでは資金不足となり，これを補うために短期調達を組み合わせることになります。

　すでに説明したことに関連しますが，1年以内に返済しなければならない流動負債で設備投資を賄うと，現金化の予定がない資産が金額的に対応するため，返済の資金繰りリスクが高くなってしまいます。その点，1年以内に返済しなければならない流動負債で在庫投資や企業間信用を賄っても，1年以内に現金化できそうな資産が金額的に対応するため，返済の資金繰りリスクはそれほど高いとは言えません。

　もう少し踏み込んで結論を先に述べると，季節変動に関係がない**恒常的流動資産**は短期調達ではなく，むしろ固定資産と同じように長期調達で賄うほうがよさそうです。それ以外の**変動的流動資産**は短期調達で賄うのが適切でしょう。ここまで考慮に入れると，期間対応の原則（マッチング）は緻密なものとなります。

　恒常的流動資産は，ケーキ屋の12月以外の平常時における在庫投資を思い浮かべると理解しやすくなります。この場合，調達した資金を用いて在庫投資をおこない，その在庫投資のおかげでケーキ製造・販売ができて，やがて消費者から売上代金を回収できます。回収できた売上代金を再び在庫投資に充てれば，そのおかげで次のケーキ製造・販売ができます。以下同様のプロセスをたどるので，いわば自律的にカネがまわって季節変動に左右されない安定的な在庫水準を維持していくことになります。消費者から回収した売上代金を次の在庫投資にまわすのですから，借りた資金の返済原資とは

なり得ず，プロセスの最初は長期調達であるべき理屈となります。

変動的流動資産は，ケーキ屋の12月期に限った在庫投資を思い浮かべると理解しやすくなります。この場合，調達した資金を用いて追加的な在庫投資をおこない，その在庫投資のおかげで繁忙期のケーキ製造・販売ができて，やがて消費者から売上代金を回収できます。しかし，在庫投資の多さは繁忙期に限った例外なので，回収できた売上代金を次の閑散期の在庫投資に充てると過剰になってしまいます。よって，これを借りた資金の返済原資に充てます。そうである以上，プロセスの最初は短期調達であるべき理屈となります。

8.9. 期間対応の原則③

ところで，長期調達が多すぎると，短期的な必要額まで長期調達で対応することになるため，慢性的な資金余剰になってしまいます。そうなると，本来は必要がない余剰資金を何らかの金融商品で短期運用しなければならない時期が一年中となります。すでに説明したように，利子率の期間構造において順イールドとなることが通常ですから（参照 **8.4.**），調達面で割高な利子を支払いながら，運用面で割安な利子を受け取る逆ザヤになるでしょう。一方において，長期調達が多ければ返済の資金繰りは楽になります。要するに，期間対応の原則（マッチング）よりも多めの長期調達は，資金繰りリスクが低いかわりに，利子の負担は大きくなるので収益性は低くなります。

かといって，長期調達が少なすぎると，長期的な必要額まで短期調達で対応することになるため，慢性的な資金不足になってしまいます。そうなると，一年中いつでも短期調達をしなければなりませんが，これは1年以内に返済を要する流動負債です。よって，そのつど返済して借り直すという短期調達の更新（**ロールオーバー**）で乗り切ることになります。その際，借り換えができないリスクがあります。しかし，順イールドが通常なので，短期調達が多めであることは利子の負担を小さくするでしょう。要するに，期間対応の原則（マッチング）よりも少なめの長期調達は，資金繰りリスクが高いかわりに，利子の負担は小さくなるので収益性は高くなります。

第8章からの示唆

満期までの残存期間が長くなるほど流動性プレミアムが上乗せされるならば，短期利子率よりも長期利子率のほうが高くなります。そのため，資金が必要となる期間を所与としたとき，短期調達の更新（ロールオーバー）でつなぐほうが利子の節約にはなります。しかし，固定資産や恒常的流動資産にまで短期の資金調達を割り当てると，返済の資金繰りリスクは高くなってしまいます。結局のところ，期間対応の原則（マッチング）にしたがって，長期的な必要額には長期調達，短期的な必要額には短期調達で対応するのが基本線となります。

【注】

1）デュレーションについては，岩壷（2023）の解説が非常にわかりやすいと思います。

2）デフォルトプレミアムについて説明した教科書はほとんどありませんが，著者自身は Sharpe, Alexander and Baily（1995）や Elton and Gruber（1995）を参照しています。

第8章 デットファイナンス

●学習のポイント

負債による資金調達は，債券発行，銀行借入，仕入債務が代表である。通常，長期利子率のほうが短期利子率よりも高い。資金繰りのリスクと利子の負担を考慮に入れて，長期（短期）の必要額は長期（短期）で調達するのが原則的な考え方である。

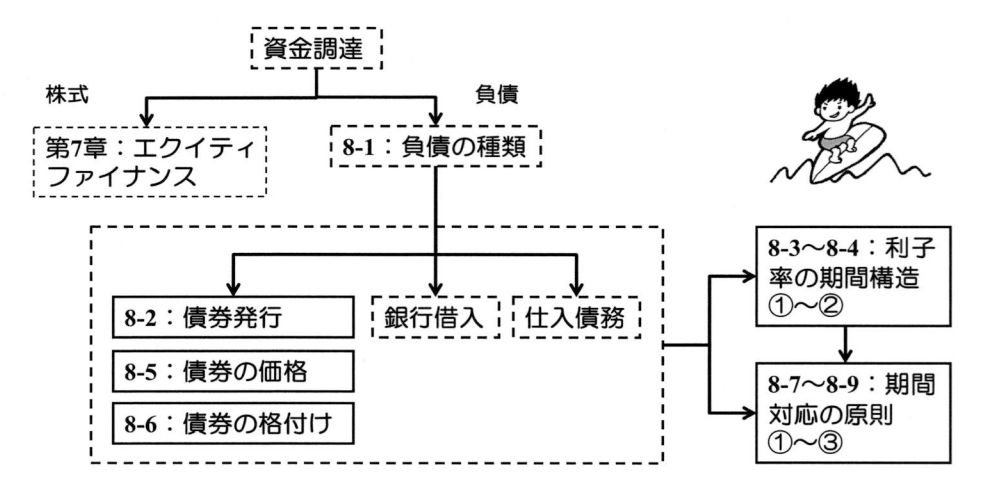

8-1 負債の種類

●債券発行（1-7）

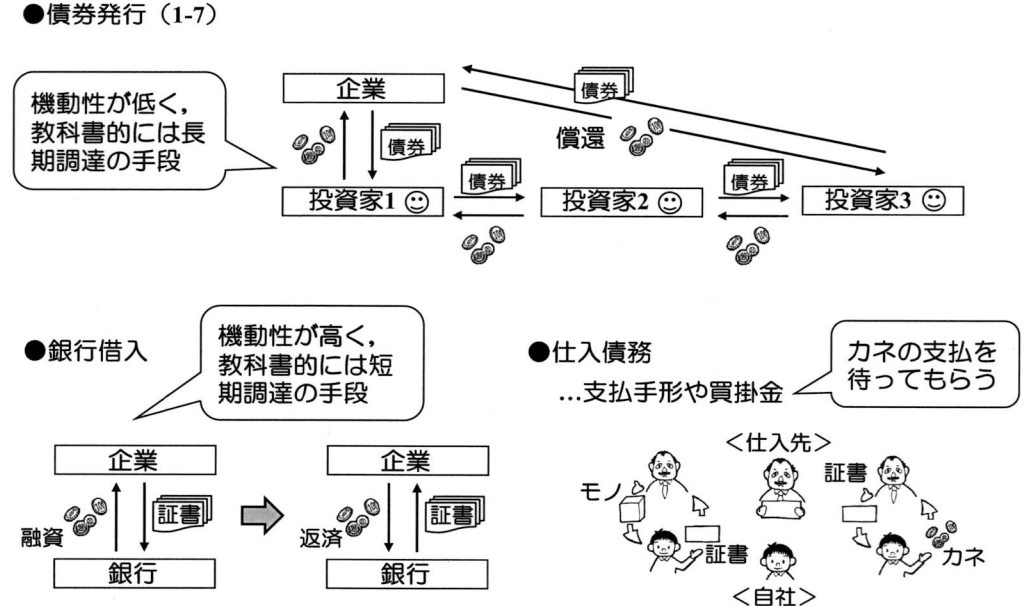

8-2 債券発行

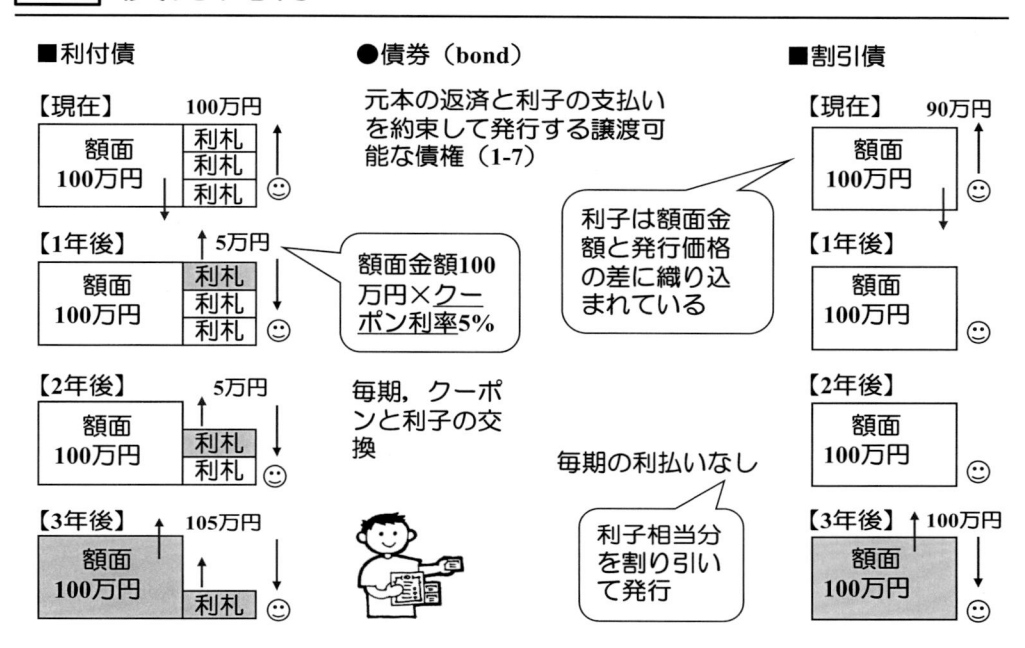

8-3 利子率の期間構造①

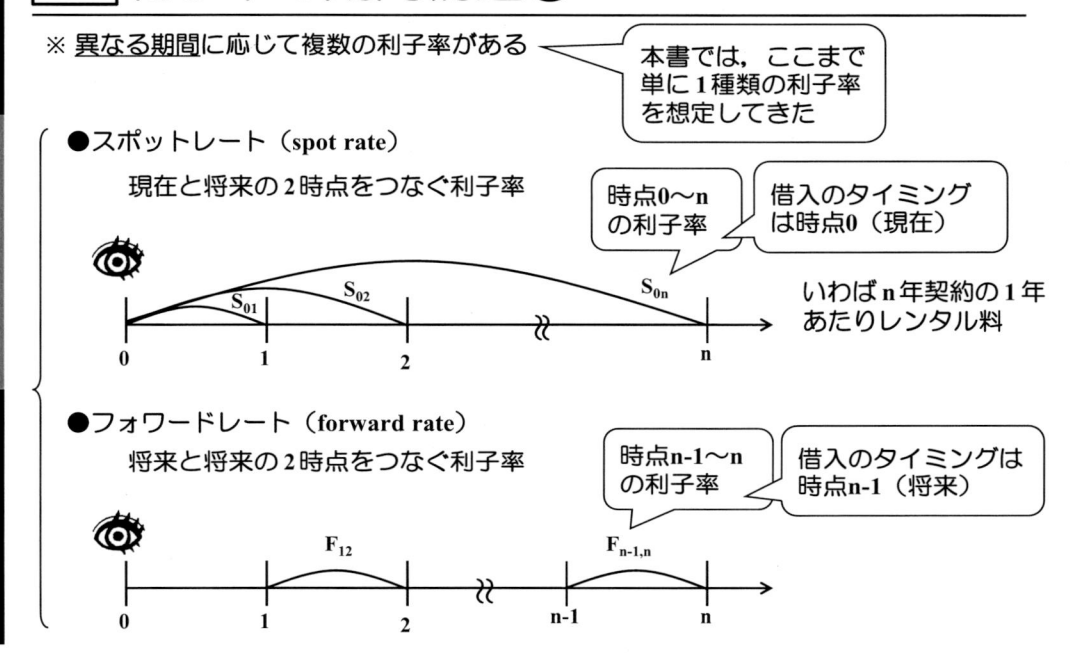

8-4 利子率の期間構造②

●イールドカーブ（利回り曲線）

満期までの残存期間が異なる割引債の
<u>スポットレート</u>を描いた曲線

現在から n 年後
までの 1 年あた
りの利子率 r_{0n}

- <u>順イールド</u>…右上がり ← これが通常
- フラット…水平
- 逆イールド…右下がり

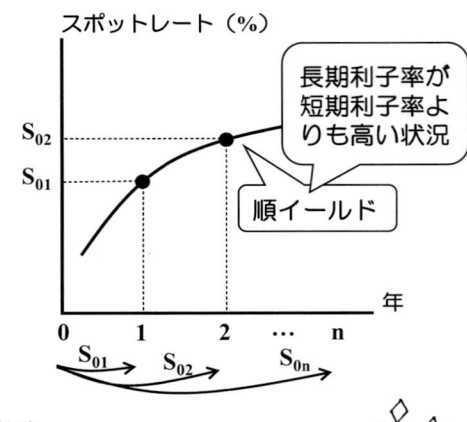

スポットレート（%）

長期利子率が
短期利子率よ
りも高い状況

順イールド

S_{02}
S_{01}

0　1　2　…　n　年

S_{01}　S_{02}　S_{0n}

●流動性プレミアム

投資家に長期運
用してもらうた
めに, 利子率に
報償を上乗せ

必要な期間を所与
として, 長期調達
のほうが, 短期調
達の更新よりも,
利子の負担が重い

（例）

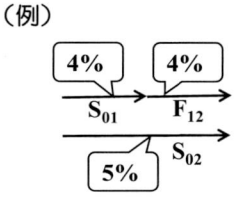

4%　4%

S_{01}　F_{12}

5%　S_{02}

乗り継ぎしない
ほうが料金が割
高という状況

8-5 債券の価格

●債券価格…将来の利子と償還額の現在価値

利子

償還額

$$P = \frac{C_1}{1 + S_{01}} + \frac{C_2}{(1 + S_{02})^2} + \cdots + \frac{C_T + V_T}{(1 + S_{0T})^T}$$

スポット
レート

満期

割引債の場合は C_1, C_2…
にゼロを代入せよ

債券価格を所与とし, 均して考えると…

通常, 分子の利子
は変動せず

$$P = \frac{C_1}{1 + y} + \frac{C_2}{(1 + y)^2} + \cdots + \frac{C_T + V_T}{(1 + y)^T}$$

最終利回り

額面金額
（償還額）

クーポン
（利札）

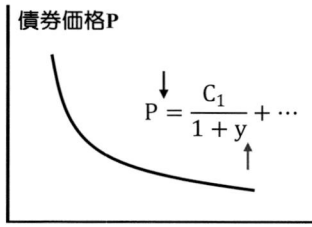

債券価格 P

$$P = \frac{C_1}{1 + y} + \cdots$$

最終利回り y

最終利回りが上昇すると,
債券価格は下落する関係

8-6 債券の格付け

●債券の格付け

専門の機関が債務不履行（デフォルト）のリスクを測定し，記号で評価したもの

> 約束どおりに元本や利子を支払わない状況

AAA, AA, A, BBB
BB, B, CCC, CC, C

> BB以下はジャンク債

イオン	A-
オリックス	AA
川崎重工業	A-
関西電力	A+
塩野義製薬	AA-
シャープ	B+
ソフトバンク	A+
デンソー	AAA
パーク二四	BBB-
マツダ	BBB+
LINEヤフー	A+
楽天グループ	BBB+

R&I社による格付。2024年3月31日（出所：R&I社ホームページ）

> 格付けが低いほど信用スプレッドが高くなり，最終利回りが高くなる（高リスク・高期待収益率）

> 格付けが低いほど，債券発行の際に利子の負担が重くなる

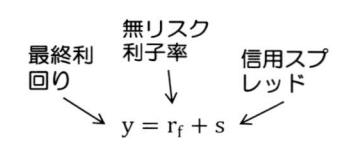

$$y = r_f + s$$

最終利回り ← 無リスク利子率 → 信用スプレッド

（例）クーポン利率8%

額面100万円の利付債ならば，毎期の利子は8万円

8-7 期間対応の原則①

●棚卸資産

> カネの受取を待ってあげる

●売上債権
…受取手形や売掛金

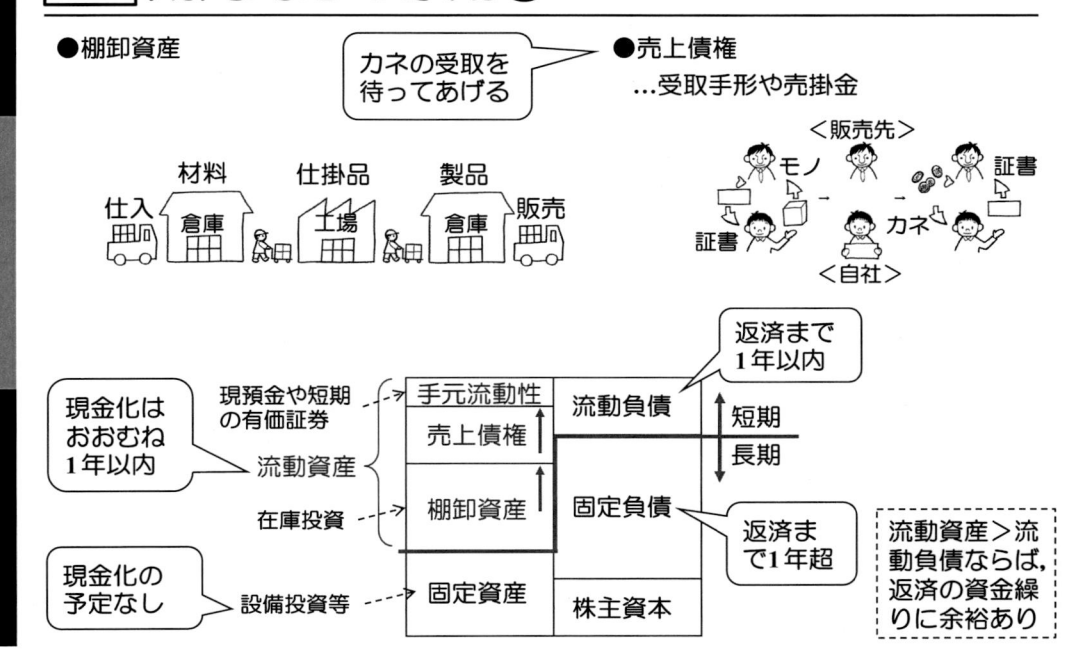

現金化はおおむね1年以内 → 現預金や短期の有価証券 → 流動資産

在庫投資 → 棚卸資産

現金化の予定なし → 設備投資等 → 固定資産

手元流動性 / 売上債権 / 棚卸資産 / 固定資産 / 流動負債 / 固定負債 / 株主資本

返済まで1年以内 → 流動負債　短期
返済まで1年超 → 固定負債　長期

> 流動資産＞流動負債ならば，返済の資金繰りに余裕あり

122

8-8 期間対応の原則②

※必要資金のうち，どの程度を長期調達で確保すべきか？

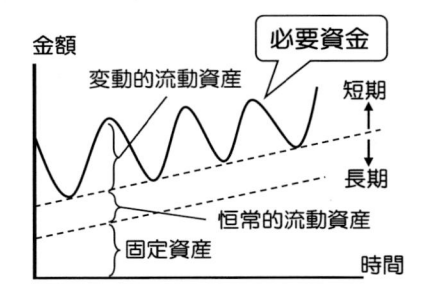

金額
変動的流動資産
必要資金
短期
長期
恒常的流動資産
固定資産
時間

波状で変動的なのは，必要な在庫投資に季節変動があるため

ケーキ屋の在庫投資は繁忙期のクリスマス前には非常に多く必要

●期間対応の原則（マッチング）

長期（短期）の必要資金は長期（短期）で調達

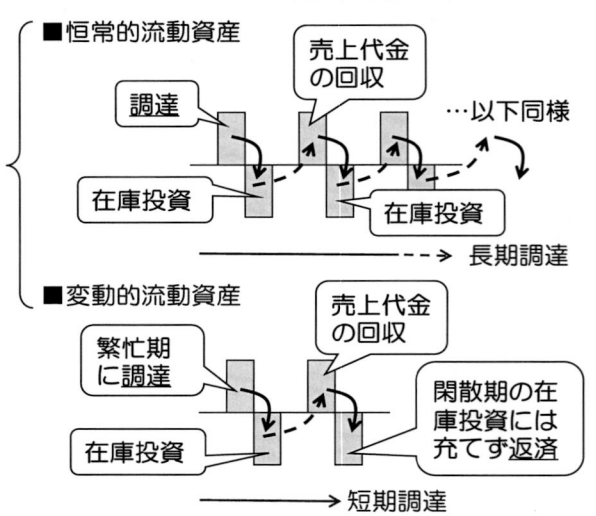

■恒常的流動資産

調達　売上代金の回収　…以下同様

在庫投資　在庫投資

------→ 長期調達

■変動的流動資産

繁忙期に調達　売上代金の回収　閑散期の在庫投資には充てず返済

在庫投資

-----→ 短期調達

8-9 期間対応の原則③

※ マッチングよりも多い長期調達

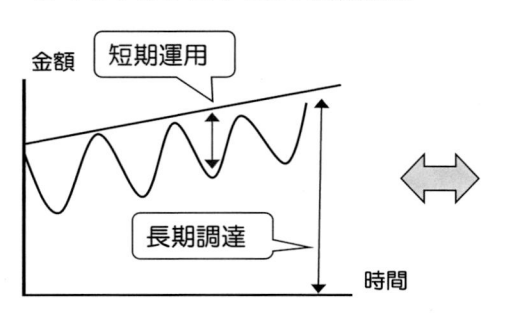

金額
短期運用
長期調達
時間

短期的な必要額まで長期調達で対応

通常，短期利子率よりも長期利子率のほうが高いので（順イールド）

資金が余剰となる時期に短期運用となり，通常は逆ザヤ

資金繰りリスク・低，利子負担・大

※ マッチングよりも少ない長期調達

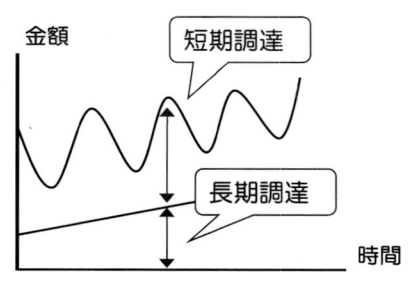

金額
短期調達
長期調達
時間

長期的な必要額まで短期調達で対応

返済の資金繰りが苦しい（更新の際，借り換えできない危険性あり）

資金繰りリスク・高，利子負担・小

第9章 資本構成①

　第9～12章は，企業が株主資本と負債の割合を変化させることで，企業価値が高まるかどうかという**資本構成**（capital structure）を問題にします。第1章で，コーポレートファイナンスには大きな柱が3本あると述べました（参照 1.9.）。具体的には，①投資政策，②資本構成，③ペイアウトです。つまり，資本構成は2本目の柱です。

　もし企業価値を最大化する割合があるとすれば，企業の経営者はそのような最適資本構成に近づくよう，資金調達の方法を選ぼうとするはずです。ところが，ごく基礎的なモデルにおいては，あらかじめ企業がどのような事業活動（ビジネス）を実施するのかが決まっているかぎり，どのように株主資本と負債の割合を変えても株主の財産は同じにしかなりません。つまり，最適資本構成は存在しないということです。

　たとえば，ラーメン屋を経営する企業が最新型の設備を購入した結果，従来よりも生産の効率が良くなったとしましょう。その際，株主の財産が増えるのは，この設備投資が事業活動（ビジネス）からの儲けを高めるからであって，その設備を買うための資金を株主が出資したのか（株主資本），それとも債権者から借り入れたのか（負債）は無関係だということです。よって，経営者が悩むべきは，いかに魅力的な事業活動（ビジネス）をするかであって，どのように資金調達を実施するかではないのです。

9.1. 資本構成

　第5～6章で取り扱った投資政策は，正味現在価値（NPV）がプラスの投資プロジェクトを実施することによって，企業価値を高めることができるという話でした（参照 5.8.）。これは貸借対照表（B/S）の左側（運用）にかかわる問題です。新工場を建設したいとか，最新鋭の機械設備に入れ替えたい等，選択肢として複数の投資プロジェクトがあったとして，これらの経済的採算を見極めることが重要です。

　これに対して，第9～12章で取り扱う資本構成は，株主資本と負債の割合を変化させることで，企業価値を高めることができるか否かが論点になっています。つまり貸借対照表（B/S）の右側（調達）にかかわる問題です。ひとくちに企業価値が高まると言っても，考えられる原因として2つのルートがあるのです。企業価値に与える影響に関して，投資政策と資本構成を混同しないことが重要です。

9.2. 資本構成の無関連命題

　1958年，F. モジリアーニ（Franco Modigliani, 1918-2003）とM. H. ミラー（Merton H. Miller, 1923-

2000）によって発表された**資本構成の無関連命題**（capital structure irrelevance proposition）は，従来の認識を根本的に覆すものでした。しばしば，2名の頭文字を連ねて**資本構成のMM理論**とも呼ばれています。すなわち，税や取引費用を無視する完全市場（参照7.3.）において，企業がどのような投資政策を実施するのかが前提条件として与えられるならば（参照5.8.），どのように株主資本と負債の割合を変えても企業価値は同じにしかならないというのです。ここで言う無関連とは，資本構成が企業価値に対して影響を与えることがないといったほどの意味になります。言い方を変えれば，基礎的なモデルにおいて最適資本構成は存在しないということです。したがって，完全市場を想定するかぎり，企業価値を高めるルートは貸借対照表（B/S）の左側（運用）しかないという洞察が得られます。

その結論の意外性のために，しばらくは激しい論争が巻き起こりましたが，資本構成のMM理論はやがてファイナンス理論の基盤を作る画期的な業績として評価されるようになり，M. H. ミラーには1990年度のノーベル経済学賞が授与されています。なお，F. モジリアーニがこのときの受賞者でないのは，別の研究業績（マクロ経済学の領域）ですでに受賞しているためです。ノーベル賞の選考基準には，同じ者が2回以上受賞することはないとか，亡くなった者が受賞することはないといった決まりがあるようです。

ところで，資本構成のMM理論においては，株式価値Eや株価Pというよりも，企業価値Vが変わるかどうかが論点とされます。それは負債価値Dを差し引く前の段階で考えたほうがわかりやすいという理由にすぎません。すでに第3章で論じたように，債務不履行を捨象するかぎり，企業価値Vを高めても負債価値Dの大きさは変わらないため，もっぱら株式価値Eを高めることにつながります（参照3.9.）。実際のところ，MM理論は債務不履行を捨象した基礎的なモデルです[1]。そうであるために，企業価値Vの最大化は株価Pの最大化と同じ意味になります。たとえ企業価値Vが分析上の対象であっても，やはり株主の富が高まるかどうかが重要であることは，ファイナンス全般がそうであるのと同様，資本構成についても妥当することを念のために述べておくことにします。

第9～10章で説明する資本構成のMM理論は，完全市場を想定した基礎的な内容にとどまります。最初から税や取引費用などの不完全要素がもたらす影響を考え出すと，あまりにもモデルが複雑になってしまうからです。後ほど第11～12章では不完全要素を考慮に入れて，基礎的なモデルであるMM理論に対してそのつど修正が加わります。具体的には，税，取引費用，エージェンシー費用，情報の非対称性が市場の不完全要素です。

9.3. 企業価値の無関連性①

さて，ここまでは理論的な根拠を示すことなく，ひたすら企業価値は資本構成から影響を受けないというMM理論の結論だけを先に示してきました。当然ながら，なぜそうなるのかを理解することが大事です。本書では多少の厳密さを犠牲にしてでも，直感的なわかりやすさを重視して，しばらくの間はなるべく数式を使わない方法で解説を進めていきます。

たとえ話になりますが，植物の光合成について調べたいのであれば，片方の植物に光を与え，もう片方の植物には与えないという実験をおこないます。その際，他の条件（水など）を同じにしなければなりません。比較対象の2つを並べたとき，もし左側に光と水の両方を与え，右側にどちらも与えなかったとすれば，たとえ左側の発育が良かったとしても，光のおかげであるのか，水のおかげであ

るのかまったくわかりません。この場合，両方に水を与えたうえで，左側にだけ光を与えれば正しい実験になります。

　論点になっているのは「資本構成が企業価値に影響するか否か」ですから，資本構成（株主資本と負債の割合）だけが異なっている状況を用意する必要があります。ここでは U 社（負債なし）と L 社（負債あり）を比較し，企業価値が同じになるかどうかを確認します。したがって，どちらの企業も投資政策（どのような投資プロジェクトを実施するか）は同じであると前提されます。つまり，まったく同じ事業活動（ビジネス）をおこない，まったく同じ事業利益（EBIT）を稼ぎ出すということです。もちろん，現実の世界で双子のように似ている同業他社など存在しませんが，頭の中の実験室は柔軟に設計できます。

　なお，第3章で説明したように，企業価値は期待フリーキャッシュフロー（FCF）を資本コストで割り引いた現在価値になりますが（参照 **3.8.**），資本構成を論点とする第 9 〜 12 章では，事業利益（EBIT）の現在価値とみなすことにします。ファイナンス的な概念である期待フリーキャッシュフロー（FCF）と，会計的な概念の事業利益（EBIT）はもちろん同じではないのですが，両者は近い位置づけにありますし，MM 理論を説明するうえでは，そのほうがわかりやすいと著者は判断しています。

　数値例において，どちらの企業も事業利益（EBIT）が 200 万円と前提されているのは，投資政策が同じであることを意味しています。他方，資本構成は異なっており，L 社（負債あり）の事業利益 200 万円は，利子 50 万円および利益 150 万円で分配されるとします。このように，投資政策が同じ 2 つの企業があって，資本構成だけが異なる状況ですから，もし企業価値が同じになることを示すことができれば，MM 理論が正しいと証明できることになります。

9.4. 企業価値の無関連性②

　さて，あらゆる投資家は，企業の株式を購入して株主になることもできますし，資金を貸し付けて債権者になることもできます。MM 理論のオリジナルがそうであるように，一般的には割合 α の取引を想定するのが通常ですが，しばらくは単純に 100％シェアを得るための取引を想定して解説することにします。つまり，企業を丸ごと買収するということであり，そのほうが MM 理論のエッセンスを理解しやすいからです。以下では，ひとりしか存在しない株主もしくは債権者を 100％所有者と表現することにしましょう。

　企業を丸ごと自分のものにしたければ，U 社（負債なし）については，株式のすべてを買い取ればよいのですが，L 社（負債あり）については，株式と負債の両方すべてを買い取る必要があります。L 社（負債あり）の場合，株主資本と負債の間に境界線があるのですが，切られた後の 2 つをどちらも買い取るのですから，よく考えると，切られる前の状況を買い取っているのと実質的に変わりがありません。

　ここでピザを連想してみてください。品質もサイズもまったく同じピザが 2 つありますが，U がそのままの大きさで売られているのに対し，L は L_1, L_2 の 2 つに切られてバラ売りされています。消費者が 1 枚分をまるごと食べたいと思うのであれば，U を買ってもよいし，L_1 と L_2 の両方を買って，切られる前の L を実質的に復元してもよいはずです。このとき U の価格と L_1, L_2 を合計した価格が

異なっていれば，敏感な消費者はおかしいと気づくでしょう。業者がピザを２つに切るとき，どの場所にナイフを入れても話は同じです。イラストでは，４分の３と４分の１に切り分けています。常識的な結論ですが，ピザ業者がより高い値段で売りたいのであれば，切り分け方ではなく，品質やサイズに優れたピザを作るように努力しなければなりません。

　さて，自己資金を用いる投資家にとって，まったく同じ事業活動（ビジネス）を行うU社（負債なし）とL社（負債あり）のうち，どちらを丸ごと買い取って100％所有者になるほうが得策であるかを検討することにしましょう。説明の簡単化のために，L社の負債はすべて債券発行で賄っており，銀行借入や仕入債務はないと仮定します。したがって，現時点では数多くの株主や債券保有者がいるけれども，今から彼らを説得して売却してもらい，株式や債券をすべて買い集める状況を想定していることになります。

　もしU社（負債なし）を買収したいのであれば，すべての株式を買い取るためにE^U円の自己資金が必要です。なぜなら，株式価値がE^U円だからです。U社には負債がないので，それは企業価値V^U円とも一致します。よって，V^U円の自己資金でU社を買収すると表現してもよいでしょう。U社を丸ごと買い取ってしまえば，これ以降の毎期，100％所有者には200万円のキャッシュフローが期待されます。なぜなら，U社は毎期200万円の事業利益（EBIT）を稼ぎ出すからです。U社に負債はないので利子という項目はなく，事業利益（EBIT）がそのまま株主の利益になります。

　これに対して，もしL社（負債あり）を買収したいのであれば，すべての株式を買い取るためにE^L円の自己資金，さらには，すべての債券を買い取るためにD円の自己資金が必要です。なぜなら，株式価値がE^L円で負債価値がD円だからです。これらを合計したものが企業価値V^L円になります。よって，V^L円の自己資金でL社を買収すると表現してもよいでしょう。L社を丸ごと買い取ってしまえば，これ以降の毎期，100％所有者には200万円のキャッシュフローが期待されます。なぜなら，L社は毎期200万円の事業利益（EBIT）を稼ぎ出しますが，100％所有者はまず債権者の立場で利子50万円を受け取り，その後に株主の立場で150万円を受け取るからです。

　以上からわかるように，実はどちらの企業を買収しても，毎期200万円のキャッシュフローを期待できる100％所有者となります。そもそも，２つの企業は同じ事業活動（ビジネス）を行い，同じ事業利益（EBIT）を生み出すと前提しているのですから，どちらを丸ごと買い取ったとしても，100％所有者に対して同じ結果をもたらすのは当然であるとも言えます。その意味で実質的に同じモノだと言えます。

　どちらの企業を丸ごと買い取っても同じ結果に直面するということは，同じ企業価値でなければならないでしょう（つまり$V^U = V^L$）。先ほどのピザの話を思い出してください。実質的に同じモノに対しては同じ価格が付けられるはずです。もし価格が異なっていたとすれば，同じ価格に是正されるような力が加わるはずです。この点については，節を改めて説明します。

9.5. 企業価値の無関連性③

　一般に，**裁定取引**（arbitrage）とは，同じモノが異なる価格で取引されているとき，安く買って高く売る値ザヤ取引のことです。そのとき，売買価格差が取引をおこなった者の**裁定利益**（arbitrage profit）になります。ミクロ経済学の基本ですが，低いほうの価格は需要圧力によって上昇し，高い

ほうの価格は供給圧力によって下落します。ということは，裁定取引が活発であるかぎり，同じモノには同じ価格が付くところまで調整されて，やがてはこれ以上に動かない状況に達するはずです。これを**裁定均衡**（arbitrage equilibrium）と呼びますが，もはや消費者に裁定利益を得る機会は残されていません。このように，市場メカニズムによって同じモノに同じ価格がつく現象を**一物一価**と呼びます。

たとえば，まったく同じ中古 CD を取り扱う店が近隣どうしで 2 つあったとしましょう。もし左の店が低価格の 500 円で売り，右の店が高価格の 900 円で買い取っていたとすれば，消費者に裁定取引の機会があります。なぜなら，左の店から 500 円で買って，右の店に 900 円で売るだけのことで，簡単に差額の 400 円を自分自身の儲けにできるからです。しかし，誰だってそうしたがるでしょうから，低価格で売る左の店には買いが殺到し，高価格で買い取る右の店には売りが殺到するでしょう。すると，左の店は売値を引き上げ，右の店は買値を引き下げるはずです。ということは，たとえば 700 円で両方の店の価格が同じになります。そのとき，左の店から 700 円で買って，右の店に 700 円で売っても，もはや消費者に裁定利益はまったく発生しません。よって，これ以上に裁定取引は起こらず，価格が調整される動きも止まります。これが中古 CD の裁定均衡です。

企業の資本構成の話に戻りましょう。いま同じ事業利益（EBIT）が期待できる 2 つの企業のうち，どちらを丸ごと買収したほうが得策であるのかを検討しているのでした。より丁寧な説明は次節以降に残すとして，ひとまずは直感的にわかりやすい説明をしておきます。もし U 社（負債なし）のほうが割高であったとすれば（$V^U > V^L$），割安である L 社（負債あり）が買われるはずです。逆に，L 社（負債あり）のほうが割高であったとすれば（$V^U < V^L$），割安である U 社（負債なし）が買われるはずです。市場メカニズムでは買われるほうの価格が上昇します。割安であるほうの価格が上昇するのですから，価格差は縮小していく理屈です。裁定均衡ではどちらも同じ企業価値になります（$V^U = V^L$）。

したがって，企業の投資政策（どのような投資プロジェクトを実施するか）が同じであれば，資本構成（どのように株主資本と負債を組み合わせるか）が異なっていても，企業価値は同じにしかなりません。つまり，資本構成の無関連命題（MM 理論）が主張している内容が正しいということです。

9.6. 裁定取引：$V^U > V^L$ の場合

ひとまず直感的にわかりやすい説明をしましたが，これ以降は割合 a の取引を想定して説明することにしましょう。割合 a というのは，企業が発行する株式や債券のうち，たとえば 1％や 0.1％だけを売買するということです。となると，100％シェアのシナリオで使っていた記号の前に a を付け加えただけの違いになります。

基本的な考え方としては，まったく同じ事業利益（EBIT）が期待される状況を人工的に作り出します。そのうえで割高なほうを売り，それによって得た資金で割安なほうを買えば，差額が裁定利益になります。しかし，まったく同じとするためには工夫が必要です。引き続き，U 社と L 社は資本構成だけが異なっており，2 社に共通の事業利益 X を将来にわたって永久に稼ぎ出すと期待されています。そのうえで，企業と投資家はどちらも共通の利子率 r で借入や貸付ができると仮定します。

まず，U 社（負債なし）のほうが L 社（負債あり）よりも企業価値が大きい場合（$V^U > V^L$），割高な U 社株を $a E^U$ 円で売り（①），割安な L 社株を $a E^L$ 円で買います（②）。しかし，U 社株から期待で

きる利益がaX円である一方，L社株から期待できる利益はa（X － rD）円なので，このままでは期待キャッシュフローが同じものを扱っていることになりません（③）。となると，前者のaX円とまったく同じものを作り出すためには（④），後者のa（X － rD）円にarD円を付け足さなければなりません。利子率がrなので，受取利子がarD円になる状況を作り出す必要があります（⑤）。そうなるように，誰かに対して利子率rでaD円の貸付をおこなえばよい理屈です（⑥）[2]。

ところで，$E^U = V^U$である一方，$E^L = V^L － D$です（⑦）。ということは，U社株を$a V^U$円で売ることが収入になる一方，L社株をa（$V^L － D$）円で買い，貸付をaD円だけおこなうことが支出になります（⑧）。したがって，差額であるa（$V^U － V^L$）円が裁定利益になります（⑨）。なぜなら，U社のほうがL社よりも企業価値が大きいからです（$V^U > V^L$）。しかし，売られるU社の株価は下落し，買われるL社の株価は上昇します。裁定均衡では企業価値が同じになります（$V^U = V^L$）。

なお，もともと所有していない株式を売ることも可能です。株式の**空売り**（short selling）とは，所有していない株式を売る取引手法のことです（「からうり」と発音します）。具体的には，所有している株主から借りてきた株式を自分自身で売却するところから始まります。その後，株価は変動しますが，そのときの株価で株式を買い戻して，最初に貸してくれた株主に返却します。こうすれば，もともと所有していない株式であっても売買できます。通常の取引は買ってから売りますが，空売り取引では売ってから買い戻すという逆転した順序になります。

9.7. 裁定取引：$V^U < V^L$の場合

逆に，L社（負債あり）のほうがU社（負債なし）よりも企業価値が大きい場合（$V^U < V^L$），割安なU社株を$a E^U$円で買い（①），割高なL社株を$a E^L$円で売ります（②）。しかし，U社株から期待できる利益がaX円である一方，L社株から期待できる利益はa（X － rD）円なので，このままでは期待キャッシュフローが同じものを扱っていることにはなりません（③）。となると，後者のa（X － rD）円とまったく同じものを作り出すためには（④），前者のaX円からarD円を差し引かなければなりません。利子率がrなので，支払利子がarD円になる状況を作り出す必要があります（⑤）。そうなるように，誰かから利子率rでaD円の借入をおこなえばよい理屈です（⑥）。

ところで，$E^U = V^U$である一方，$E^L = V^L － D$です（⑦）。ということは，L社株をa（$V^L － D$）円で売り，借入をaD円だけおこなうことが収入になる一方，U社株を$a V^U$円で買うことが支出になります（⑧）。したがって，差額であるa（$V^L － V^U$）円が裁定利益になります（⑨）。なぜなら，L社のほうがU社よりも企業価値が大きいからです（$V^U < V^L$）。しかし，売られるL社の株価は下落し，買われるU社の株価は上昇します。裁定均衡では企業価値が同じになります（$V^U = V^L$）。

要するに，U社とL社を天秤にかけて，貸付・借入の工夫をしながらまったく同じモノを作り出し，同じモノであるにもかかわらず価格が異なる状況を利用して，売買価格差の利益を得ようとするのです。このような裁定取引がMM理論の妥当性を裏づけています。ややこしい話ですが，理解をスムーズにするためには，まず割高なほうを売ると考えてください。そのうえで，割安なほうに何を付け足したり削ったりすればよいかを考えます。

ここで，**自家製レバレッジ**（homemade leverage）という概念を説明しておきます。企業が負債を利用していない場合であっても，$V^U < V^L$の場合がそうであるように，株主が個人的に借入をおこな

えば，同じ効果が得られます。これが自家製レバレッジです。しばしば，MM理論はカクテルの比喩で説明されます。カクテルを飲みたくなったとき，すでに調合された既製品を買ってきてもよいのですが（企業レバレッジ），自分自身でジュースにアルコールを足しても同じものは作れるという発想です（自家製レバレッジ）。

　逆に，企業が負債を利用している場合，$V^U > V^L$の場合がそうであるように，株主が個人的に貸付をおこなえば，それを打ち消す効果が得られます。便宜上，これを**自家製アンレバレッジ**と呼ぶことにします。こちらをカクテルの比喩で説明するのは難しいのですが，著者なりに試みることにしましょう。アルコールなしのジュースを飲みたくなったとき，既製品を買ってきてもよいのですが（企業アンレバレッジ），自分自身でカクテルからアルコールを抜いても同じものは作れるという発想です（自家製アンレバレッジ）。

　投資家の裁定取引は，企業がレバレッジをかけている場合には自家製アンレバレッジで打ち消し，逆に，企業がレバレッジをかけていない場合には自家製レバレッジで作り出す効果があります。具体的には，$V^U > V^L$である場合，投資家が貸付をおこなう行動は，L社の借入を個人レベルで打ち消す効果があります。これに対して，$V^U < V^L$である場合，投資家が借入をおこなう行動は，U社がおこなっていない借入を個人レベルで作り出す効果があります。

9.8. 資本コストの無関連性

　ところで，資本構成の無関連命題（MM理論）が成立するならば，資本コスト（要求収益率）についても資本構成に関係なく一定となります。復習になりますが，資本コストとは，株主の要求を最低限満たすために，企業が実現しなければならない目標としての収益率です（参照 **3.2.**）。つまり，資本コストをちょうど満たす収益率を実現したとき，経営資源のひとつであるカネに対して必要最低限の対価をもたらすことができるのです。MM理論によると，この資本コストが資本構成と関係しないということですが，それは資本コストが事業活動（ビジネス）に対する評価だけで決まることを意味しています。この結論は，やはりMM理論が登場する1958年以前の考え方とは異なるものであったため，ファイナンス学者間で論争となりましたが，現在はMM理論の正しさが認められ，標準的なファイナンス理論となっています。

　再三述べているように，U社（負債なし）とL社（負債あり）の投資政策は同じと前提しています。期待できる事業利益（EBIT）は毎期一定かつ永久と仮定しましょう。つまり，計算の簡単化のために，永久定額年金を想定していることになります（参照 **2.9.**）。このとき，U社の企業価値V^Uは期待できる事業利益XをU社の資本コストk^Uで割った値になるはずです。また，L社の企業価値V^Lは，期待できる事業利益XをL社の資本コストk^Lで割った値になるはずです。

　このとき，式の左辺が同じで，右辺の分子も同じですから，右辺の分母も同じでなければ辻褄が合わなくなります。より具体的に述べると，前提によって同じ事業活動（ビジネス）を行うので，期待フリーキャッシュフロー（FCF）とみなしている期待事業利益Xはまったく同じです。これは右辺の分子です（①所与の投資政策）。また，すでに論じたように，MM理論によると，裁定均衡においてU社とL社の企業価値は同じになります（$V^U = V^L$）。これは左辺です（②企業価値の無関連性）。ということは，U社とL社の資本コストも同じでなければならない理屈です（$k^U = k^L$）。これは右辺の分母

です（③資本コストの無関連性）。要するに，資本構成に関して，企業価値の無関連性が成立するならば，資本コストの無関連性も成立するということです。

　以上を要約すると，税や取引費用などを無視する完全市場では，所与の投資政策のもとで負債を増やしても資本コストは同じにしかなりません。ということは，投資プロジェクトの採算を判断するハードルは資本構成の影響を受けません。仮にですが，負債の割合を高めることによって資本コストを低めることができるのであれば，以前は却下されていた投資プロジェクトであっても，実施すべきであるという結論に切り替わるかもしれません。そうであれば，追加的にプラスの正味現在価値（NPV）を積み重ねることができるので，企業価値を高めることができるでしょう。ところが，そうではなく，資本コストは事業活動（ビジネス）に対する評価だけで決まるということです。これは重要な論点なので，章を改めて再び論じることになります。本章ではどちらかといえば数学的な整合性にとどまりましたが，第10章では「そもそも，何故そうなるのか」という，より本質的な説明を提供することになります（参照10.7.）。

第9章からの示唆

　しばしば仮定の現実性が弱いことを根拠に，資本構成の無関連命題（MM理論）の貢献を過小評価する人たちがいるようです。しかし，経済学のアプローチというのは，いつだって単純な状況から考察を始め，徐々に現実的な修正をほどこすスタンスを取ります。よって，MM理論は結論それ自体よりも，その後の応用研究に出発点を与えたところに画期的な貢献があると理解されるべきでしょう。

　たとえ話ですが，小学校の理科の授業でボールを投げる実験があったと思います。その際，とりあえず空気抵抗がない真空状態では放物線になるという事実から学ぶはずです。実際には空気抵抗があるため，厳密な放物線にはなりませんが，この順序で理解を深めていくことを批判する人はいないはずです。MM理論の批判者はたいてい1958年以前の理解レベルで止まっているのですが，見かけに惑わされてボールが直線的に動くと主張する間違いに匹敵するのではないでしょうか。

　本章に至るまでにいろいろな論点を取り上げてきましたが，何かのメリットを認識するだけでなく，それと同時に発生するデメリットも認識する必要があるとか，それらが相殺しあって何も変わらないとか，何かの機会があるのに放置されるはずがないとか，その種の着想が多いことに気づかれるだろうと思います。ひとつひとつ丁寧に論理を展開して，従来の認識，もしくは，世間一般の認識とは異なる意外な結果が導き出されるところにファイナンス理論の醍醐味があるとも思われます。

【注】

1）　債務不履行を捨象する前提に現実味がないと思われるかもしれませんが，いつでもそうであるように，ファイナンス理論においては基礎的なモデルで結論を出しておき，その後で複雑な影響を考慮に入れて，より現実的な結論に修正していく順序となります。

2）　L社債を aD 円だけ買っても，やはり貸付をしたことになるので，同じ結果が得られます。

MEMO

第9章 資本構成①

●学習のポイント

税や取引費用などを無視するかぎり，どのような投資政策をおこなうのかが決まっている状況下で，株主資本と負債の割合をどのように組み合わせても，企業価値は同じにしかならない。つまり，完全市場で最適資本構成は存在しない。

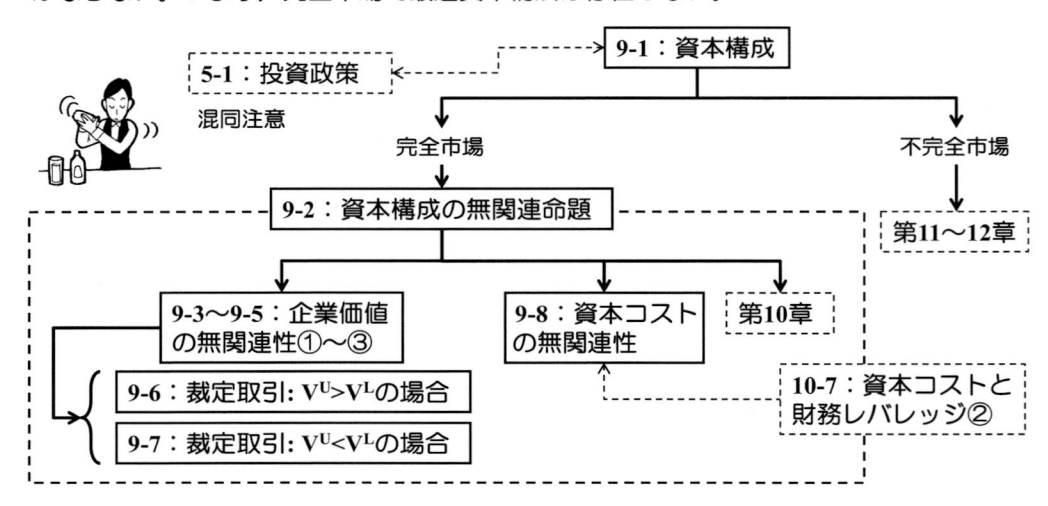

9-1 資本構成

●投資政策（5-8）

正味現在価値（NPV）で投資プロジェクトの採否を判断（5-6）

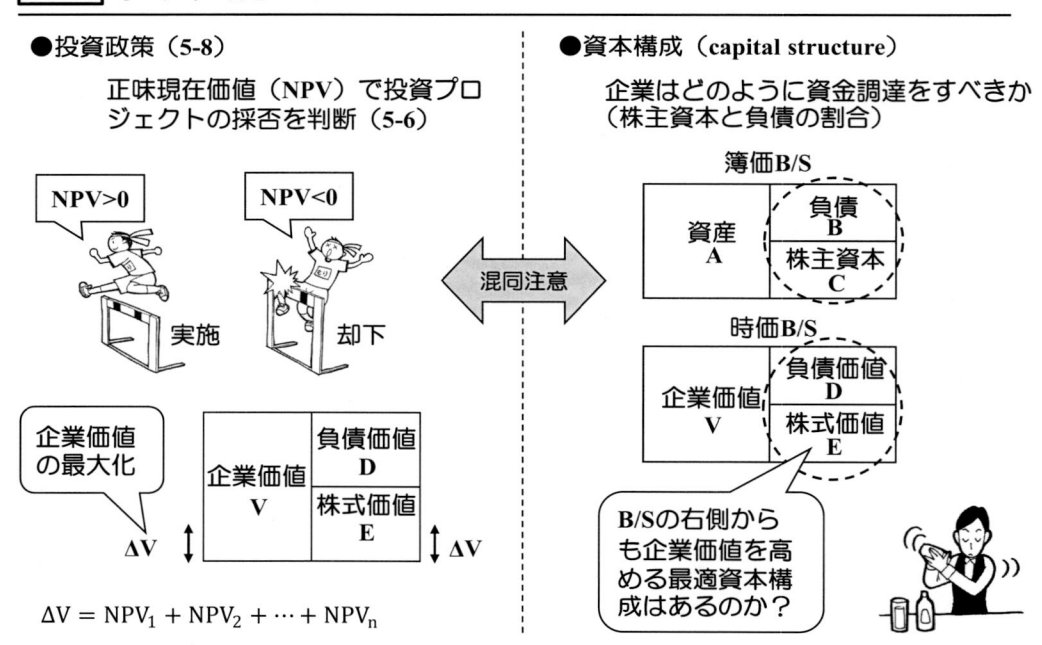

$$\Delta V = NPV_1 + NPV_2 + \cdots + NPV_n$$

●資本構成（capital structure）

企業はどのように資金調達をすべきか（株主資本と負債の割合）

9-2 資本構成の無関連命題

●資本構成の無関連命題
（MM理論，1958年）

左がFranco Modigliani (1918-2003)，右がMerton H. Miller (1923-2000)。1990年度のノーベル経済学賞。出所: 3-4と同じ。

税，取引費用などを無視すれば，最適資本構成は存在せず

右側のDとEの割合を変えるだけで，左側のVを大きくできない

時価B/S

企業価値 V	負債価値 D
	株式価値 E

MM理論では債務不履行を捨象するので，企業価値の最大化は，株価の最大化と同じこと（3-9）

■ 完全市場（7-3）

真空状態＝基礎的なモデル

現実＝空気抵抗を考える応用的なモデル

完全市場　　　　　不完全市場

完全市場では，所与の投資政策のもとで，資本構成を変えても，企業価値は同じにしかならない

不完全市場（税，取引費用など）のモデルは第11〜12章で解説

9-3 企業価値の無関連性①

■ 所与の投資政策

資本構成のちがいが論点なので，他の条件は一定であることが必要

左に光と水を与え，右にどちらも与えなければ，発育のちがいの原因が光か水か不明

※資本構成だけが異なる企業を比較

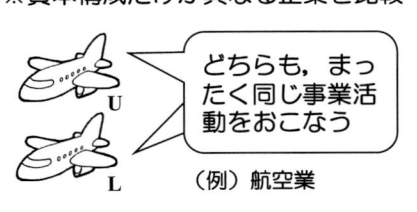

どちらも，まったく同じ事業活動をおこなう

（例）航空業

■U社（負債なし）

企業価値 V^U	株式価値 E^U

利益 200	事業利益 200

■L社（負債あり）

企業価値 V^L	負債価値 D
	株式価値 E^L

利子 50	事業利益 200
利益 150	

②この状況でV^U＝V^LになればMM理論が正しい

①前提により同じ投資政策が与えられているので，事業利益200は動かない数字

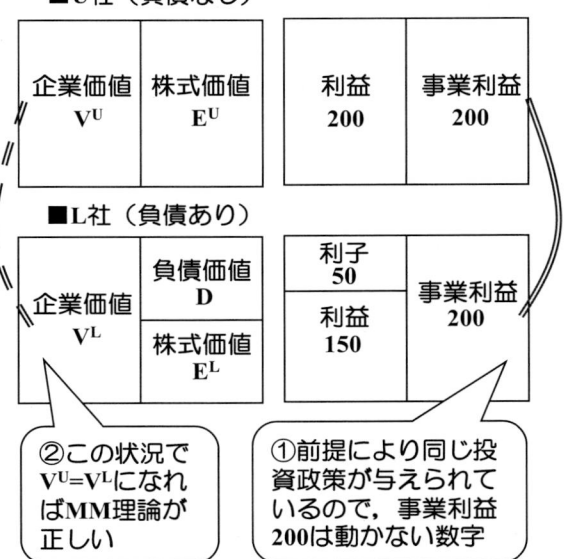

9-4 企業価値の無関連性②

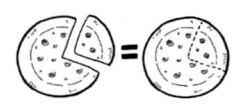

切られたピザをどちらも買えば，切られる前を再現できる

※割合100%の取引で解説

■U社（負債なし）

企業価値 V^U	株式価値 E^U

利益 200	事業利益 200

株式 E^U

・V^U 円で企業Uの所有者に
　　　→ 毎期200の期待収益

株式 E^L＋負債D ｜ 利益200

・V^L 円で企業Lの所有者に
　　　→ 毎期200の期待収益

利子50＋利益150

■L社（負債あり）

企業価値 V^L	負債価値 D ／ 株式価値 E^L

	利子 50 / 利益 150	事業利益 200

※ どちらの投資案からも同じ期待収益

→ 実質的に同じ企業

同じ企業価値でなければおかしい

9-5 企業価値の無関連性③

●裁定取引（arbitrage）

同じモノが異なる価格であれば，割安を買って割高を売れば差額が裁定利益に

 売値 ¥500　 買値 ¥900

左の店で買い，右の店で売れば差額の400円が利益になる。しかし，誰でもそうしたがるはず。

●裁定均衡

買われる側は超過需要で価格上昇
売られる側は超過供給で価格下落

→ 市場の均衡において，同じモノは同じ価格に（一物一価）

もはや裁定利益はゼロ

■U社（負債なし）

企業価値 V^U	株式価値 E^U

∧ → ‖ ← ∨

■L社（負債あり）

企業価値 V^L	負債価値 D
	株式価値 E^L

$V^U > V^L$ ならば割安の企業Lが買われ，$V^U < V^L$ ならば割安の企業Uが買われるので，均衡では $V^U = V^L$

つまり，資本構成に関係なく，企業価値は同じ（MM理論）

切ったほうの合計価格は，切らないほうの価格と同じになるはず

9-6 裁定取引: $V^U > V^L$ の場合

※割合αの取引を想定した一般的な解説

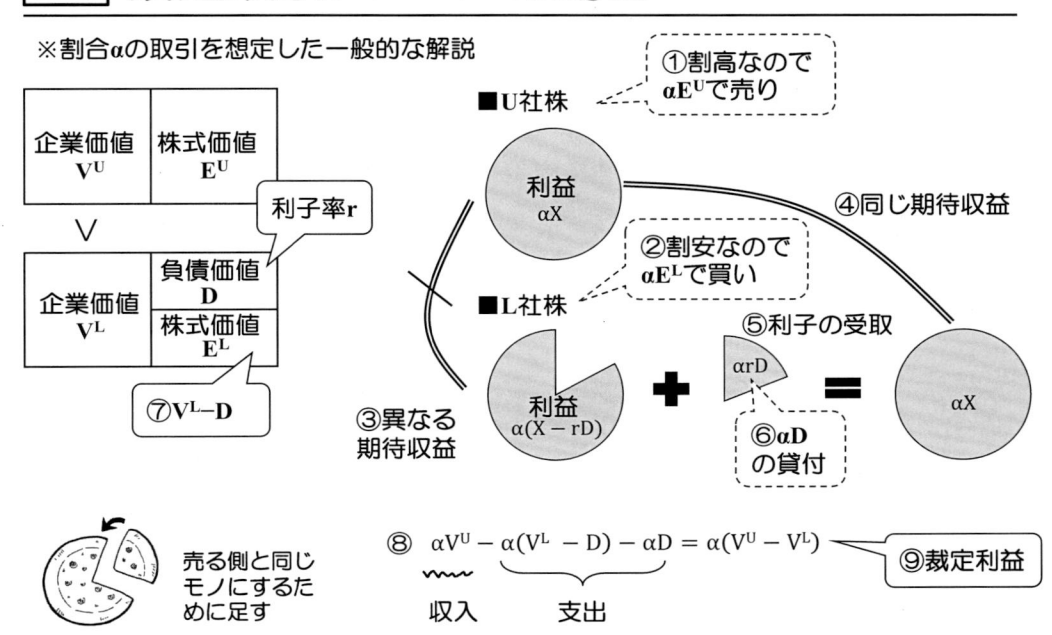

①割高なので αE^U で売り

■U社株

企業価値 V^U ｜ 株式価値 E^U

利子率 r

∨

企業価値 V^L ｜ 負債価値 D ／ 株式価値 E^L

⑦ $V^L - D$

利益 αX

④同じ期待収益

②割安なので αE^L で買い

■L社株

⑤利子の受取

利益 $\alpha(X - rD)$

$+$ αrD $=$ αX

⑥αD の貸付

③異なる期待収益

売る側と同じモノにするために足す

⑧ $\alpha V^U - \alpha(V^L - D) - \alpha D = \alpha(V^U - V^L)$

収入　支出

⑨裁定利益

9-7 裁定取引: $V^U < V^L$ の場合

※割合αの取引を想定した一般的な解説

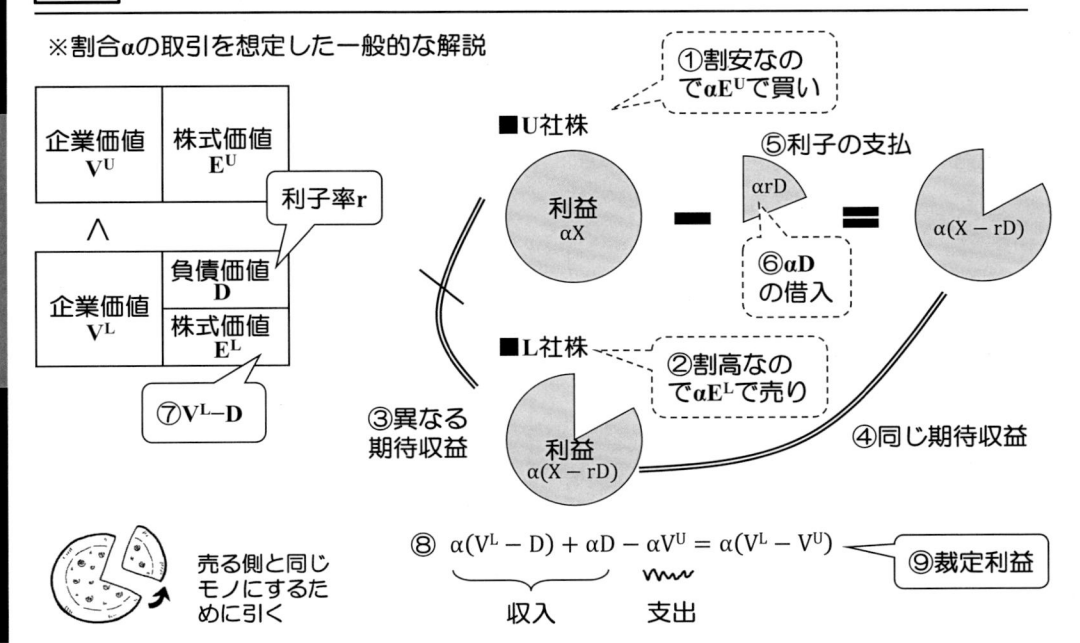

①割安なので αE^U で買い

■U社株

企業価値 V^U ｜ 株式価値 E^U

利子率 r

∧

企業価値 V^L ｜ 負債価値 D ／ 株式価値 E^L

⑦ $V^L - D$

⑤利子の支払

利益 αX

$-$ αrD $=$ $\alpha(X - rD)$

⑥αD の借入

②割高なので αE^L で売り

■L社株

利益 $\alpha(X - rD)$

③異なる期待収益

④同じ期待収益

売る側と同じモノにするために引く

⑧ $\alpha(V^L - D) + \alpha D - \alpha V^U = \alpha(V^L - V^U)$

収入　支出

⑨裁定利益

9-8 資本コストの無関連性

完全市場では，資本コストkは事業
活動に対する評価だけで決まり，
資本構成を変えても一定

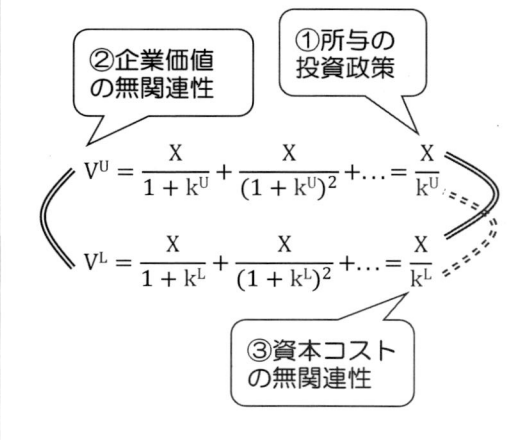

②企業価値
の無関連性

①所与の
投資政策

$$V^U = \frac{X}{1+k^U} + \frac{X}{(1+k^U)^2} + \ldots = \frac{X}{k^U}$$

$$V^L = \frac{X}{1+k^L} + \frac{X}{(1+k^L)^2} + \ldots = \frac{X}{k^L}$$

③資本コスト
の無関連性

※ここではX≒FCFで毎期一定かつ永久と前提

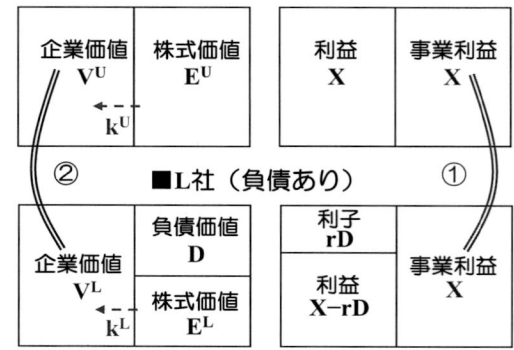

■U社（負債なし）

| 企業価値 V^U | 株式価値 E^U | 利益 X | 事業利益 X |

② ■L社（負債あり） ①

| 企業価値 V^L | 負債価値 D | 利子 rD | 事業利益 X |
| | 株式価値 E^L | 利益 X−rD | |

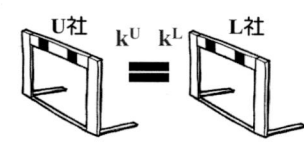

U社　k^U　k^L　L社

$=$

資本構成を変えて
も，投資プロジェ
クトのハードルを
低くできないので，
企業価値は同じ

第10章 資本構成②

　第9章では，完全市場を前提する基礎的なモデルとして，資本構成の無関連命題（MM理論）を説明しました。そこでは税や取引費用などの不完全要素がないと仮定するだけではなく，債務不履行（デフォルト）も起こらないと前提しています。この章でも，引き続きMM理論のフレームワークの中で，完全市場における資本構成について論じていくことになります。第9章では企業価値が高まるかどうか，それによって株式価値や株価が高まるかが論点でしたが，本章の論点は株主のリスクと期待収益率がどのように変化するか，その際に資本コストは変化するのかしないのかです。

　企業が負債を利用すればするほど，株主のリスクが高まると同時に，期待収益率も高まります。ひと言で言えば，高リスク・高期待収益率ということです。第2章で説明したように，株式のリスクは収益率の標準偏差で測ります（補論1）。また，期待収益率とは，収益率の期待値です。一方，かなり誤解されやすい点ですが，負債を利用すればするほど資本コストが低下するという見解は，税などを無視する完全市場のモデルにおいて間違っています。それが誤解であることを論証したのが1958年のMM理論なのです。

10.1. 株主と債権者

　すでに第1章で説明したように，企業は経営資源（ヒト・モノ・カネ）を提供してくれた関係者に対価を与える必要があります（参照1.4.）。ラーメン屋を例に挙げて考えることにしましょう。たとえば，ネギを売ってくれる業者に代金を支払います。各種の業者にガス・電気・水道料金も支払います。従業員には給料を支払います。カネを貸してくれた銀行や債券保有者には利子を支払います。このように，ラーメン屋の営業で稼ぎ出したカネを使って，まずは支払うべき相手に約束どおりの支払を済ませます。会計上，対価のほとんどは損益計算書（P/L）において費用として表示されます。

　ファイナンス的な側面について言えば，**利子**（interest）は債権者への対価であり，損益計算書（P/L）において費用の一部になります（参照1.4.）。債権者はどれほど企業の業績が良くても約束どおりの利子しか受け取れず，よほどのことがないかぎり，悪くても約束どおりの利子を受け取れます。つまり，企業が債務不履行（default）を起こさないかぎり，業績に関係なく約束どおりの一定額の対価にしかなりません。

　これに対して，**利益**（profit）は株主への対価であり，損益計算書（P/L）において費用ではなく，文字どおりの利益です（参照1.4.）。あらゆる費用を負担し終わった後，最後に残余だけを受け取るのが株主の立場です。業績が好調ならばかなり大きな利益になるかもしれませんが，不調ならばゼロかもしれません。あらかじめ対価を約束されていないのは株主だけで，そうであるがゆえに，株主は事

業活動（ビジネス）に関わるリスクを負担する役割を果たしています。後ほどより丁寧に説明しますが，これを**事業リスク**（business risk）と呼ぶことにしましょう（参照 10.3.）。

　第2章で解説したように，上乗せされるリスクプレミアム（リスクの報酬）は危険度に応じて比例的に増加しますので（参照 2.4.），要求収益率が株主と債権者で同じになるはずがありません。そもそも，債権者と同じ程度の対価しか期待できないとすれば，事前の段階で誰も株主になろうとはしないはずです。企業が債務不履行を起こさないかぎり，利子は確実に受け取れるため，低リスクを負担する**債権者の要求収益率** k_D は低くなります。これに対して，いつでも利益は不確実であるため，高リスクを負担する**株主の要求収益率** k_E は高くなります。もちろん，これは同じ企業の中で比較した話でして，ある企業の債権者と別の企業の株主を比較して述べているのではありません。

10.2. 財務レバレッジ

　企業が負債を利用するほど，株主がより高リスク・高期待収益率になる現象は**財務レバレッジ**（financial leverage）と呼ばれています。もともとレバレッジは梃子（てこ）の原理を意味する言葉であり，小さな力でそれよりも大きな力を生み出す現象のことです。身近な例で言えば，瓶ビールの栓抜き器などは梃子の原理を活用した道具であり，ほんの小さな力を加えるだけで，強く締められている王冠（金属製の栓）を簡単に外すことができます。では，なぜ企業が負債を利用する現象が梃子の原理にたとえられるのでしょうか。

　まず，財務レバレッジにおける小さな力とは，少ない自己資金を意味します。仮想的に，まったく同じ事業活動（ビジネス）をおこなう2つの企業を想定することにしましょう。これらは同じ投資プロジェクトを実施して，同じ事業利益（EBIT）を稼ぐと期待されています。異なっているのはU社（unlevered firm）が株主資本だけで資金を調達しているのに対して，L社（levered firm）が株主資本と負債を組み合わせていることだけです。株主の視点で物事を捉えると，L社において負債（他人資金）を利用することは，より少ない株式（自己資金）で同じ事業活動（ビジネス）をおこなうことを意味しているのです。

　次に，財務レバレッジにおける大きな力とは，ひとつには高リスクを意味しています。企業が事業活動（ビジネス）を行うかぎり，誰かが必ず事業リスクを負担しなければなりません。基礎的なモデルであるMM理論では債務不履行の確率がゼロと仮定されているため（参照 9.2.），債権者は事業リスクをまったく負担しません。そうである以上，もっぱら株主だけが事業リスクを負担します。となると，負債を利用するL社は，そうでないU社よりも少ない株式（自己資金）で同じ事業リスクを受け止めなければならない理屈です。ということは，その分だけ株主のリスク負担が重くなります。たとえば，重いモノを乗せたとき，支えるクッションが小さければ圧力は強くかかりますが，それと同じ現象だと考えればよいでしょう。この圧力の違いが後ほど説明する**財務リスク**（financial risk）に相当します（参照 10.3.）。

　最後に，財務レバレッジにおけるもう1つの大きな力とは，高期待収益率を意味しています。負債を利用するL社の場合，事業利益（EBIT）がU社とまったく同じであることを前提として，利子を差し引く分，株主に残る利益の絶対額は小さくなります。しかし，L社は出資額である株主資本も小さいため，これに対する利益の割合を計算したとき，株主の期待収益率は高くなるのです。

以上からわかるように，企業が負債を利用するほど，小さな力（少ない自己資金）で，大きな力（高リスク・高期待収益率）が生じます。負債が多いほど少ない株主資本で事業リスクを支えるのですから，高いリスクに見合った高い期待収益率でなければならず，そうなるように高い要求収益率になるというのが株主の立場です。直感的にわかりやすい説明を先に記しましたが，これ以降，ひとつひとつの論点について，より丁寧に論じていくことにしましょう。

10.3. 株式のリスク

概念上，株主が負担するリスクには 2 種類あります。前述のように，まったく同じ事業活動（ビジネス）をおこなう U 社と L 社を想定して，将来における業績好調，不調の確率はそれぞれ 50％だと仮定しましょう。事業利益（EBIT）は好調で 300 万円，不調で 100 万円だとすれば，現時点での期待値は 200 万円になります。

負債を利用するほうが株主のリスクは高くなります。U 社には負債がないため利子を支払う必要がなく，株主に対して事業利益（EBIT）と同じパターンで利益が発生します。しかし，L 社は業績の好不調に関係なく利子 50 万円を支払うため，株主に対する利益は好調ならば 250 万円，不調ならば 50 万円，期待値は 150 万円になります。このとき，事業利益（EBIT）のバラツキよりも，利益のバラツキのほうが大きいことに気がつきます。

株主が負担するリスクのひとつは**事業リスク**（business risk）であり，これは負債をまったく利用していない企業であっても，株主が負担しなければなりません。たとえば，飛行機が事故を起こす確率はゼロではありませんので，航空会社の経営は大損失をこうむる危険性と常に隣り合わせです。これは事業活動（ビジネス）の性質に依存したリスクですから，負債の利用度には関係がありません。当然ながら，飛行機を購入する設備投資をすべて株式で賄ったからといって，事故が起きる確率が下がるわけではないからです。

株主が負担するリスクのもうひとつは**財務リスク**（financial risk）であり，これは，負債の利用度に応じて追加的に発生します。ある大きさの事業利益（EBIT）を前提として，まずは債権者に対する利子を先に支払い，なおかつ残っている分が株主の利益になります。債権者は業績が良くても利子しか受け取りませんが，業績が悪くても利子を受け取ります。つまり，業績とは無関係の固定的な報酬です。もし業績が良ければ（アタリ），相対的に少額の利子負担で済むことになるため，株主には多めの利益が残ります（大アタリ）。逆に業績が悪ければ（ハズレ），相対的に多額の利子負担を強いられる形となり，株主には少なめの利益しか残りません（大ハズレ）。つまり，利子に固定性があることを原因として，事業利益（EBIT）の変動性と比べると，利益の変動性は増幅することになるのです。

10.4. 株式の期待収益率

さて，事業活動（ビジネス）が同じならば，負債を利用するほど株主のリスクが高くなることを説明しましたが，高いリスクに見合う高い期待収益率でなければ，誰も株主になろうとはしないでしょう。まったく同じ事業活動（ビジネス）をおこなう U 社と L 社について，共通して期待できる事業利益を X とし，期待収益率が異なってくることを説明します。負債を利用しない U 社の株式価値を E^U，利用する L 社の株式価値を E^L としましょう。このとき，U 社株の期待収益率 r^U は，株式価

値 E^U に対する期待利益 X の割合です。なぜなら，U 社は負債がないので差し引く利子はなく，期待事業利益 X がそのまま期待利益 X になるからです。これに対して，L 社株の期待収益率 r^L は，株式価値 E^L に対する期待利益 $X - rD^L$ になります。なぜなら，L 社は負債があるので，負債価値を D^L，利子率を r とすれば，差し引く利子が rD^L になるからです。

第 9 章で説明したように，資本構成の MM 理論によると，同じ事業活動（ビジネス）をおこなう U 社と L 社は同じ企業価値にしかなりません（$V^U = V^L$）。この関係を先ほどの期待収益率の式に代入して整理することにしましょう。式を変形する途中のプロセスは省略し，ここでは結果だけを示すと，$r^L = r^U + (r^U - r)(D^L/E^L)$ という形になります（補論7）。つまり，負債を利用する L 社株の期待収益率 r^L は，負債を利用しない U 社株の期待収益率 r^U よりも高くなるということです。その差は企業 L の負債比率 D^L/E^L に依存しています。また，U 社株の期待収益率 r^U が利子率 r より大きいことにも依存しています。そうなる理由ですが，事業リスクを負担する株主の対価は，事業リスクを負担しない債権者の対価よりも大きくなるからです。この点については，次の節で改めて説明することにします（参照 10.5.）。

以上からわかることですが，株式の期待収益率は負債比率 D/E に比例して高くなります。利益の絶対額で見れば，U 社株の期待利益 X のほうが L 社株の期待利益 $X - rD^L$ よりも大きいのですが，出資の大きさ（ここでは時価で認識）は，L 社株の株式価値 E^L のほうが U 社株の株式価値 E^U よりも小さいことに留意しなければなりません。そのため，L 社株の期待収益率 r^L は U 社株の期待収益率 r^U よりも高くなります。つまり，小さな力（出資）で大きな力（期待収益率）を生み出すレバレッジ（梃子の原理）が効いているということです。

10.5. 株主の要求収益率

結論を先に述べると，負債を利用する L 社株の要求収益率 $k_E{}^L$ は，負債を利用しない U 社株の要求収益率 $k_E{}^U$ よりも高くなります（補論8）。すでに確認したように，負債を利用しない U 社株は事業リスクだけを負担する一方，負債を利用する L 社株は事業リスクだけではなく財務リスクも負担します。となると，財務リスクに応じて株主のリスクプレミアムが追加的に高くならなければ理屈に合いません。文字どおりですが，これは**財務リスクプレミアム**（financial risk premium）と呼ばれます。

第 3 章で説明しましたが，最低限それだけの期待収益率がなければ，そもそも投資家は資金を提供したがらないという意味において，**資本コスト**は事業活動（ビジネス）で稼ぎ出すべき必要収益率です。すでに第 9 章で述べたように，税や取引費用などを無視する完全市場において，資本コストは事業活動（ビジネス）に対する評価だけで決まり，資本構成の影響を受けて増減したりはしません（参照 **9.8.**）。重要なことですが，負債比率 D/E がゼロならば事業リスクだけなので，U 社株の要求収益率 $k_E{}^U$ は資本コスト k と同じになります（$k = k_E{}^U$）。逆の言い方をしたほうがわかりやすいかもしれません。負債比率 D/E がゼロの場合，そのときの株主が要求する収益率が資本コスト k なのです。

一般に，企業が負債を利用するほど，高いリスクに見合って株主の要求収益率 k_E が高くなることは数式を用いて説明することができます[1]。式を変形する途中のプロセスは省略しますが，ここでは結果だけを示すと，$k_E = k + (k - k_D)(D/E)$ という形になります（補論8）。つまり，株主の要求収益率 k_E が高くなる現象は，資本コスト k に対する財務リスクプレミアム $(k - k_D)(D/E)$ の上

乗せとして表現できるのです。この要求収益率の関係式は，前の節で示した期待収益率の関係式と形が似ています（参照 **10.4.**）。第 4 章で述べたように，市場の均衡では期待収益率と要求収益率が同じになるので（参照 **4.3.**），形が似ていることは当然であるとも言えます。

　以上の説明と対応する図において，縦軸は株主の要求収益率 k_E，横軸は負債比率 D/E です。負債比率 D/E がゼロであるとき，株主の要求収益率 k_E は資本コスト k と同じにしかなりません（U 社株）。ところが，負債比率 D/E が上昇するにつれて，株主の要求収益率 k_E は比例的に上昇していきます（L 社株）。その際，数式が示すとおり，右上がりの直線の傾きは $k - k_D$ になっています。MM 理論では債務不履行が捨象されているため，負債比率 D/E が上昇しても元利金は無リスクにとどまる理屈であり，債権者の要求収益率 k_D は一定のままです（つまり，無リスク利子率 r_f）。また，資本コスト k も負債比率 D/E に対して一定です。その根拠は第 9 章で説明しましたが（参照 **9.8.**），この後でも再論します（参照 **10.7.**）。

　第 10.4 節では，U 社株の期待収益率 r^U が利子率 r よりも大きくなることを述べました。そうなるのは，事業リスクを負担する株主の対価が，事業リスクを負担しない債権者の対価よりも大きくなるからです。よって，**事業リスクプレミアム**（business risk premium）の分だけ，U 社株の要求収益率 k_E^U（つまり，資本コスト k）は，債権者の要求収益率 k_D よりも高くなければ理屈に合いません（補論8）[2]。先ほども述べたように，期待収益率が調整されて，要求収益率と同じになっているのが市場の均衡です（参照 **4.3.**）。株主の視点において，負債を利用するほうが要求収益率は高いのですから，市場の均衡において期待収益率も高くなっている理屈です。

10.6. 資本コストと財務レバレッジ①

　再三述べるように，最低限それだけの期待収益率がなければ，そもそも投資家は資金を提供したがらないという意味において，資本コストは事業活動（ビジネス）で稼ぎ出すべき必要な収益率です（参照 **3.2.**）。債務不履行でないかぎり，債権者に対しては約束どおりの利子が支払われますので，ごく日常的に対価が不確実なのは株主だけです（参照 **10.1.**）。よって，自分たちの取り分まで確保できるか否かということで，資本コストを強く意識しなければならない立場にあるのは，債権者というよりも株主です。

　すでに示したように，株主の要求収益率は $k_E = k + (k - k_D)(D/E)$ という関係式で表現できますが（参照 **10.5.**），これを変形することによって，資本コスト k を主語に置き換えた $k = k_E \times (E/V) + k_D \times (D/V)$ という関係式が得られます[3]。式の構造上，**加重平均資本コスト**（WACC：weighted average cost of capital）と呼ばれるのが通例です。というのは，株主の要求収益率 k_E に対しては株式価値の割合 E/V を，債権者の要求収益率 k_D に対しては負債価値の割合 D/V を，それぞれウエイト（重み）として平均しているからです。つまり，2 種類の投資家から異なる収益率を要求されるので，時価ベースで均してやることにより，企業としてどのぐらいの収益率を実現することが必要であるのかを捉えているのです。

　資本コスト以上の収益率を事業活動（ビジネス）が実現しなければ，残余を受け取る株主の要求収益率を満たすことはできません。たとえば，株主の要求収益率 k_E が 10％で，債権者の要求収益率 k_D が 5％だとします。いま時価ベースで株式価値の割合が 6 割，負債価値の割合が 4 割だとすれば，

（10%×0.6）と（5%×0.4）を合計して，資本コストkは8％となります。つまり，この企業は最低限8％以上の収益率を実現できなければ，株主が要求する以上の対価を与えられないことになります。

一見すると資本コストkを稼ぐだけでは，株主の要求収益率k_Eを超えないように思われるかもしれません。というのは，数値例において株主の要求収益率が10％であるからには，ハードルである資本コストがこれよりも低い8％という値では，必要とする水準に到達していないように見えるからです。しかし，そうではありません。債権者の要求収益率は5％なので，資本コストの8％よりも低い値です。もし企業がちょうど8％を稼ぐとすれば，残余をすべて受け取れる株主に対しては10％の収益率が残される計算になります。たとえ話ですが，仮に8％濃度の食塩水があるとして，それよりも薄い5％濃度分だけ先に抜き取ったとすれば，残っている食塩水は8％よりも濃くなっているはずでして，それが10％濃度になっているというイメージで理解するとよいでしょう。

以上を踏まえると，時価ベースで資本コストkどおりの収益率を企業が実現できれば，そのとき債権者も株主もちょうど要求収益率を満たす収益率を実現することができます。このとき，資本費用kVを埋め合わせるフリーキャッシュフロー（FCF）を稼いだことになるので，**経済的利益**（economic profit）はゼロになります（参照3.3.）。これは株主からギリギリ合格点をもらえる状況でして，可ではあっても優や良ではないという成績になります。事業活動（ビジネス）がすべての利害関係者に最低限の対価をもたらす状況だと言えます。なお，MM理論は債務不履行を捨象しているので，いつであっても債権者の収益率は要求どおりの5％で固定されていることに留意してください。

ということは，資本コストkどおりの収益率でないとき，経済的利益はゼロではないということです。まず，資本コストkを超える収益率を実現すれば，株主の取り分はかなり濃くなって要求収益率を上回ることがわかります。たとえば，数値例において収益率が20％ならば，最低限満たすべきハードルの8％を超えており，株主に10％超の収益率をもたらします。これは経済的利益がプラスになる状況です。これに対して，資本コストk未満の収益率しか実現できないとき，株主の取り分はかなり薄くなって要求収益率を下回ってしまいます。たとえば，収益率が3％ならば，最低限満たすべきハードルの8％を超えておらず，株主に10％未満の収益率しかもたらしません。これは経済的利益がマイナスになる状況なのです。

10.7. 資本コストと財務レバレッジ②

以下では，陥りがちな誤解について注意を喚起しておくことにしましょう。先ほど述べたように，高リスクを負担する分，株主の要求収益率k_Eのほうが債権者の要求収益率k_Dよりも高くなるはずです（参照10.1.）。見方によっては，株式が「割高な」資金調達法，負債が「割安な」資金調達法と思えなくもありません（①）。そうであれば，「割安な」負債の割合D/Vを高めて，「割高な」株式の割合E/Vを低めるほど（②），式の構造上，資本コストkを低めることができると思われがちです（③）。残念ながら，このように間違った説明をしている解説本はしばしば見受けられます。

資本コストkが低下するという考え方は，株主の要求収益率k_Eが変化しないことを暗黙のうちに前提しているところに間違いがあります。負債比率D/Eが高まるほど株主のリスクが追加的に高くなるので，株主の要求収益率k_Eは高くなるはずです（参照10.5.）。ということは，「割安な」負債（④）の割合を高めることは（⑤），それと同時に，もともと「割高」だった株式をますます「割高」にし

ます（⑥）。これらのメリットとデメリットが打ち消しあう結果（⑦），資本コスト k は一定にとどまるのです（⑧）。

　　いま検討しているのは財務レバレッジの変化ですが，これはもっぱら資金調達の側面であって，集めたカネが何に使われるのかが変化するものではありません。企業の実物的な側面が変わっていないのですから，企業にとっての必要収益率である資本コスト k も変化するはずがないと考えましょう。この場合，財務レバレッジによって債権者の要求収益率 k_D は変わりませんが，株主の要求収益率 k_E は高くなり，それでいて企業の必要収益率である資本コスト k は変わらないということです。

　　結論として，税や取引費用などを無視するかぎり，つまり完全市場を想定するかぎり，負債を増やしても資本コスト k は同じですから，投資プロジェクトの採算を判断するハードルは資本構成の影響を受けません。実を言うと，これは第 9 章ですでに説明済みの内容です（参照 9.8.）。まず，同じ事業活動（ビジネス）をおこなう前提下で，期待できる事業利益（EBIT）はまったく同じです（①所与の投資政策）。また，MM 理論によると U 社と L 社の企業価値は同じになります（②企業価値の無関連性）。ということは，U 社と L 社の資本コストも同じでなければならない理屈です（③資本コストの無関連性）。このように，第 9 章ではどちらかと言えば数学的な整合性をベースにして説明したのですが，本章ではより本質的に何故そうなるのかを説明したことになります。

10.8. 資本コストと財務レバレッジ③

　　もうひとつの陥りがちな誤解についても，注意を喚起しておく必要があります。加重平均資本コスト（WACC）という用語はミスリーディングを誘発しがちだと思われます。というのは，この名称を素直に受け止めると，先に株主の要求収益率 k_E と債権者の要求収益率 k_D が与えられて，これらを時価ベースの割合で加重平均したものが資本コスト k になるという順序に見えてしまうからです。

　　しかし，完全市場のモデルにおいては，まったくそうではありません。MM 理論の構造上，債務不履行の確率はゼロと前提しているため，債権者の要求収益率 k_D とは無リスク利子率 r_f に他ならず，それは先に与えられた数値です。また，MM 理論の構造上，投資政策は所与であり，資本コスト k は事業活動（ビジネス）だけで決まります。つまり，事業リスクの大きさに応じて決まるのであり，これは資本構成に関係なく一定ですから，やはり先に与えられた数値です。ところが，株主の要求収益率 k_E は，負債比率 D/E に応じて変化するのですから，これこそが最後に決まる数値なのです。したがって，最後に決まるはずの株主の要求収益率 k_E が，先に決まるはずの資本コスト k を計算する際に使われるという考え方に陥らないようにすべきです。

　　もっとも，ずいぶん話が複雑だと思われるに違いありませんが，税を考慮に入れる不完全市場では結論が修正されますし，加重平均資本コスト（WACC）という名称も意味を持ちます。第 11 章で説明することの先取りになりますが，負債の節税効果を踏まえたとき（参照 11.2.），法人税率を t とすれば，債権者の要求収益率が $(1 - t) k_D$ になるというモデルが実務でよく使われています（補論 9）。この場合，負債の割合を高めるほど，節税効果が作用する分だけ資本コストは低下していくので，たしかに 2 種類の要求収益率を加重平均して資本コストが決まってくると言えます。

　　しかしながら，一足飛びにいきなり負債の節税効果（不完全市場）に飛びつくのではなく，まずは基礎的なモデルとして「資本コストは変わらない」という MM 理論（完全市場）の帰結をしっかりと

押さえることが重要です。尻尾（応用レベル）が胴体（基礎レベル）を振り回すのはおかしいからです。いつだってそうであるように，経済学の一種でもあるファイナンス理論は，まず基礎的なモデルで主要な結論を示しておき，それを土台としたうえで，ひとつひとつ現実的な修正を加えていきます。そうすることによって，何が何の原因であるのかを論理的に示すのです。先に負債の節税効果を考えてしまうと，事業活動（ビジネス）が資本コストを決めるという重要な点を理解できなくなってしまいます。このあたりに配慮して，加重平均資本コスト（WACC）という用語をなるべく使わないように配慮したのが，今回の改訂におけるひとつの工夫点になります。

　ところで，これは第9〜10章を総括する話になるのですが，世間一般において，負債は不健全なので株主資本を高めるほうが望ましいと認識される傾向があります。しばしば「無借金経営」が賞賛され，負債依存度の低下は「財務改善」と好意的に評価されたりもします。たしかに，負債比率 D/E を低めれば，株主のリスクを低めることができます。しかし，リスクを低める反面，期待収益率を低めることにも着目しなければ一面的であり，十分にファイナンス理論の知見を活かしているとは言えません。低リスク・低期待収益率が「改善」であって，その逆が逆であるとは一概には言えないのです。

第10章からの示唆

　要するに，財務レバレッジを活用するほど，株主は高リスク・高期待収益率になるということです。ただ，このように表現すると，株主は非常に強欲な存在にしか見えないかもしれません。しかし，自分自身が勤務先を辞めて起業する場合を想像してみれば，違った側面から物事を考えることができます。やろうとしている事業活動（ビジネス）の性質上，負債を活用しない場合にはリスクが低いかわりに，かなり期待収益率が低いかもしれません。勤務先の安定した収入源を投げ打ってまで，果たしてこの程度の事業活動（ビジネス）に挑戦しようと思うものでしょうか。

　同様に，自分自身が起業するわけではない一般的な状況においても，手持ちの資金を活用できる他の用途を投げ打ってまで，低リスク・低期待収益率に魅力を感じることは少ないかもしれません。そのような判断が財務レバレッジの活用につながっているのだろうと思われます。

　また，仮に負債を活用することがそれほど強欲であるとするならば，企業に対して資金を貸し付ける銀行は，そのような強欲に手を貸す不健全な存在だと言えるでしょうか。決してそうではありません。実際のところ，銀行はそれほどリスクを負担したくない預金者から余った資金を集め，リスクを負担してもよいと考える企業に対して融通する役割を果たしています。このような**金融**（banking and finance）がなければ，あらゆる企業は自己資金だけで賄うしかない一方，一般市民は余った資金を退蔵するしかないという，極めて非効率な社会になってしまいます。

　ただ，忘れずに付け加えておきますが，ファイナンス理論が示すのは「財務レバレッジを活用するとどのようになるか」であって，「財務レバレッジを活用すべし」と助言しているのではありません。この違いを認識していない論者はしばしば「ファイナンス理論が煽ったせいで負債比率が高くなる」という捉え方をします。ファイナンス理論それ自体は意思決定者ではなく，それを学んだ者が何らかの判断で行動を決めているという当然の事実を記しておきたいと思います。

補論7

　これは第10.4節の補論です。すなわち，財務レバレッジに応じて株式の期待収益率がどのように変化するのかについて，途中の式展開を示したものです。

補論8

　これは第10.5節の補論です。すなわち，財務レバレッジに応じて株主の要求収益率がどのように変化するのかについて，途中の式展開を示したものです。概念上，事業リスクと財務リスクが区別されているので，これらに対応して，リスクプレミアムも2種類に分けて捉えることができます。U社（負債なし）の株主であっても，事業リスクは負担しますから，上乗せされる報酬は事業リスクプレミアムと呼ばれます。一方，L社（負債あり）の株主は，事業リスクだけではなく財務リスクも負担しますから，さらに財務リスクプレミアムも要求することになります。

　第3章で説明したように，ある株式のベータ係数（β）とは，市場平均の収益率が1%変化するとき，その株式の収益率が何%変化するかを表した感応度です（参照 **3.6.**）。ベータ係数に応じて株式のリスクプレミアムが決まると論じるのが資本資産価格モデル（CAPM）です（参照 **3.7.**）。ところで，企業が負債比率を高めるほど，株式は高リスク・高期待収益率になるのですから，財務レバレッジをかけるほど株式のベータ係数は大きくなります。

【注】

1）　資本コスト k と株主の要求収益率 k_E は別の概念なので，混同することのないように気をつける必要があります。資本コスト k は，企業が最低限満たすべき事業活動（ビジネス）の必要収益率であり，完全市場では資本構成の影響を受けません。株主の要求収益率 k_E は資本構成の影響を受けます。
2）　あえて事業リスクプレミアム $k - k_D$ を図の中に明示したりせず，文章による説明にとどめました。ここでは負債比率 D/E が高くなるほど株主の要求収益率 k_E が高くなることが最重要であって，読者の意識をそこに集中させるためです。その代わりに，解説文や補論8で説明しています。
3）　ここでは税などを無視して，完全市場における資本コストを示していることに留意してください。

第10章 資本構成②

●学習のポイント

企業が負債を利用すればするほど，株式の期待収益率とリスクが高くなる。それゆえ，株主の要求収益率も高くなる。しかし，完全市場のモデルにおいては，負債を利用すればするほど資本コストが低下するという見解は理論的に間違っている。

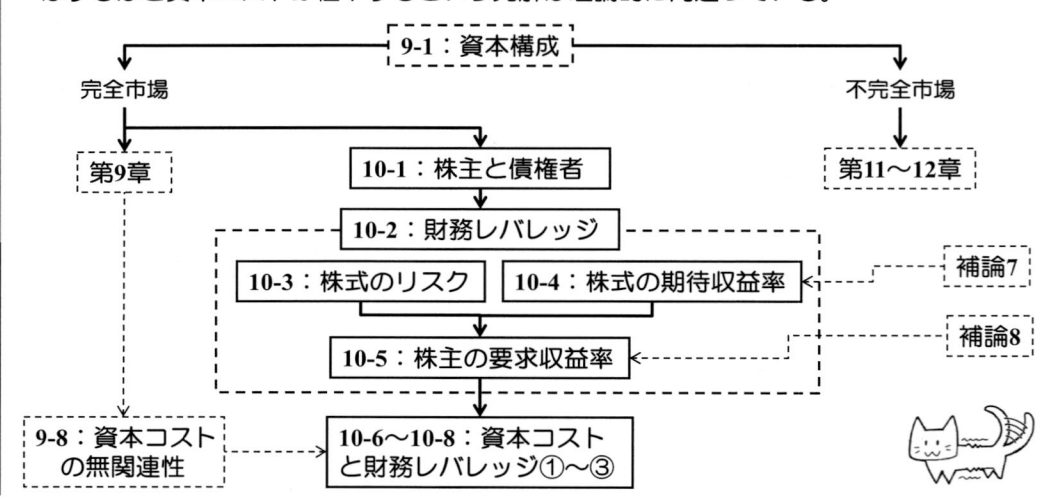

10-1 株主と債権者

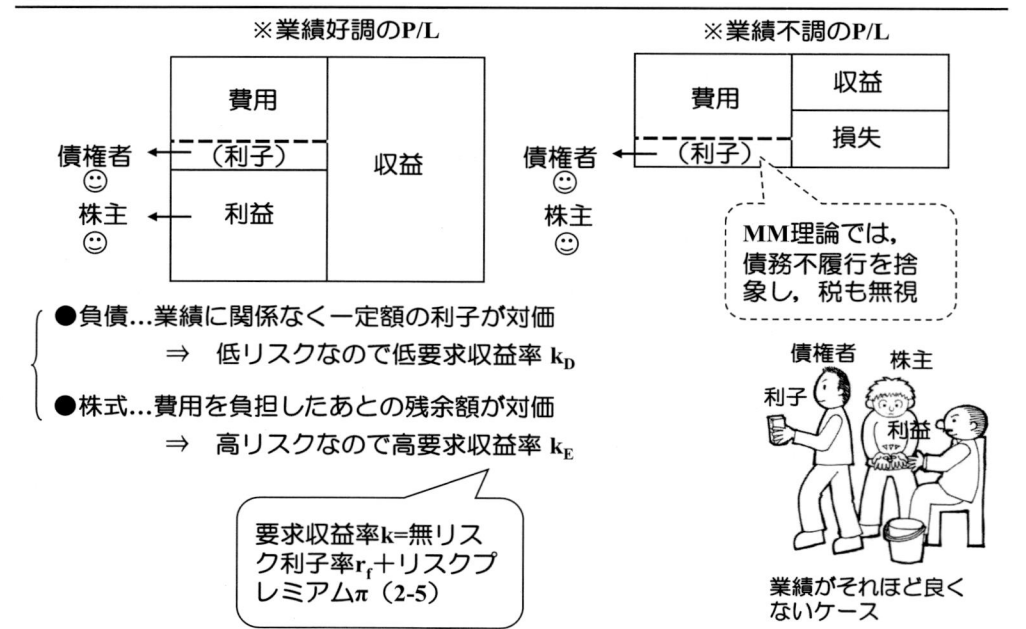

10-2 財務レバレッジ

●財務レバレッジ

負債比率D/Eが高いほど，株式が高リスク・高期待収益率になる現象

企業価値 V	負債価値 D
	株式価値 E

梃子の原理。株主は少ない出資（小さな力）で，高リスク・高期待収益率（大きな力）

※ 同じ事業活動をおこなう2社の期待値

■U社（負債なし）　■L社（負債あり）

②それゆえ，L社の株主は少ない出資でU社と同じ事業リスクを負担

①MM理論では，債権者は事業リスクをまったく負担せず（10-1）

③その代わりに，少ない出資のL社株は高期待収益率

10-3 株式のリスク

※ 業績好調50%，不調50%の確率　　※ 株主が負担する2種類のリスク

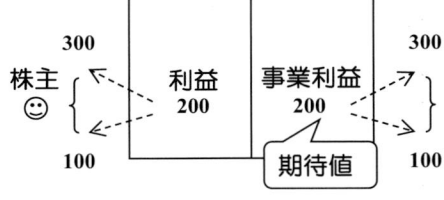

■U社株（負債なし）

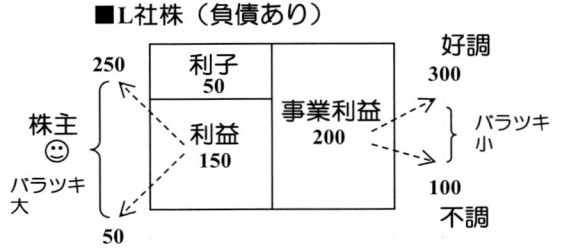

■L社株（負債あり）

●事業リスク

事業利益の変動性

負債がゼロでも株式に発生する事業活動のリスク

●財務リスク

利子の固定性ゆえに増幅する利益の変動性

負債の利用度に応じて株式に発生する追加的なリスク

負債比率D/Eが高いほど，株式は高リスク

10-4 株式の期待収益率

■U社株の期待収益率

$$r^U = \frac{X}{E^U}$$

■L社株の期待収益率

$$r^L = \frac{X - rD^L}{E^L}$$ ← r: 利子率

MM理論によると，企業価値は…

$$V^U = V^L$$

なので（補論7）…

$$r^L = r^U + (r^U - r)\frac{D^L}{E^L}$$ 負債比率

⊕

財務リスクプレミアム
が正なので（10-5）

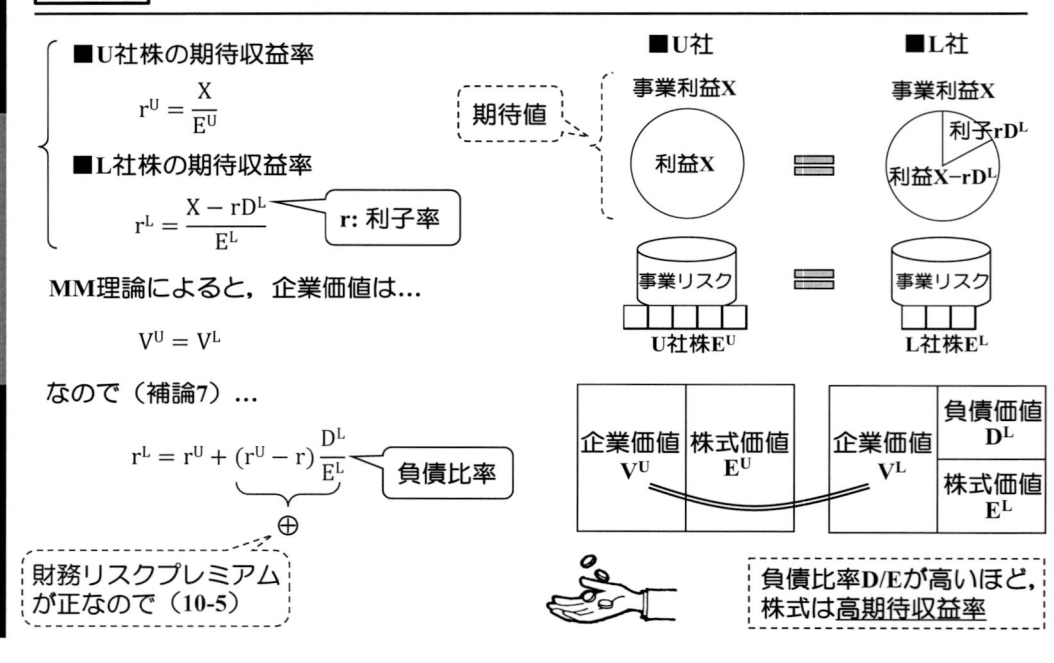

■U社　　■L社

事業利益X　　事業利益X

利益X　　利子rD^L　利益X−rD^L

期待値

事業リスク　　事業リスク

U社株E^U　　L社株E^L

企業価値 V^U ｜ 株式価値 E^U　企業価値 V^L ｜ 負債価値 D^L ／ 株式価値 E^L

負債比率D/Eが高いほど，
株式は高期待収益率

10-5 株主の要求収益率

■U社（負債なし）　　■L社（負債あり）

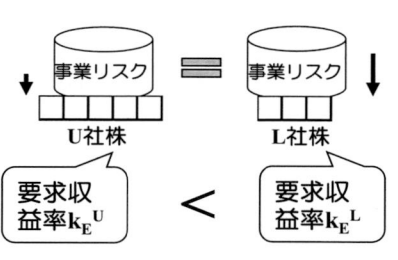

事業リスク ↓　　事業リスク ↓

U社株　　L社株

要求収
益率k_E^U　＜　要求収
益率k_E^L

L社株の要求収益率は（補論8）…

$$k_E^L = k_E^U + \left(k_E^U - k_D\right)\frac{D^L}{E^L}$$

債権者の
要求収益率

資本コストkとは，負債が
ないU社株の要求収益率そ
のもの（k=k_E^U）

一般に，株主の要求収益率は（補論8）…

$$k_E = k + (k - k_D)\frac{D}{E}$$

⊕

資本コスト　　財務リスク
プレミアム

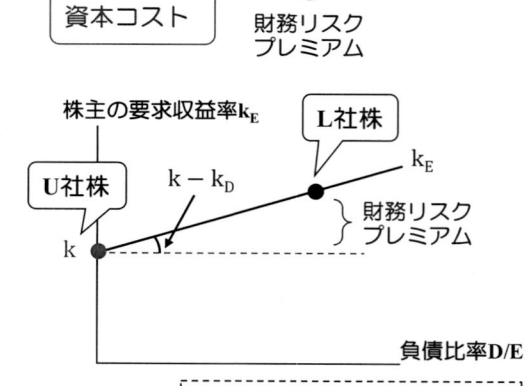

株主の要求収益率k_E　　L社株

U社株　k − k_D　　k_E

k　　財務リスク
プレミアム

負債比率D/E

負債比率D/Eが高いほど，
株式は高要求収益率
（均衡では期待＝要求，4-3）

10-6 資本コストと財務レバレッジ①

●資本コスト（＝要求収益率）k

株主の要求を最低限満たすために，企業が実現しなければならない必要収益率（3-2）

> 株主の対価は順序が最後なので

（例）

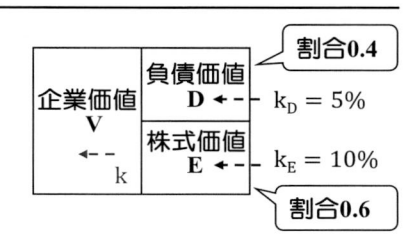

割合0.4
$k_D = 5\%$

企業価値 V
負債価値 D
株式価値 E
k

$k_E = 10\%$
割合0.6

$$k = (10\% \times 0.6) + (5\% \times 0.4) = 8\%$$

株主の要求収益率（10-5）…

$$k_E = k + (k - k_D)\frac{D}{E}$$

を変形すると…

> 最低限これだけを稼ぐ投資プロジェクトを実施すれば，すべての利害関係者に十分な対価

> 株主の要求収益率

> 債権者の要求収益率

> 資本コスト

$$k = k_E \times \frac{E}{V} + k_D \times \frac{D}{V}$$

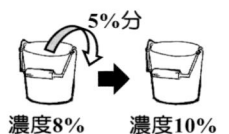

5%分

濃度8%　　濃度10%

企業が8%以上を実現すれば，債権者に5%を支払った後，最後の株主に10%以上が残る理屈

10-7 資本コストと財務レバレッジ②

高リスクを負担する株主のほうが，債権者よりも要求収益率は高い（10-1）

$$k_E > k_D$$

【誤解】割安な負債を多くすれば，資本コストkを低くできるのでは？

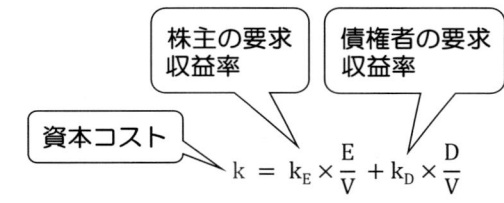

③低下　①割高　①割安
$$k = k_E \times \frac{E}{V} + k_D \times \frac{D}{V} \quad ?$$
②　②

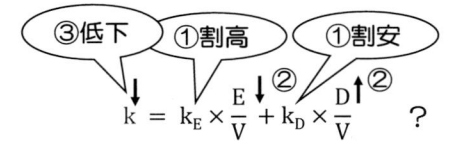

k↓

> よって，NPV>0の投資案が増える？

企業価値 V
負債価値 D $- k_D$
株式価値 E $- k_E{\uparrow}$
k
一定

> 割安な負債が多くなる有利

相殺

> 割高な株式がさらに割高になる不利

⑥さらに割高　⑦相殺
⑧一定　　　　④割安
$$\overline{k} = k_E \times \frac{E}{V} + k_D \times \frac{D}{V}$$
⑤　⑤

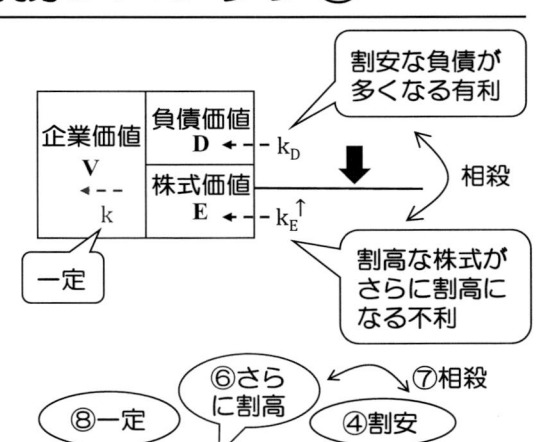

> 負債比率が高いほど財務リスクが高いので，株主の要求収益率が高くなることを忘れずに（10-5）

> 完全市場では，資本コストkは事業活動に対する評価だけで決まり，資本構成を変えても一定（9-8）

10-8 資本コストと財務レバレッジ③

【誤解】右辺のk_Eとk_Dが与えられて，左辺の資本コストkが決まる順序？

$$k = k_E \times \frac{E}{V} + k_D \times \frac{D}{V} \qquad ?$$

下線_不完全市場では右辺からも影響あり（第11章）…

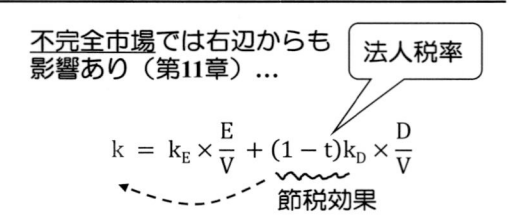

法人税率

$$k = k_E \times \frac{E}{V} + (1-t)k_D \times \frac{D}{V}$$

節税効果

【正解】

②株主の要求収益率は最後に決定

①完全市場では，資本コストは一定（10-7）

$$k_E = k + (k - k_D)\frac{D}{E}$$

完全市場において，資本コストkは事業リスクの大きさに応じて先決

しかし，尻尾（応用レベル）が胴体（基礎レベル）を振らないように注意すべし

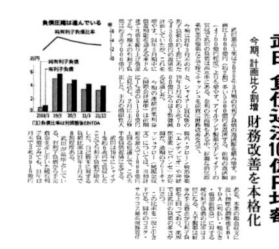

武田、負債返済1000億円増額

令期　計画圧力と割増　財務改善を本格化

2022年3月30日『日本経済新聞』

武田薬品工業の負債は高水準なので，負債比率の低下を財務「改善」と表現（しかし，安全性と収益性はトレードオフなので一面的な表現）

※ 補論7

※10-4の補論

U社株の期待収益率

$$r^U = \frac{X}{E^U} \qquad \cdots ①$$

L社株の期待収益率

$$r^L = \frac{X - rD^L}{E^L} \qquad \cdots ②$$

①より

$$X = r^U E^U$$
$$= r^U V^U$$

MM理論によると…

$$V^U = V^L$$

なので…

$$X = r^U V^L$$
$$= r^U (E^L + D^L)$$

企業価値 V^U	株式価値 E^U

企業価値 V^L	負債価値 D^L
	株式価値 E^L

これを②に代入すると…

$$r^L = \frac{r^U (E^L + D^L) - rD^L}{E^L}$$

$$= r^U + (r^U - r)\frac{D^L}{E^L} \qquad \boxed{10\text{-}4}$$

⊕

株式市場の均衡では期待=要求であり（4-3），$k > k_D$なので（補論8）$r^U > r$

※ 補論8①

※10-5の補論

期待収益率の式展開と同様で...

L社株の収益率

U社株の収益率

$$y^L = y^U + (y^U - r)\frac{D^L}{E^L}$$

MM理論では無リスク利子率なので定数

数学的に，変数がx，定数がa，bのとき，$\sigma(ax+b)$は$a\sigma(x)$なので

L社株のリスクは...

$$\sigma^L = \sigma^U + \sigma^U \frac{D^L}{E^L}$$

事業リスク

財務リスク

L社株の収益率の標準偏差

U社株の収益率の標準偏差

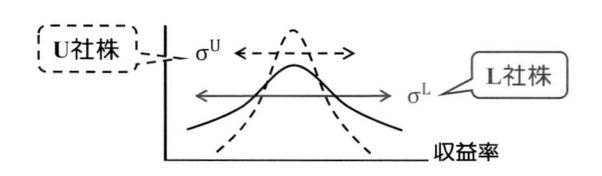

U社株　σ^U　L社株　σ^L

収益率

負債を利用しても市場との相関係数Corrは一定なので，ベータ係数（3-6）は...

$$\beta^L = \beta^U + \beta^U \frac{D^L}{E^L}$$

L社株のリスクプレミアム（2-5）は...

$$\pi^L = \pi^U + \pi^U \frac{D^L}{E^L}$$

事業リスクプレミアム

財務リスクプレミアム

※ 補論8②

定義的に...

事業リスクプレミアム

$$\pi^U = k_E^U - r_f$$

無リスク利子率

一般に，株主の要求収益率は…

$$k_E = k + (k - k_D)\frac{D}{E}$$　**10-5**

財務リスクプレミアム

L社株の要求収益率は...

$$k_E^L = r_f + \pi^U + \pi^U \frac{D^L}{E^L}$$

無リスク利子率

$$= k_E^U + \pi^U \frac{D^L}{E^L}$$

U社株の要求収益率

債務不履行がない前提なので$k_D=r_f$

$$= k_E^U + (k_E^U - k_D)\frac{D^L}{E^L}$$

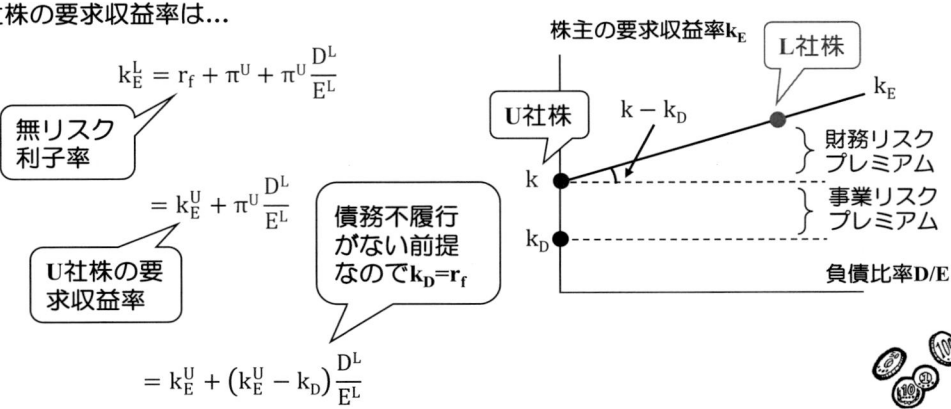

株主の要求収益率k_E

U社株　L社株

$k - k_D$　k_E

財務リスクプレミアム

事業リスクプレミアム

k　k_D

負債比率D/E

第11章 資本構成③

　第9〜10章で解説したように，資本構成の無関連命題（MM理論）によると，税や取引費用を無視する完全市場において，企業が株主資本と負債の割合をどのように組み合わせても，企業価値や資本コストは同じにしかなりません。MM理論はやがてファイナンス理論の基盤を作る画期的な業績として評価されるようになり，1990年度のノーベル経済学賞を授与されるに至りました。現在の標準的なファイナンス理論は，MM理論を軸にして構成されています。

　ところで，MM理論は，あくまでも完全市場を想定した基礎的なモデルであることに注意してください。1960年代以降の数多くのモデルは，MM理論を出発点としつつも，少しずつ現実的な前提に置き換えることで，資本構成の理論を飛躍的に発展させてきました。その結果，資本構成は企業価値に影響を「与える」がゆえに，株主資本と負債の割合に関して最適な割合が「存在する」というモデルが主流化することになりました。第11〜12章では，できるだけ登場してきた順序にしたがって代表的な不完全市場のモデルを解説していきます。

11.1. 資本構成の無関連命題（再）

　完全市場では，所与の投資政策のもとで資本構成を変えても企業価値は同じにしかなりません（MM理論）。ファイナンス理論において，企業の目的は企業価値を最大化することにあると前提されていますから，資本構成はこの目的のために無力だということを意味します。株式価値を E，負債価値を D として，横軸を負債比率 D/E，縦軸を企業価値とする図で表したとき，U社（負債なし）の企業価値 V_U と L社（負債あり）の企業価値 V_L は同じにしかならず，水平の直線となります。

　もっとも，MM理論は税や取引費用などを無視する完全市場のモデルです。そこでは税や取引費用（株式売買の手数料など）が無視されています。また，経営者は仕事をサボったり，無駄遣いをしないと想定されています。さらに，経営者と投資家は企業の将来の収益性に関して同じだけ情報を持っていると想定されています。しかし，私たちが暮らしている現実の世界でこれらの前提はおおよそ成立しません。

　以上のような問題意識のもとで，1960年代以降，いろいろなファイナンス学者が，MM理論を出発点としつつも，少しずつ現実的な仮定に置き換えていくことで，資本構成の理論は飛躍的に発展を遂げました。その間，ミクロ経済学の発展に伴って出てきた新しい概念が，少し遅れてファイナンス分野にも応用されていくというプロセスを経ました。以下では，不完全市場のモデルとして，税，取引費用，エージェンシー費用，情報の非対称性が資本構成に与える影響を説明していきます。最初の3つを第11章で，最後の情報の非対称性を第12章で解説します。これらを根拠にして，最も企業価

値を高くする**最適資本構成**（optimal capital structure）が存在するという結論に切り替わります。

　異なる仮定のモデルからは異なる結論が導き出されますので，それぞれの説明法が必ずしも同時に成立するとは限りません。ファイナンス研究者にとっては，何が何の原因になり得るかをひとつひとつ分解して示すことに最大の関心があったからです。もちろん，すべての要素を取り入れて総合的に判断できるのが理想ですが，まずは個々の要素ごとに結論を明確にさせておくのがファイナンス理論の常道です。

11.2. 法人税

　第一に，**負債の節税効果**（tax shield）について論じることにしましょう。MM理論では完全市場を想定しているため，法人税の存在は無視されていましたが，現実の世界において，企業（法人）の所得は課税されます。なお，法人の所得に課せられるものを法人所得税，個人の所得に課せられるものを個人所得税としたほうが本質的に正しい名称なのですが，わが国では前者が法人税，後者が所得税と呼ばれているので，本書もそのように表現します。

　大雑把に述べると，法人税は企業が稼ぎ出した利益に課せられますが，会計上の費用は対象外です。よって，株主の報酬である利益は法人税の対象ですが，債権者の報酬である利子は免れることになります。ということは，企業が負債を利用するほど，法人税を節約できる分だけ企業価値を高められることになります。より厳密に述べると，税法上の益金は会計上の利益と同じではありませんし，税法上の損金は会計上の費用と同じではありません。しかし，これらの差異については税法の教科書で学んでもらうこととし，以下では，表現上の簡素化のために，法人税は利益に課せられ，費用に課せられないと表現することにします。

　第9〜10章でもそうであったように，株主資本だけで資金調達をしているU社（負債なし）と，財務レバレッジをかけているL社（負債あり）の2社で比較することにしましょう。この2つの企業はまったく同じ事業活動（ビジネス）をおこなうので，同じ事業利益（EBIT）を稼ぎ出すと想定します。また，法人税率を40％とします。U社に利子はありませんので，事業利益（EBIT）の200万円がそのまま利益になります。よって，法人税率40％のもとで，法人税80万円を負担します。これに対して，L社は利子50万円を支払いますので，差し引いた後の残余は利益150万円であり，これに対して法人税率40％がかかるため，法人税60万円を負担します。ということは，L社のほうが法人税を20万円だけ節約できていることになります。この節税20万円は利子50万円に対して法人税率40％をかけた数値であるとも理解できます。

　したがって，企業が負債を利用すれば，法人税を節約する分だけ企業価値を高めることができると結論されます。横軸を負債比率 D/E，縦軸を企業価値とする図において，節税効果は右上がりの直線によって表現されていますが，U社（負債なし）の企業価値 V_U よりも，L社（負債あり）の企業価値 V_L のほうが大きくなります。なお，完全市場を想定するMM理論は水平の直線で表現されますが，ここでは破線にしています。

　さて，企業にとって税負担は無視できないほど大きな費用であると言えますが，実際に株主資本がゼロの企業が存在しないことからもわかるように，負債比率100％が望ましくなるという節税効果のモデルは，あまりにも非現実的で極端だと言わなければなりません。このモデルには何か重要な要素

が欠落していると推察できるでしょう。

　実を言うと，ここで解説している節税効果のモデルは F. モジリアーニと M. H. ミラー自身による
ものです（1963 年）。同じ著者陣によって示された資本構成の無関連命題（1958 年）とは結論が異なっ
ています。しかし，異なる仮定からは異なる結論が導き出されるのであり，どちらが正しくて，どち
らが間違っているという次元の話ではありません。また，直前で述べたように，負債比率 100％が望
ましくなる結論に現実性はありませんが，これ以降に登場するモデルに対して重要な足がかりを与え
たという点において，やはり重要な位置づけにあると言えます。

11.3. 倒産コスト

　第二に，**負債の倒産コスト**（bankruptcy cost）について解説します。節税効果だけでは負債 100％
が望ましいという結論になってしまうのでした。そこで，別の不完全要素を導入することによって，
最適資本構成が 0％でも 100％でもない中間レベルに位置することを示したのが**資本構成のトレード
オフ理論**（trade-off theory of capital structure）です。

　基礎的な位置づけにある MM 理論では，あくまでも企業の倒産確率をゼロと仮定していますが，
実際にはそうではありません。負債の割合が高まれば，必然的に元本返済や利子支払いで資金が流出
しやすくなるために，資金繰りの悪化を原因として倒産する確率が高まってしまいます。倒産の可能
性が現実味を帯びてくる段階になると，企業に対する信用が低下するため，倒産コストと呼ばれる一
種の費用が発生し，企業価値を低めてしまいます。

　重要なことですが，概念の名称が倒産コストであっても，実際に倒産したときにかかる費用だけに
限定されず，倒産しそうだと懸念される段階で生じる費用も含まれています。そのため，前者を直接
的な倒産コスト，後者を間接的な倒産コストと表現することもあります。教科書によっては**財務的困
窮コスト**（financial ditress cost）と表現されていることもあり，このほうが誤解を招きにくいかもしれ
ません。とはいえ，意味する内容は同じですし，数多くの教科書で従来使われてきた表現であるため，
本書でも倒産コストと表記することにします。

　以下では，具体的な話を 3 つに絞って挙げることにしましょう。第一に，倒産する可能性が高いと
認識されると，部品，材料，製品等を納入してくれる仕入先との取引条件は悪化し，自社は即座に現
金で支払う方法でしか仕入ができなくなるでしょう。なぜなら，仕入先は代金が支払われない危険性
を心配して企業間信用（手形や掛）を避けようとするからです。そうなると，部品，材料，製品等の
調達能力が低下し，自社の製造・販売に支障をきたすかもしれません。これは間接的な倒産コストに
分類されます。第二に，従業員の勤労意欲が著しく低下します。また，他社から人材を引き抜かれる
可能性も高まります。これも間接的な倒産コストに分類されます。第三に，実際に倒産の手続きに入
ると，弁護士や会計士を雇う費用が余計にかかってしまいます。これは直接的な倒産コストに分類さ
れます。

　以上のことから，負債比率が高まるほど，企業価値は節税効果によって高められる一方，倒産コス
ト効果によって低められます。アクセルとブレーキの関係であり，どちらも常に作動していますが，
相対的な強さによって企業価値の増減が決まります。図においては，逆 U 字型の曲線がトレードオ
フ理論を表現しています。負債比率が低いうちは節税効果のほうが強いため，企業価値は高まってい

きます。しかし，負債比率が高くなると倒産コスト効果のほうが強いため，企業価値は低くなっていきます。ということは，どこかの水準で企業価値は最大化するはずであり，それが最適資本構成になります。

　このモデルが優れているのは，企業ごとに資本構成が多種多様である現実を説明できるところです。事業リスクが低い安定的な企業は倒産確率が低いため，節税効果を積極的に活用することが合理的であると言えます。実際のところ，電気・ガス事業は安定性が高いため，負債比率は高くなる傾向があります。どれほどの不況であっても，電気やガスの使用を完全に止めてしまう家庭は極めて稀ですから，倒産確率が相対的に低いことを根拠にして倒産コストが低いはずです。これに対して，景気の影響を受けやすい工作機械メーカーは負債比率が低い傾向にあり，これも倒産コストの相対的な高さで説明することが可能です。

11.4. 株式のエージェンシー費用

　第三に，**株式のエージェンシー費用**（agency cost of equity）について説明します。MM理論において経営者は株主の忠実な代理人（エージェント）であり，最大限の努力で企業価値や株主の富を高めると想定されています。しかし，依頼人（プリンシパル）である株主が現場の事情を熟知し得ない状況を悪用して，もしかすると代理人（エージェント）である経営者は，委ねられた出資金を企業のためではなく，自分自身の便益のために使ってしまうかもしれません。あるいは，精一杯の努力を怠るかもしれません。

　一般に，株主ではない専門的な経営者がマネジメントを委任される現象を**所有と経営の分離**（separation of ownership and management）と呼びます。数千人，数万人の株主がいちいち口出しをしていれば，企業のマネジメントはおかしくなってしまうでしょう。ごく少数の有能な経営者に現場を委ね，定期的に報告をさせることが，出資者である株主にとって合理的です。株主を依頼人（プリンシパル），経営者を代理人（エージェント）とする委任契約を**エージェンシー関係**（agency relationship）と呼びます。当然ながら，出資に見合う成果が出なければ，委任契約は解消されることになります。

　駄目な経営者は貴重な経営資源（ヒト，モノ，カネ）を浪費して，企業価値を減らしてしまいます。そうならないように，株主が経営者に規律を与える仕組みのことを**コーポレートガバナンス**（corporate governance）と総称します。マネジメント機能のトップに位置するのは経営者ですが，株主の利益が損なわれることがないよう，経営者を監視（モニタリング）するのが取締役会であり，ガバナンス機能を果たすことになります。とはいえ，四六時中ずっと監視できるわけがないため，限界が生じます。

　定義的に，株式のエージェンシー費用とは，株主と経営者の利害対立を原因とする企業価値の減少です。つまり，経営者の浪費や怠慢によって失われた価値を一種の費用とみなしていることになります。従来のファイナンス理論では株主と経営者の利害対立が検討の対象にされておらず，エージェンシー関係が費用をもたらすとは認識されていませんでした。1970年代半ば以降，企業の組織論や支配の問題がファイナンス理論に導入されたという経緯があります。

　以上のような背景の下で，負債を利用するほど株式のエージェンシー費用が減少し，企業価値が高まるという見解があり，以下で説明するフリーキャッシュフロー仮説と規律仮説の2種類が有名です。

節税効果がそうであったのと同様，負債の割合が高まるほど株式のエージェンシー費用が節約されますので，資本構成のトレードオフ理論を形づくる第2のアクセル要因と考えればわかりやすいでしょう。また，名称としては株式のエージェンシー費用なのですが，資本構成の文脈においては負債を利用することのメリットを説いていることになるので，これを**負債のエージェンシー便益**と読み替えたほうが話の流れはわかりやすいと思われます[1]。したがって，逆U字型の曲線は，節税効果と倒産コストだけを考慮に入れたものと比較したとき，負債のエージェンシー便益の分だけ企業価値が高まることを理由として，上のほうを走る曲線となります。また，企業価値を最大化する最適資本構成は，先ほどよりも右のほうに位置します。

　第一に，**負債のフリーキャッシュフロー仮説**（free cash flow hypothesis of debt）とは，あえて負債を利用することによって，企業価値を高める機会がない余剰資金を企業外に流出させ，経営者の浪費を防ぐという考え方です。たとえば，経営者は必要以上に豪華な社長室を作るかもしれませんし，採算が取れない投資プロジェクトを実施して従業員の昇進機会を増やそうとするかもしれません。その点，負債を利用すれば元本返済や利子支払いを迫られるため，余剰資金は企業外に流出しやすくなります。経営者は手元にない資金を浪費できない理屈です。

　第二に，**負債の規律仮説**（discipline hypothesis of debt）とは，企業の倒産確率が高まることによって経営者の努力水準が高まるという考え方です。実際に企業が倒産してしまえば，経営者は職を失うばかりか，名声も汚されることになるでしょう。そうであるために，負債を利用しているほうが投資プロジェクトを厳しく選別し，浪費も控えるようになるかもしれません。

　従来のフレームワークで考えれば，余剰資金が企業外に流出しやすいことも，倒産確率が高まることも，負債のデメリットでしかありません。ところが，株主と経営者の利害が対立している状況下では，株主にとってメリットになり得るということです。元本返済や利子は業績に関係なく約束された一定額であるため，負債を利用している企業の経営者はそれらを支払えるほどに十分なキャッシュフローを事業活動（ビジネス）から生み出さなければならず，さもなければ自分自身の立場が危うくなるということです。

　ところで，取締役会が資本構成の決定に影響力を持ち，経営者に負債を利用させるぐらいにガバナンス機能が強いのであれば，そもそも経営者の浪費や怠慢だって阻止できるはずではないかと疑問を持たれるかもしれません。しかし，取締役会は頻繁に開催されるわけではないので，資本構成などの財務政策に影響力を行使することはできても，日常的なマネジメントにまでは関与できません。欧米企業の場合，取締役会で無能な経営者を解任することは茶飯事ですが，その代わりに日常のマネジメントにおいて経営者はかなり強力な自由裁量を持っているとも言えます。したがって，エージェンシー費用を資本構成に関与するガバナンス機能で解決しようとする試みは矛盾する現象ではありません。

　わが国の企業ではガバナンス機能が比較的弱いようですから，欧米の企業とは様相が異なっています。実態として，ガバナンス機能を果たす取締役会のメンバーはマネジメント機能も兼ねていることが多く，しかも従業員からの内部昇格が通常です。そうであるがゆえに，マネジメント機能の上司である代表取締役に対して異を唱えることが難しいようです。これではガバナンス機能を十分に果たしているとは言えません。

11.5. 負債のエージェンシー費用①

　第四に，**負債のエージェンシー費用**（agency cost of debt）について説明しますが，これは企業の倒産確率がかなり高い状況下で重視される概念です。定義的に，負債のエージェンシー費用とは，債権者との利害対立において，株主が自分自身の便益を追求することから生じる企業価値の減少です。債権者は自分自身の資金を貸し付けて，その使用を企業に委ねており，所有者である株主によって債務が誠実に履行されることを期待している立場ですから，その意味において債権者が依頼人（プリンシパル）であり，株主が代理人（エージェント）です。このモデルでは債権者と株主の対立を主たる論点にしているため，経営者は株主に対して忠実であると仮定されています。

　平たく述べると，株主・経営者が債権者にツケを負わせるような行動を選ぶ可能性があるため，債権者はあらかじめ打てる手を打つのであり，そのことが原因で結局は株主が費用を負担することになるという考え方です。債権者は愚か者ではありませんので，あらかじめ債務不履行の可能性がゼロではないことを予見したうえで，そのリスクに見合うだけ要求収益率を引き上げるはずです。つまり，損失を受けるリスクを埋め合わせるに十分なだけ，追加的な報酬としてリスクプレミアムを上乗せするということです。ということは，高い利子率を負担しなければならない不利を通じて，結局は株主が負債のエージェンシー費用を負担せざるを得ません。しばしば誤解されやすい点ですが，負債のエージェンシー費用という名称であっても，債権者が負担する費用という意味ではありません。

　以上のような背景の下で，負債の割合が高まるほど負債のエージェンシー費用が増加し，企業価値を低めてしまうという見解があります。後ほど代表的なモデルとして，デット・オーバーハング仮説と資産代替仮説の2つを解説します（参照 11.7.〜11.8.）。どちらも，株主が債権者にツケをまわす可能性が高いと懸念されるために，あらかじめ債権者が要求収益率を高めるところに原因があります。同じことを表現し直すと，負債で資金調達をするときにかかる利子の負担が重くなるということです。利子の負担が重いことは企業価値を低めますので，それは資本構成において負債の割合を高めることを不利にする効果があるということです。

　倒産コスト効果がそうであったのと同様，負債の割合が高まるほど負債のエージェンシー費用が大きくなりますので，資本構成のトレードオフ理論を形づくる第2のブレーキ要因と考えればわかりやすいでしょう。逆U字型の曲線は，株式のエージェンシー費用（いわば負債のエージェンシー便益）までを考慮に入れたものと比較したとき，負債のエージェンシー費用の分だけ企業価値を低めることを理由として，下のほうを走る曲線となります。また，企業価値を最大化する最適資本構成は，先ほどよりも左のほうに位置します。

　ここまでの流れをまとめると，もともと節税効果と倒産コスト効果だけで論じられていたトレードオフ理論は，1970年代以降，エージェンシー理論の発展に伴って拡張したことになります。すなわち，負債の割合が高まるほど，節税効果および負債のエージェンシー便益（株式のエージェンシー費用の減少）がアクセル要因となる一方，倒産コスト効果および負債のエージェンシー費用がブレーキ要因となるため，どこかの水準で企業価値は最大化するはずであり，それが最適資本構成となります。つまり，拡張的なトレードオフ理論の枠組みでは，これらの4つの不完全要素を取り込んで資本構成を論じていることになります。

11.6. 負債のエージェンシー費用②

　さて，デット・オーバーハング仮説と資産代替仮説を詳細に説明する前に，まずは背景となる基礎知識として，企業が倒産する際におこなわれる処理について説明しておくことにしましょう。このあたりは会社法でも学ぶ知識になりますが，株式会社の歴史についても言及しています。コーポレートファイナンスが学際的な性格を持っているために，他の科目で学ぶ内容が役に立つことを実感できるだろうと思われます。

　歴史上，比較的初期の企業形態において，出資者は**無限責任**（unlimited liability）だったため，個人的に破産してでも企業の債務を弁済しなければなりませんでした。しかし，損失がいくらになるのか見当もつかないルールでは，よほど余裕がある資産家しか出資者になろうとはしないでしょう。1602年，オランダ東インド会社は株主の**有限責任**（limited liability）を導入し，これが現在の株式会社制度のルーツとなりました。株主は出資額以上に損失を負担しませんので，最悪の場合でも保有している株式が紙クズになるだけで済みます。

　企業が破綻する場合，まずは残存している資産を現金化して，可能なかぎり債権者に返済します（①）。たいてい，そのような状況では負債のほうが資産よりも大きい**債務超過**（insolvency）となっています。現在の有限責任制のもとでは，超過した債務を株主の追加出資によって弁済する必要はなく（②），債権者の損失として処理されます。つまり，原則として企業には負債を返済する義務がありますが，あらかじめ約束した元本返済や利子の支払いができないとき，例外的に**債務不履行**（default）となるのです。もちろん，株主は残余の財産しか取れない立場ですから，債務超過の場合には何も受け取るものがありません。

　負債比率が高いほど企業は債務超過になりやすいと言えます。第10章で重いモノを支える比喩を用いましたが（参照 10.2.），株式のクッションが小さすぎると事業リスクを支えきれず，その下に位置する負債にも圧力がかかってしまいます。債務不履行によって債権者にも損失を負担させる可能性がゼロでないということは，株主のみならず，債権者も事業リスクを負担していることを意味するのです。このあたりは債務不履行を捨象している MM 理論との違いであり（参照 10.2.），現実性の高い不完全市場のモデルとなっています。

　残余財産との関係において，投資家の取り分を認識しておくことにしましょう。図の横軸は残存している資産の大きさ，縦軸は債権者の取り分です。まず，資産≧負債である通常のケースにおいて，債権者の取り分は負債の大きさである一方，株主の取り分は資産−負債の大きさになります。ところが，資産＜負債となる債務不履行のケースでは，債権者の取り分は資産の大きさになる一方，株主の取り分はゼロとなります。たとえば，負債が 30 万円だとすれば，資産が 30 万円以上であるときに債務不履行は起こらず，債権者の取り分は 30 万円の水準で一定の水平線になります（①）。ところが，資産が 30 万円未満になると，債権者の取り分は資産と一致するので原点からの 45° 線になります（②）。

11.7. 負債のエージェンシー費用③

　さて，背景となる基礎知識の説明を済ませましたので，負債のエージェンシー費用に分類されるデット・オーバーハング仮説について論じていくことにしましょう。**デット・オーバーハング**（debt overhang）とは，負債の割合が多すぎることを原因として起こってしまう**過小投資**（underinvestment）の問題です。これは S. C. マイヤーズ（Stewart C. Myers, 1940-）が 1977 年に提示したモデルであり，既存の負債が突起物（overhang）になって新規の投資プロジェクトを妨害するといったほどの意味になります。

　いま負債が 30 万円の企業があり，現状では資産が 20 万円しかないため，このままでは債務不履行に陥ってしまう状況にあるとしましょう（①）。この場合，残存している資産を清算すれば，債権者の取り分は 20 万円，株主の取り分はゼロとなります。一方，株主による 15 万円の増資があれば，プラスの正味現在価値（NPV）をもたらす投資プロジェクトによって企業価値が 40 万円に高まり，債務不履行を免れることができるとします（②）。この場合，債権者の取り分は 30 万円，株主の取り分は 10 万円となります。

　もちろん，債権者はきちんと債務が履行されることを望みます（②）。投資プロジェクトが却下されることを望む理由はありません（①）。ところが，株主の立場で考えれば，15 万円の増資に応じて 10 万円の取り分を確保するぐらいならば（②），投資プロジェクトを却下して取り分ゼロで終わるほうが良いに決まっています（①）。

　したがって，あえて債権者を見殺しにしたほうが得策になるとき，たとえ正味現在価値（NPV）がプラスの投資プロジェクトであっても却下されてしまいます。本来であれば実施されるべき投資機会が放棄されるのですから，社会にとって望ましい状況ではなく，過小投資が起こっています。これは負債の割合がかなり高いときに起こり得る現象です。債権者は損失を負担させられるリスクを見越して高い収益率を要求するはずなので，結局は株主が負債のエージェンシー費用を負担することになります。

11.8. 負債のエージェンシー費用④

　次に，これも負債のエージェンシー費用に分類される資産代替仮説について説明します。**資産代替**（asset substitution）とは，負債の割合が多すぎることを原因として起こってしまう**過大投資**（overinvestment）の問題です。これは M. ジェンセン（Michael C. Jensen, 1939-2024）たちが 1976 年に提示したモデルであり，リスクが高いほうが株主にとって有利であるから，資産を低リスクから高リスクに置き換える（代替する）誘因があるといったほどの意味になります。

　いま負債が 30 万円の企業があり，2 つの投資プロジェクトのどちらを実施するかを検討しているとしましょう。まず，低リスク案を実施すれば，確率 100% で資産が 30 万円になるため，確実に債務不履行を免れることができます（①）。この場合，債権者の取り分は 30 万円であり，株主の取り分はゼロです。これに対して，高リスク案を実施すれば，成功確率 50% で資産が 50 万円になる一方，失敗確率 50% で資産が 10 万円になり，後者では債務不履行に陥ってしまいます（②）。成功する場合，債権者の取り分は 30 万円であり，株主の取り分は 20 万円です。失敗する場合，債権者の取り分は 10 万円であり，株主の取り分はゼロです。

　もちろん，債権者は着実に債務が履行される低リスク案を選好します（①）。あえて債務不履行の可能性を含んだ高リスク案を選好する理由がないからです（②）。ところが，株主は高リスク案を選好するはずです（②）。なぜなら，成功すれば株主に恩恵がある一方，失敗しても債権者に損失を負

わせることができるからです。一発逆転で成功する可能性に賭けず，最初から恩恵なしで終わってしまう低リスク案よりも明らかに魅力があります（①）。

　したがって，債権者にリスクを負わせるほうが得策であるとき，たとえ正味現在価値（NPV）がマイナスの投資プロジェクトであっても実施されてしまいます。本来であれば却下されるべき投資機会が採択されるのですから，社会にとって望ましい状況ではなく，過大投資が起こっています。これは負債の割合がかなり高いときに起こり得る現象です。債権者は損失を負担させられるリスクを見越して高い収益率を要求するはずなので，結局は株主が負債のエージェンシー費用を負担することになります。

第 11 章からの示唆

　資本構成に関する代表的なモデルを解説してきましたが，そのつど結論が変わることについて違和感や不信感を覚えるかもしれません。しかし，ファイナンス理論を学ぶうえでは，前提が変わるたびに結論が変わるという「実験的な」発想に慣れてください。単純にどれが正しくて，どれが間違っているという話ではありません。モデルごとに明らかにしたいこと，強調したいポイントが異なっているのであり，そのために前提が異なっているのです。著者が好んで使う表現ですが，これは「頭の中の実験室」です。

　したがって，読者に求められるのは，何が何の原因になっているのかを丁寧に理解し，実際に事業活動（ビジネス）の現場でファイナンス理論を役立てようとするならば，どのような根拠にもとづいて何を重視するか，逆に何を重視しないのかを自分自身の頭で考えられるようにすることです。また，意思決定に関与する者，投資家，その他の利害関係者に対して，筋道を立てて論理的に説明できることです。

補論 9

　ここでは，負債の節税効果を踏まえたとき，資本コストの式がどのように修正されるのかを示します（参照 11.2.）。先に結果を示しておくと，完全市場の資本コスト k と形が似ているものの，債権者の要求収益率 k_D に（1 − t）がかかっているところが異なっています。ただし，t は法人税率です。すなわち，株主の要求収益率 k_E に対しては株式価値の割合 E/V を，債権者の要求収益率（1 − t）k_D に対しては負債価値の割合 D/V を，それぞれウエイト（重み）として平均することになります。

　したがって，法人税を考慮に入れれば，負債の割合を高めるほど資本コスト k は低下します。完全市場では資本構成に関係なく，事業リスクに応じた資本コスト k が一定になるのですから（参照 10.7.），それとは結論が大きく異なっています。すでに述べたように，尻尾（応用レベル）が胴体（基礎レベル）を振り回すのはおかしいのですが（参照 10.8.），今まさに尻尾の話をしているのです。胴体ほど大きくはありませんが，もちろん尻尾を無視してもよいと述べているのではありません。

　このように，負債の利用によって法人税が節約される効果は分母の資本コストに反映されるため，投資プロジェクトの正味現在価値（NPV）を計算する際，負債がない場合の期待フリーキャッシュフロー（FCF）を分子に用いて割引計算がされます。負債がある場合の期待フリーキャッシュフロー（FCF）を用いると，節税効果が二重に反映されてしまうからです。

　ただ，節税効果の資本コスト式は，法人税だけを重視したものです。他の不完全要素が分子に反映されているならばよいのですが，そうでないときは，分母に反映させるべきです。もちろん，倒産コスト，エージェンシー費用を計測するのは非常に困難であるため，妥協的に無視するしかないかもしれません。ただ，法人税だけを考慮に入れる場合，本来あるべき水準よりも正味現在価値（NPV）が大きく出やすく，過大投資になるのではないかと懸念します。したがって，計測が難しい他の要素については数値化を断念し，いったん法人税だけを考慮に入れた正味現在価値（NPV）を求めたうえで，感覚的に修正するというのが実務的に妥当なアプローチなのかもしれません。

　また，学部・MBA レベルを明らかに超えた水準の話なので，要点だけを示しておくことにしますが，債権者の要求収益率 k_D に（1 − t）をかける式はそもそも理論的に適切ではないという指摘もあります[2]。というのは，この式では，あたかも債権者が要求収益率の水準を節税分だけ引き下げているように見えるからです。本来，負債を利用することによって節税効果を得るのは債権者ではなくて株主のはずですから，論理整合性を重視すると，負債の節税効果は株主の要求収益率 k_E を引き下げることを通じて資本コスト k を低下させるはずです。そうでなければ，資本コスト k の本質は投資家の要求収益率であるという前提を上手く説明できなくなってしまいます。しかし，国内外を問わず，数多くの教科書では債権者の要求収益率 k_D に（1 − t）をかける式で定義されますので，本書もまったく無視するわけにはいかないというのが実情です。

【注】

1）　従来から「負債のエージェンシー費用」は数多くの文献で使われてきた用語ですが，「負債のエージェンシー便益」は読者の理解を容易にするために，著者が便宜上使っている表現なので，世間一般で認識されている用語ではありません。

2）　詳細については，辻（2016）参照。法人税を考慮に入れる資本コスト式について，その定義を問題視する研究は1970年代から存在しています。

MEMO

第11章 資本構成③

●学習のポイント

負債比率を高めるほど法人税は節約され，株式のエージェンシー費用は減少するけれども，倒産コストは高まり，負債のエージェンシー費用は増加する。これらを原因として，最適資本構成が存在するという考え方がある。

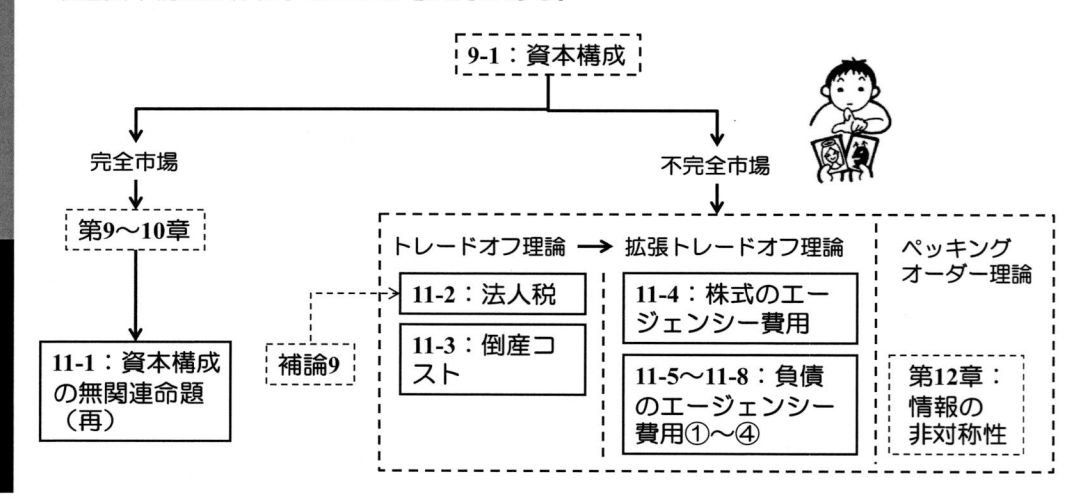

11-1 資本構成の無関連命題（再）

●資本構成の無関連命題（MM理論，1958年）

完全市場では，所与の投資政策のもとで...

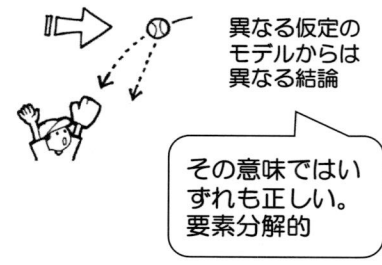

異なる仮定のモデルからは異なる結論

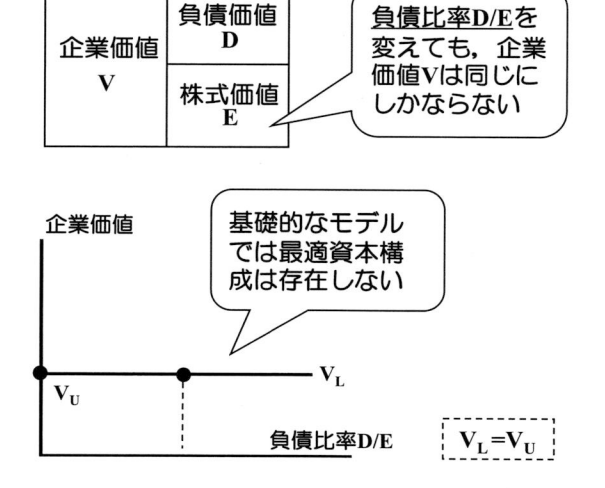

負債比率D/Eを変えても，企業価値Vは同じにしかならない

その意味ではいずれも正しい。要素分解的

MM理論を土台として，1960年代以降は<u>不完全市場</u>を想定した現実的修正

- ・税
- ・取引費用
- ・エージェンシー費用
- ・情報の非対称性

基礎的なモデルでは最適資本構成は存在しない

$$V_L = V_U$$

11-2 法人税

●負債の節税効果

利益…法人税の対象
利子…法人税の対象外 → 税法上の損金

（例）事業利益200，法人税率40%

・U社（負債なし）

利益200
税80

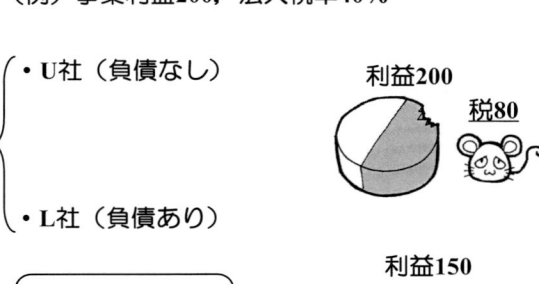

・L社（負債あり）

利益150
利子50
税60

節税20=法人税率40%×利子50

負債を利用するほど，法人税の節約によって企業価値は高まる

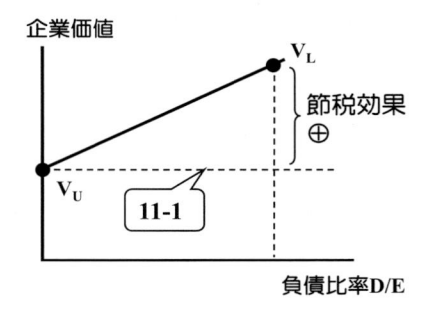

$V_L = V_U + 節税効果$

負債100%が最適資本構成

しかし，極端なので現実性に欠ける

11-3 倒産コスト

企業価値 V	負債価値 D
	株式価値 E

負債比率D/Eが高いほど，元本返済や利子支払で資金流出しやすい

企業の倒産確率が高まる

●トレードオフ理論

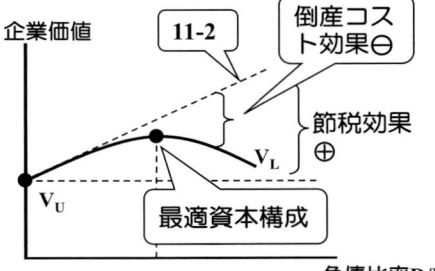

倒産コスト効果⊖
節税効果⊕
最適資本構成

●倒産コスト
・仕入先・販売先との取引条件が悪化
・従業員の勤労意欲の低下
・倒産手続きの弁護士，会計士費用

$V_L = V_U + 節税効果 － 倒産コスト効果$

アクセル　ブレーキ

企業ごとに倒産確率が異なるため最適資本構成が異なる

事業リスクが低い企業は，倒産コストよりも節税が強く働きやすく，負債比率は高めに

11-4 株式のエージェンシー費用

●株式のエージェンシー費用

株主との利害対立において，経営者が自分自身の便益を追求することで生じる<u>企業価値の減少</u>

株主
(principal)
依頼人

VS.

経営者
(agent)
代理人

（例）怠慢，豪華な社長室，**NPV＜0の投資**プロジェクト

■トレードオフ理論の拡張

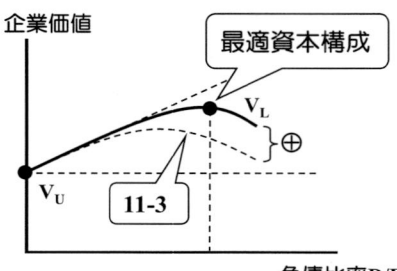

企業価値

最適資本構成

V_L

$\oplus$

V_U

11-3

負債比率D/E

負債が多いほど，株式のエージェンシー費用は減少

（第2のアクセル）

いわば「負債のエージェンシー便益」

■負債のフリーキャッシュフロー仮説

余剰資金をあえて<u>元本返済や利子</u>で流出させ，経営者の浪費を防ぐ

■負債の規律仮説

負債で倒産確率が高まるので，経営権を奪われたくない経営者が努力水準を高める

11-5 負債のエージェンシー費用①

●負債のエージェンシー費用

債権者との利害対立において，株主が自分自身の便益を追求することで生じる<u>企業価値の減少</u>

債権者
(principal)
依頼人

VS.

株主・経営者
(agent)
代理人

■トレードオフ理論の拡張

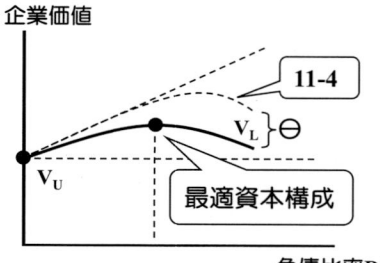

企業価値

11-4

V_L

$\ominus$

V_U

最適資本構成

負債比率D/E

負債が多いほど，負債のエージェンシー費用は増加

（第2のブレーキ）

債権者はリスクに見合うだけ要求収益率を引き上げるので，<u>株主が負債のエージェンシー費用を負担</u>（負債が割高に）

■デット・オーバーハング仮説

負債比率が高すぎて<u>過小投資</u>

11-7

■資産代替仮説

負債比率が高すぎて<u>過大投資</u>

11-8

11-6 負債のエージェンシー費用②

●株主の有限責任

　　　株主は出資額以上に損失を負担しない

> 債権者に対して元本返済や
> 利子支払ができないときは
> 債務不履行（デフォルト）

> 100万円を投資し
> た株主の最大損失
> は100万円（株価
> ゼロ）にとどまる。

■債務超過で破綻する場合
（資産<負債）

> ①資産を現金
> 化して返済

資産　　負債　　　債権者
　　　　　　　　　→ ☺

> ②返済できない
> 負債は株主に弁
> 済の義務なし

債権者
の損失　　　株主資本

株主の
損失

（例）負債額30

> ②資産<負
> 債ならば資
> 産の額だけ

> ①資産≧負債な
> らば約束どおり
> の負債の額

30 ┈┈┈┈┈
　　　　　　　　債権者の
　　　　　　　　取り分
　　45°
0　　　30　　　　　資産
　　　負債

11-7 負債のエージェンシー費用③

■ デット・オーバーハング（debt overhang）

> 負債比率が高すぎ
> て起こる過小投資

（例）負債30 の企業で，株主の増資15に
よる投資プロジェクトを検討

		資産	債権者	株主
①	増資前	20	20 ∧	0 ∨
②	増資後	40	30	10

損失5

債権者は②を選好，株主は
①を選好するので利害対立

→　株主・経営者は，債
　　権者に損失を負わせ
　　て破綻するほうが得
　　策なので，①を選ぶ

> たとえNPV>0でも，株主
> の損失になりそうな投資
> プロジェクトを実施せず

債権者

①　　　②

30
20

0
　　20 30 40　　　資産
　　　負債

債権者の
取り分

11-8 負債のエージェンシー費用④

■ 資産代替（asset substitution）

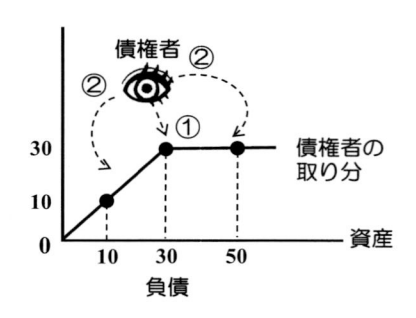

負債比率が高すぎて起こる過大投資

（例）負債30の企業で，成功:失敗=100:0の低リスク案と，成功:失敗=50:50の高リスク案という投資プロジェクト

		資産	債権者	株主
①	低リスク案	30	30∨	0∧
②	高リスク案	$\begin{cases}50\\10\end{cases}$	$\begin{cases}30\\10\end{cases}$	$\begin{cases}20\\0\end{cases}$

債権者は①を選好，株主は②を選好するので利害対立

→　株主・経営者は，失敗しても債権者の損失にできる一方，成功すれば①よりも良いので，②を選ぶ

たとえNPV<0でも，株主の利益になりそうならば実施

株主はこの状況でギャンブルをやりたがらない理由がない。

※ 補論9

■ 法人税を考慮に入れた資本コスト（10-6からの変形）

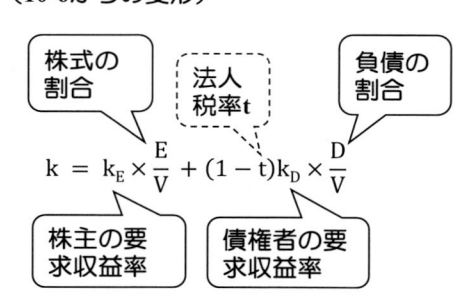

株式の割合　法人税率t　負債の割合

$$k = k_E \times \frac{E}{V} + (1-t)k_D \times \frac{D}{V}$$

株主の要求収益率　債権者の要求収益率

この場合，負債なしを想定した期待FCFを用いて現在価値を計算

法人税を考慮に入れた場合，負債比率D/Eを高めるほど資本コストは低下

本来，倒産コスト等も考慮に入れたいが，定量化が難しいので，法人税だけを考慮する実務が通常

負債Dに対して，債権者の要求収益率はk_Dなので，利子は…

$$k_D D$$

節税額は，法人税率tのもとで…

$$t k_D D$$

実質的な利子の負担は…

$$k_D D - t k_D D = (1-t)k_D D$$

よって，負債Dに対する割合は…

$$(1-t)k_D$$

第12章 資本構成④

いつでも簡単に妥当な条件で資金調達ができれば，財務的な意思決定は簡単だと言えるのかもしれません。第11章で説明したように，資本構成のトレードオフ理論にしたがえば，法人税，倒産コスト，エージェンシー費用を踏まえて企業価値を最大化する水準を見極めるのでした。もし現在の資本構成がそれと一致していないのであれば，最適資本構成に近づく資金調達の手段を選べばよい理屈です。負債比率が低すぎれば債券発行や銀行借入を選び，高すぎれば株式発行を選ぶといった具合です。あるいは，資金調達の話を離れるとしても，負債比率が低すぎるときは自社株買いを実施したり（第15章），高すぎるときは債券を償還したり，銀行に借入金を返済することもできるでしょう。

ところが，株式市場が完全な形で機能していないとき，事情は異なってきます。企業価値がどれぐらいであるかを見積もる投資家の側に十分な情報がなければ，株価が過小評価される可能性があります。そうであれば，本来あるべき評価で株式を発行することができず，資金調達そのものを断念することになりかねません。また，そうであれば，正味現在価値（NPV）がプラスである投資プロジェクトを実施することができず，企業価値を高める機会を失ってしまう可能性があります。逆に，株価が過大評価される可能性もあり，それもまた別の問題を引き起こします。

本章では，市場の不完全要素として情報が不完全であることに重点を置いた資本構成のモデルを説明します。企業が取っている財務政策に関して，1970年代までのトレードオフ理論では説明しにくい現象も実際に見受けられることがあります。その点，1980年代以降に展開されたモデルのもとでは，一見すると不可解な現象に対しても説明を与えることができるのです。もちろん，1980年代以前のモデルが間違っていたとか，説明力を失ったということではなく，今まで説明できなかった部分も追加的に説明できる分，ファイナンス理論の深みが増したと言うべきです。

12.1. 情報の非対称性

以下では**情報の非対称性**（asymmetric information）が資本構成に与える影響を説明しましょう。一般に，ある情報を当事者の片方が知っているのに，もう片方が知らない状況を情報の非対称性と呼びます。持っている情報が双方で同じならば対称ですが，そうではないので非対称ということです。第11章では，市場の不完全要素として，法人税，倒産コスト，株式のエージェンシー費用，負債のエージェンシー費用の順に説明してきました。広い意味でこれらはすべて費用を生み出します。情報の非対称性は5番目の不完全要素という位置づけにあります。直感的にはわかりづらいのですが，情報の非対称性も一種の費用を生み出します。かなりの紙幅を費やして，以下ではその理由を説明することになります。

伝統的なミクロ経済学が想定する完全情報の場合，低品質は市場から締め出され，高品質だけが市場に生き残るはずです。その意味で弱肉強食の自然淘汰（natural selection）だと言えるでしょう。しかし，経済学者の G. A. アカロフ（George A. Akerlof, 1940-）は，1970 年の論文で情報の非対称性を考慮に入れ，むしろ低品質が生き残り，高品質が駆逐されてしまう**逆選択**（adverse selection）の可能性を示唆しました。この業績によって，G. A. アカロフには 2001 年度のノーベル経済学賞が授与されています。

G. A. アカロフの逆選択モデルは，中古車を例に説明されたものです。中古車の場合，買い手が外観だけで品質を推測することは困難です。運が良ければ高品質を手に入れ，運が悪ければ低品質を手に入れることになるでしょう。これに対して，売り手は自分が乗ってきた車の品質は熟知しているはずです。その意味で売り手と買い手の間には情報の非対称性が存在していることになります。

買い手は個々の中古車の品質は知らないけれども，市場に出回っている平均的な品質だけは知っているものと仮定しましょう。この場合，あらゆる中古車に対して，平均的な品質にもとづく評価をせざるを得ません。だとすると，高品質は過小評価され，低品質は過大評価されてしまいます。このとき，中古車の売り手は過小評価されている高品質を売りたがらず，むしろ過大評価されている低品質だけを売ろうとするでしょう。したがって，価格が低ければ低品質しか市場に供給されない事態が発生し得ることになります。そうなると，高品質を保有する売り手は取引機会を失って，市場から淘汰されてしまうでしょう。これは低品質が生き残り，高品質が駆逐される状況ですから，弱肉強食の自然淘汰とは逆の現象です。

ファイナンスは，ミクロ経済学の進展を取り入れて進化を続ける学問分野です。G. A. アカロフの逆選択モデルを資本構成の問題に応用したのは，S. C. マイヤーズ（Stewart C. Myers, 1940-）であり，1984 年に提示された**資本構成のペッキングオーダー理論**（pecking order theory of capital structure）でした。完全情報を想定する MM 理論では，経営者も株主も同じ情報をもつと仮定されています。しかし，個々の企業の収益性について，現場に近い経営者はよく知っている一方（情報優位），投資家はあまり知らないのが実情です（情報劣位）。投資家が企業の収益性を推測できないとき，低収益企業が自発的に低収益であることをアピールする理由はありません。よって，投資家は高収益企業と判別することができません。

前提として，高収益と低収益の 2 つの企業があり，どちらも投資プロジェクトを賄うための資金調達として，株式発行を検討しているものとします。また，情報の非対称性を原因として，投資家には企業のタイプ（高収益か低収益か）がまったく不明であり，適正な株価がつけられないとしましょう。これを**株価のミスプライシング**（share mispricing）と呼ぶことにします。簡単化のために，どちらの企業にも平均的な水準で同じ株価がつくものとします。このとき，高収益の企業は過小評価される一方，低収益の企業が過大評価されてしまいます。

モデルの前提によって，経営者は適正な株価を知っていますが，投資家はそれを知らず，株価が過小評価されているのか，過大評価されているのかを判別できません。完全市場を想定した第 7 章では，時価発行で増資をしても株価が変化しないことを説明しました（参照 7.5.）。しかし，情報の非対称性を考慮に入れる不完全市場では，株価がミスプライシングされているため，情報優位にある経営者の視点では，たとえ時価発行であっても実質的に割引発行や割増発行になることがわかります。

この点を踏まえて，株価のベクトル図解を少しだけアレンジし，**適正株価** P_F を示すものに作り替えることにしましょう。縦軸を**適正株式価値** E_F（株式価値 E ではなく），横軸を株式数 N とします。増資前の状況を示すベクトルの傾きは適正株価 P_F であり（株価 P ではなく），増資は右上がりの破線のベクトルで表現されます（参照 12.2.）。このとき，増資を示すベクトルの傾きは発行価格ですが，それは時価（現在の株価 P）であると前提します。これらを合成したものが増資後の状況を示すベクトルとなり，その傾きによって株式価値の変化を表現することができます。もちろん，増資の段階でこの変化を把握できているのは，情報優位にある経営者だけです。

12.2. 株式発行の逆選択コスト①

まず，株式発行の逆選択コストから解説します。結論を先に述べると，株価が過小評価されているときの株式発行は使い勝手の悪い資金調達法となります。これは投資プロジェクトを株式発行で賄おうとする際の非効率を原因としており，**過小投資**（underinvestment）という結果を招きます。ここで言う過小投資とは，情報の非対称性がない完全市場であれば実現したであろう状況と比較して，企業が実施できる投資プロジェクトが減ってしまうことを意味します。逆選択という言葉の意味するところについては，後ほど説明します。

重要なことですが，経営者は既存株主の利益を重視する忠実な代理人（エージェント）であると仮定します。この仮定は十分に現実的だと思われます。既存株主と新株主を区別するのは，両者間で利害が対立するからです。投資家は増資後のどこかの時点で実施前の適正株価がどのような水準であったのかを知ってしまうかもしれません。事後的に批判されることを怖れる経営者は，少数派ではなくて多数派の株主が損失を受けないように行動するはずです。よほど大規模の増資でもないかぎり，新株主の数は比較的少ないはずですから，怒らせて厄介なのは既存株主のほうでしょう。

さて，過小評価で増資する場合，割引発行と同様の効果を及ぼすため（参照 7.6.），適正株価の希薄化（dilution）を招きます。すなわち，新株主に対しては所有権の安売りであるがゆえに，既存株主に損失が生じるのです。新株の発行価格 P は現在の適正株価 P_F よりも低いため，元のベクトルの右上の位置に比較的傾きが小さいベクトルが描き加えられます。増資後の状況を示すベクトルの傾きは，増資前よりも小さくなります。つまり，過小評価での増資を原因として適正株価 P_F は下落するのです。ということは，新株主に有利で，既存株主に不利です。

これに対して，過大評価で増資する場合，これは実質的に割増発行であるため，適正株価の濃密化（accretion）を招きます。すなわち，新株主に対して所有権を高く売り付けるがゆえに，既存株主に利益が生じるのです。新株の発行価格 P は現在の適正株価 P_F よりも高いため，元のベクトルの右上の位置に比較的傾きが大きいベクトルが描き加えられます。増資後の状況を示すベクトルの傾きは，増資前よりも大きくなります。つまり，過大評価での増資を原因として適正株価 P_F は上昇するのです。ということは，新株主に不利で，既存株主に有利です。

12.3. 株式発行の逆選択コスト②

モデルの構造上，低収益企業ではなく高収益企業の株価が過小評価されるのでした。すでに確認したように，過小評価の株式発行は既存株主に希薄化の損失を与えてしまいます。したがって，高収益

企業の経営者は既存株主にトータルで損失を負わせることのないよう，正味現在価値（NPV）が希薄化の損失を埋め合わせる以上に大きい場合に限って，投資プロジェクトを実施しようとするでしょう。そうでなければ，却下するはずです。

第5章で説明したように，本来であれば，投資プロジェクトの採否が分かれる境界点は正味現在価値（NPV）がゼロのところです（参照 5.6.）。ところが，増資がもたらす希薄化の損失の分だけ採算を判断するハードルが引き上げられます。この条件を満たさないかぎり，たとえ正味現在価値（NPV）がプラスであっても投資プロジェクトは却下されますので，社会にとって非効率な過小投資に陥ってしまいます。失われた企業価値は一種の費用であり，情報の非対称性を原因とする**株式発行の逆選択コスト**（adverse selection cost of share issue）と呼ばれます。本来であれば，既存株主がプラスの正味現在価値（NPV）を享受できていたはずですから，逆選択コストを負担しているのは既存株主です。

モデルの構造として必ずしもそうでなくてもよいのですが，ここでは話をわかりやすくするために，高収益企業の投資プロジェクトは正味現在価値（NPV）がプラスである一方，低収益企業の投資プロジェクトは正味現在価値（NPV）がマイナスであるとしましょう。株価については，前者が過小評価され，後者が過大評価されています。深刻なことに，高収益企業の投資プロジェクトが却下されるどころか，低収益企業の投資プロジェクトが実施される可能性さえ否定できません。なぜなら，株価が過大評価されているとき，たとえ時価発行であっても既存株主に濃密化の利益（＝マイナスの希薄化の損失）をもたらすからであり，その分だけ投資プロジェクトの採算を判断するハードルを引き下げることができるからです。

本来，効率的な資金配分のためには，正味現在価値（NPV）がプラスの投資プロジェクトが実施され，マイナスの投資プロジェクトが却下されるべきです。しかし，前者を断念する一方，後者が実施できるとすれば，弱い者が生き残り，強い者が淘汰される逆選択（adverse selection）になってしまいます。だとすれば，G. A. アカロフによる中古車市場の事例がそうであったように，株式市場もまともに機能していないことになります。これは誰もが同じだけの情報量をもつ完全市場では起こらない現象です。なお，逆選択とは自然淘汰（natural selection）の逆です。英語で考えたほうが正逆の関係がわかりやすいでしょう。

そもそも，投資プロジェクトが十分に大きなキャッシュフロー（FCF）を生み出すと期待しているからこそ，正味現在価値（NPV）がプラスになるのでした。それを実施できないというのは，この企業が価値創造の機会を失うばかりではなく，経済学的な視点においても非効率です。なぜなら，この企業は商品・サービスを最適な形で生産できないからであり，それは消費者にとっても望ましい状況ではないからです。

以上のように，株価が過小評価されているときの株式発行は使い勝手の悪い資金調達法となります。本章は資本構成を取り扱っているので，株主資本と負債の割合が論点です。高収益企業にしてみれば，株式発行で資金を調達しようとするからこそ，採算割れの可能性があるのでした。その点，負債で資金を調達すれば，プラスの正味現在価値（NPV）をもつ投資プロジェクトを実施できるかもしれません。つまり，情報の非対称性を原因とする逆選択コストは，株式発行よりも負債を優先しようとする方向に作用する要素となります。

12.4. 株式発行の過大評価シグナル①

次に，株式発行の過大評価シグナル仮説について解説します。結論を先に述べると，株価が過大評価されているときの株式発行も使い勝手の悪い資金調達法となります。第 7 章では，時価発行で増資しても株価が変わらないことを説明しました（参照 7.5.）。実際のところ，時価に近い発行価格の増資であっても，公表（アナウンス）したときにたいてい大きく株価が下落するのが実証的な事実です[1]。たとえば，日本水産は 2016 年 8 月に 54 年ぶりの公募増資を発表しましたが，それを受けて株価は 12.8％も下落しました。このような現象は完全市場のモデルでは説明できません。それを説明するのが，情報の非対称性を原因とする過大評価シグナル仮説です。

引き続き，経営者は既存株主の利益を重視する忠実な代理人（エージェント）であると仮定します。この仮定を置かなければ，経営者の行動が過大評価シグナルを発信するという結論には到達しません。そのぐらいに重要な仮定となります。また，ここでも経営者だけが増資前の段階で適正株価 P_F を知っているものとします。

ここでも適正株価のベクトル図解を用いますが，縦軸は適正株式価値 E_F（株式価値 E ではなく），横軸は株式数 N であり，これは逆選択コストを解説したときの図解とまったく同じです（参照 12.2.）。まず，過小評価で増資する場合，割引発行と同様の効果を及ぼすため，適正株価の希薄化（dilution）を招きます。つまり，過小評価での増資を原因として適正株価 P_F は下落します。このとき，新株主に有利である一方，既存株主には不利となります。これに対して，過大評価で増資する場合，割増発行であるため，適正株価の濃密化（accretion）を招きます。つまり，過大評価での増資を原因として適正株価 P_F は上昇します。このとき，新株主に不利である一方，既存株主には有利となります。

12.5. 株式発行の過大評価シグナル②

企業が株式発行を実施すると公表（アナウンス）したとき，投資家はこの企業が過大評価されている可能性が高いと推論します。というのは，すでに説明したように，経営者が過小評価であることを知っていたとすれば，希薄化の損失が大きいことを原因として株式発行を断念する可能性が高いからです（参照 12.2.）。また，投資プロジェクトを実施したいのであれば，できるだけ株式発行を避けて負債で資金調達したがるはずだからです[2]。このような理由で過大評価だと推論するならば，投資家たちの再評価によって株価は下落するでしょう。これが**株式発行の過大評価シグナル**（overvaluation signal of share issue）です。時価に近い株式発行であるにもかかわらず，公表（アナウンス）によって株価が下落するという現象は，以上の理屈で説明できることになります。

いつも使っている株価のベクトル図解を用いると，縦軸は株式価値 E になります。過大評価シグナルによる株価の下落は，垂直に下方向のベクトルによって表現されます。株式発行それ自体とは異なって，その方針の公表（アナウンス）から推論できる判断を論点としているのですから，株式価値 E を減らす力は生じる一方，株式数 N を増やす力は生じない点に留意してください。ベクトルを合成すれば明らかなように，傾きは小さくなります。つまり，過大評価シグナルによって株価 P は下落するということです。

株式発行の過大評価シグナルは，情報の非対称性が緩和することを意味しています。前提として高収益と低収益の 2 つの企業があり，投資家は企業のタイプを判別できないことが問題になっているの

174

でした。ところが，株式発行を公表（アナウンス）するという，企業それ自体の行動がタイプを明らかにするのであれば，もともとあった情報の非対称性が解消することになります。より控えめに述べても，タイプを判別できなかった企業が異なる行動を選ぶとき，それを契機として情報の非対称性が緩和することはあっても，逆に深刻化することはないはずです。

　以上のように，株価が過小評価されているときのみならず（逆選択コスト），過大評価されているときも株式発行は使い勝手の悪い資金調達法となります（過大評価シグナル）。もし低収益企業も正味現在価値（NPV）がプラスである投資プロジェクトを実施したがっていたとすれば，株価が過大評価されている状況下において，株式発行によって必要な資金を調達しようと思うかもしれません。ところが，過大評価シグナルによって株価下落を招くのであれば，株式発行それ自体がもたらす濃密化の利益よりも大きいかもしれません。株価下落を避けたいのであれば，できるだけ株式発行よりも負債によって投資プロジェクトを賄おうとするでしょう。

12.6. ペッキングオーダー理論

　以上のことを踏まえたうえで，**資本構成のペッキングオーダー理論**（pecking order theory of capital structure）を説明します。この理論によると，企業は最初に内部資金，次に負債，最後に株式発行という順序で資金調達をすると考えられます。このうち，内部資金は手元流動性や内部留保，負債は銀行借入や債券発行に細分化して述べることができます。ペッキングオーダー（つつき順位）という名称は，強い鶏が弱い鶏をつつく序列関係に由来しています。

　第一に，手元流動性や内部留保は，株価のミスプライシングから影響を受けない資金調達法であるため，投資家の要求収益率を低く抑えることが可能です。株式発行というプロセスを省略したおかげで株価から影響を受けずに済むという言い方ができそうです。資金の使い道が出てきたとき，過去の内部留保において蓄積しておいた手元流動性を取り崩してもよく，あるいは，現在の内部留保において新たに資金を確保することもできるのです。

　第1章で説明したように，内部留保は2段階処理である100%配当と増資を短縮したものです（参照1.5.）。世間では誤解されがちですが，内部留保は貸借対照表（B/S）の右側の概念であり，左側ではありません。つまり，配当しなかった利益に相当する資金は，もちろん設備投資や在庫投資に使われてもよく，よって固定資産や棚卸資産と対応しているかもしれません。しかし，毎期の内部留保をあえて手元流動性（現預金，短期の有価証券）に充てることによって，将来の投資機会に備えることもできます。ペッキングオーダー理論は，最初の資金調達法として手元流動性を重視している見解であると言えます。

　第二に，銀行借入や債券発行などの負債は，株式発行ほどミスプライシングの影響を受けません。業務の性質上，銀行は企業の決済状況を日常的に観察できる立場ですから，情報量は比較的多いはずです。また，債券価格が過小・過大評価される可能性はゼロではありませんが，原則として業績の好調・不調に関係なく確定的な利子を受け取れる約束であるため，業績に依存して残余的に決まる利益を予想するよりも比較的簡単だと考えられます。なお，不特定多数の投資家が関わる債券発行よりも，特定少数が関わる銀行借入のほうが，普段から企業内部の情報にアクセスしやすい立場の違い上，情報の非対称性が小さいと考えられます[3]。よって，ペッキングオーダー理論において，銀行借入は債

券発行よりも優先度が高い資金調達法と位置づけられています。

　第三に，株式発行はミスプライシングを原因として有益な投資機会を失う可能性があるため，このような逆選択コストを埋め合わせるためのプレミアムを上乗せしなければならず，その分だけ投資家の要求収益率を高めてしまいます。これまでプレミアムという言葉は数多く出てきましたが，いずれも投資家にとっての何らかの不便，リスクを埋めあわせる報償としての役割を果たしています。すでに述べたように，情報の非対称性がもたらす逆選択コストも一種の費用であり，株式発行に頼らざるを得ない企業の株主は余計に負担していることになります。

　したがって，所与の投資政策について，企業はできるだけ内部資金（手元流動性や内部留保）で対処しつつ，賄いきれない場合は負債（銀行借入や債券発行）によって資金を調達し，負債比率が高くなりすぎる不具合に直面した場合のみ，最後にやむを得ず株式発行を選ぶという順序になります。このようなペッキングオーダー理論の結論は，それ以前から存在していたトレードオフ理論から導き出されるものとは大きく異なっています。なぜなら，資本構成の目標を定めてから資金を調達するというよりも，むしろ順序にもとづいて資金を調達した結果として資本構成が決まってくるからです。もっと短く述べると，企業の資本構成は結果にすぎないと言うのです。

12.7. 財務フレキシビリティ①

　ペッキングオーダー理論に沿った考え方ですが，将来の有益な投資機会を確実に実施できることが重要であるため，いつでも機動的に資金調達ができるよう，ある程度の柔軟性をもっておくことが望ましいという見解があり，これは**財務フレキシビリティ**（financial flexibility）と呼ばれています。資金調達が機動的でなければ，設備投資，企業の合併・買収（M&A），研究開発投資（R&D）等について，決定的な好機を逃すことになりかねません。将来のどの時点でプラスの正味現在価値（NPV）を持つ投資プロジェクトを発掘できるかは，あらかじめ正確に予想できるものではありません。

　実際のところ，負債比率はトレードオフ理論が示唆する資本構成よりも低くなる傾向があります。第 11 章で説明したように，資本構成のトレードオフ理論にしたがえば，法人税，倒産コスト，エージェンシー費用を踏まえて最適資本構成を見極めるのでした。たとえば，事業活動（ビジネス）が安定した優良企業ならば，倒産する確率が低いので負債の節税効果を生かすメリットが大きく，負債比率は高めでも良さそうなものです。つまり，逆 U 字型の曲線で言えば，最高点となる位置が右のほうに位置することになるでしょう。そうであるにもかかわらず，実際のところ，高収益の企業ほど低レバレッジの傾向が強く，トレードオフ理論が示唆するほどには負債を利用していません。

　その点，ペッキングオーダー理論にしたがえば，高収益であるがゆえに手元流動性や内部留保が潤沢だからであり，それほど負債に依存しなくて済むからであると説明されます。したがって，トレードオフ理論が示唆する最適資本構成よりも負債比率は低めになると考えられます。**負債キャパシティ**（debt capacity）と呼ばれますが，低い利子率でいつでも機動的に借り入れることができる未使用の能力を，現時点で使わずにあえて将来に残しておくとい考え方があります。現在において負債比率が高すぎると格付けが低くなり，債券の発行条件が悪くなる等，将来のデットファイナンスの制約となってしまいます。そう考えると，将来も有利な条件で負債を利用できる余地を残しておくほうが，負債の節税効果よりも重要であるかもしれません。

　これはデットファイナンスに関連するところですが（第8章），企業が望ましいと考える格付け水準を先に決めておけば，その条件下で調達できる負債が上限となります。この上限を超えれば最終手段である株式発行に依存せざるを得ないため，あえて負債の枠を使い切らないように残しておきます。それゆえに，企業は債券の格付けを気にかけることになります（参照8.6.）。

12.8. 財務フレキシビリティ②

　また，実際の企業は手元流動性を多めに持つ傾向にあります。第5章で説明したように，ファイナンス理論の基本的な考え方にしたがえば，正味現在価値（NPV）がゼロにしかならない現預金，有価証券の運用は企業価値を高めないはずです（参照5.9.）。さらに踏み込んで述べると，第11章で説明したように，企業の経営者は株主の意向に反し，自分自身の利得のために資金を浪費するかもしれません（参照11.4.）。つまり，株式のエージェンシー費用が発生する分，手元流動性はマイナスの正味現在価値（NPV）をもたらす可能性があります。第14章で説明しますが，株式のエージェンシー費用を減らすという観点からは，企業価値を高めない余剰資金は残しておかず，配当によって株主に分配したほうがよいという考え方もあります（参照14.7.）。そうであるにもかかわらず，実際に手元流動性を多めに保有する企業は数多くあります。

　たとえば，任天堂は現預金，有価証券の保有が多い**キャッシュリッチ**（cash rich）の企業として有名ですが，有利子負債もないため，積極的に財務レバレッジを利用していない企業でもあります。資金繰りに苦しむことがないため，倒産するリスクを低く抑えることにはつながりますが，法人税を節約していないことになります。また，株式のエージェンシー費用を大きく発生させかねません。つまり，トレードオフ理論では説明することが難しい資本構成であると言えます。

　その点，ペッキングオーダー理論にしたがえば，手元流動性は絶好の投資機会を逃さないための柔軟性として評価されます。あらかじめ手元流動性を多めに持ち，現預金や有価証券で運用しておけば，必要なタイミングで簡単に取り崩せるからです。プラスの正味現在価値（NPV）をもたらす投資プロジェクトは，将来どの時点で発生するかを事前に予想することは困難です。いざ有益な投資機会を発掘できたとき，株価が過小評価されていても，過大評価されていても，株式発行で資金を調達しづらいのは説明したとおりです。また，債券の格付けを高めに維持するために，なるべく負債を使わずに残しておきたいのも説明したとおりです。**財務スラック**（financial slack）と呼ばれますが，負債や株式発行に依存する度合いを下げるために，しばらくは使う予定がない資金であっても，稼いだ利益のすべてを配当によって分配するのではなく，あえて内部留保によって確保しておくのはそのためです。

　企業が**ライフサイクル**（life cycle）に応じて財務政策を変化させるという考え方もあります。**成長期**にある企業は有益な投資機会が多いため，資金調達の必要性が大きい一方，必ずしも事業活動（ビジネス）が投資家に理解されていないこともあって，情報の非対称性が比較的強いと考えられます。したがって，手元流動性がもたらす柔軟性は，成長する機会を逃さないためのオプションとして機能することになります。これに対して，**成熟期**にある企業は有益な投資機会に乏しく，経営者の浪費でエージェンシー費用を発生させる懸念のほうが強くなりますので，潤沢な手元流動性は単なる余剰資金とみなされることが多くなります。もちろん，ここで述べていることは一般的な傾向であって，杓

子定規に当てはめることではありません。

第12章からの示唆

　以上をまとめると，企業が負債比率を低めにしたがり，手元流動性を多めにしたがるのは，財務フレキシビリティの概念で説明できる現象なのです。また，財務フレキシビリティの概念を裏づけているのがペッキングオーダー理論です。

　資本構成の理論が発展してきた歴史において，トレードオフ理論とペッキングオーダー理論は，MM理論以降の2大潮流だと思われます。より現実に妥当しているモデルがどちらであるかの検証は実証研究に委ねられており，まだ完全に決着が付いたわけではありません。というよりも，企業ごとにライフサイクルが異なっている等，重視すべき要素が異なっていると言うべきでしょう。

　エージェンシー費用にせよ，情報の非対称性にせよ，ファイナンスの実務に対する応用について言えば，具体的な数値で測りにくい要素が増えてきたことを意味します。実際のところ，計測が難しい要素がマネジメントにおいて重大な意味を持つことも多いので，ファイナンスという科目を単なる計算テクニックの習得とみなすのではなく，概念の理解を優先すべきだと思われます。

【注】

1）　新聞記事等で時価発行と表現されても，実際には割引発行であることが通常です。たしかに，割引発行で増資をする場合，希薄化によって株価が下落するはずです（参照 **7.6.**）。とはいうものの，実証的事実として観察される株価下落は，時価に近い割引発行で説明できる程度のものではありません。

2）　なお，「可能性」という控えめな言い方になるのは，株価が過小評価されている場合であっても，投資プロジェクトの正味現在価値（NPV）が十分に大きければ，株式発行による希薄化の損失を補って余りあることになり，トータルで採算が取れるからです。このような企業が株式発行を実施する場合もあり得るので，株式発行の公表（アナウンス）が「必ず」過大評価シグナルを発信するとまでは言えません。

3）　本書では詳細を割愛しますが，情報の非対称性を小さくできることに銀行借入の利点を見出すこともできます。このあたりは金融論で学ぶ内容です。たとえば，内田（2024）参照。

第12章 資本構成④

●学習のポイント

エージェンシー費用を重視すれば，企業の手元流動性（現預金や有価証券等）が多いのは非効率である。ところが，情報の非対称性を重視すれば，むしろ資金調達の好機を逃さないための柔軟性（フレキシビリティ）として評価される。

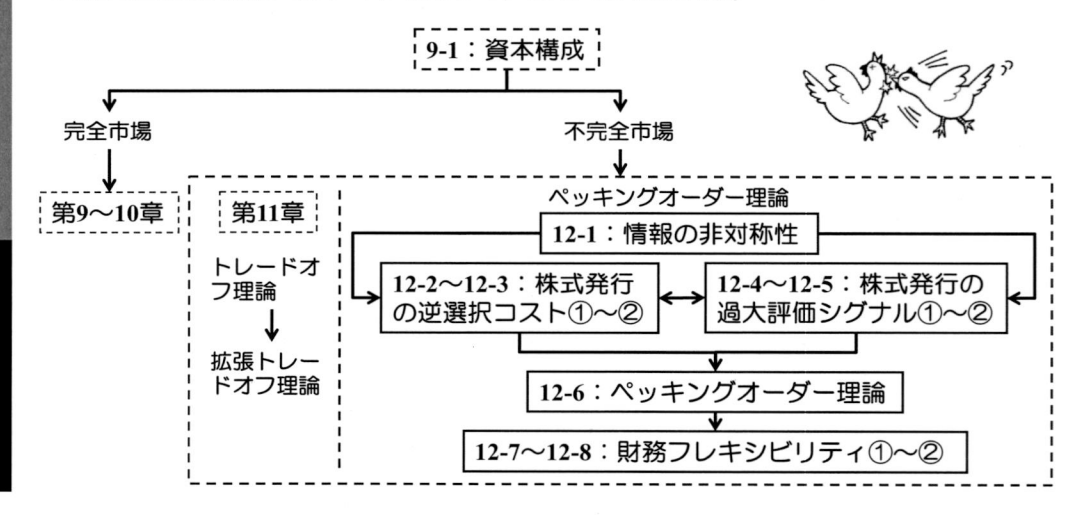

12-1 情報の非対称性

■株価のミスプライシング

情報の非対称性を原因として，投資家が株価を過大・過小評価

不完全市場のモデル

過小評価　　　過大評価

見分けがつかず，どちらも平均水準で同じ株価ならば…

高収益企業　→　過小評価
低収益企業　→　過大評価

適正株価を知っている経営者にだけはわかる状況

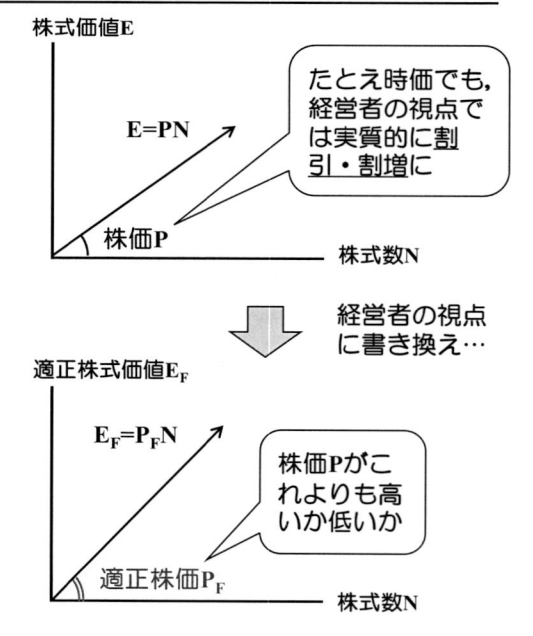

株式価値E

$E=PN$

株価P

株式数N

たとえ時価でも，経営者の視点では実質的に割引・割増に

経営者の視点に書き換え…

適正株式価値E_F

$E_F=P_F N$

適正株価P_F

株式数N

株価Pがこれよりも高いか低いか

12-2 株式発行の逆選択コスト①

●株式発行の逆選択コスト

投資プロジェクトを株式発行で賄おうとする際の非効率（過小投資）

経営者は既存株主を重視すると前提

この前提なしに, この結論にはならず

事後的にバレた際に厄介なのは多数派のほうで, それを既存株主と想定するのは妥当

※過小評価での株式発行

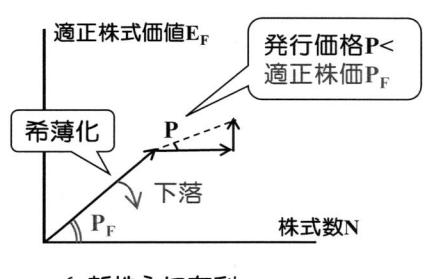

適正株式価値E_F

希薄化

発行価格P<適正株価P_F

P

下落

P_F

株式数N

{ 新株主に有利
  既存株主に不利

※過大評価での株式発行

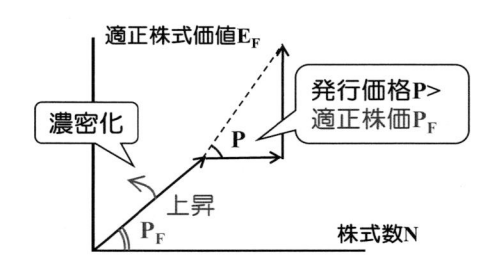

適正株式価値E_F

濃密化

P

発行価格P>適正株価P_F

上昇

P_F

株式数N

{ 新株主に不利
  既存株主に有利

12-3 株式発行の逆選択コスト②

過小評価の株式発行が原因で, 高収益企業はNPV>0の投資プロジェクトを断念する可能性あり

逆に, 低収益企業でNPV<0が実施される可能性あり

濃密化の利益でハードルが下がるので

希薄化の損失の分だけ採算のハードルが上がる

本来はNPV>0で実施（5-6）

●逆選択（adverse selection）

自然淘汰（natural selection）の逆

弱い者が淘汰されるのではなくて, 逆に強い者が淘汰される。

※過小評価での投資判断

NPV > 既存株主の希薄化の損失

完全市場では起こらない過小投資を招く

過小評価での株式発行は使い勝手が悪い

高収益企業は負債でNPV>0の投資プロジェクトを賄ったほうがベター

12-4 株式発行の過大評価シグナル①

●株式発行の過大評価シグナル仮説

経営者は既存株主を重視すると前提

時価による株式発行でも，公表時にたいてい株価下落となる理由を説明

この前提なしにシグナルとはならず

完全市場のモデルでは，時価発行の株式発行で株価不変のはず（7-5）

※過小評価での株式発行

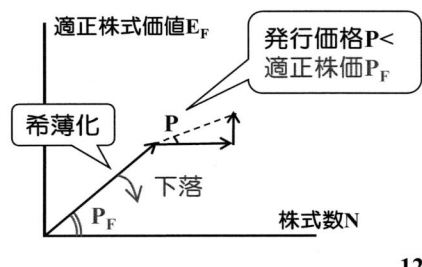

適正株式価値E_F

発行価格$P<$適正株価P_F

希薄化

P

下落

P_F

株式数N

{ 新株主に有利
  既存株主に不利

12-2と同じ図

※過大評価での株式発行

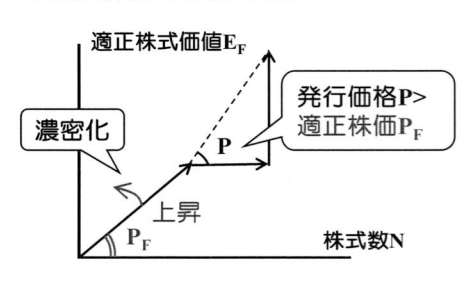

適正株式価値E_F

発行価格$P>$適正株価P_F

濃密化

P

上昇

P_F

株式数N

{ 新株主に不利
  既存株主に有利

12-5 株式発行の過大評価シグナル②

株式発行をすると公表すれば，過大評価の可能性が高いと解釈されて株価下落

株式発行するか・しないかでタイプが判別し，情報の非対称性が解消

もし過小評価ならば，逆選択のコスト避けるために，負債を選ぶ可能性が高いはずなので（12-3）

過大評価での株式発行も使い勝手が悪い

株価下落を避ける意味でも，負債のほうが望ましいという示唆

株式発行の公表で株価が下落した事例

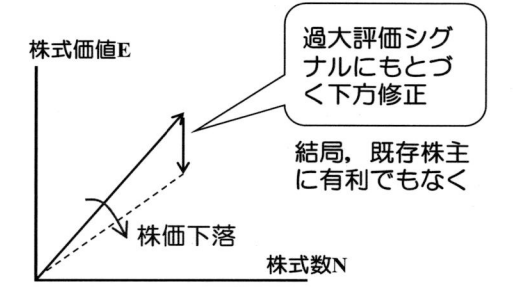

株式価値E

過大評価シグナルにもとづく下方修正

結局，既存株主に有利でもなく

株価下落

株式数N

日水54年ぶり公募増資
最大国債内 工場建設に充当

2016年8月20日『日本経済新聞』

新工場建設のため，日本水産の公募増資は54年ぶりだったが，発表時に株価は12.8%も下落

12-6 ペッキングオーダー理論

●ペッキングオーダー理論

企業は，できるだけ内部資金，次に負債，最後にやむを得ず株式発行の順序で資金調達したがる

ペッキングオーダー（つつき順位）とは，強い鶏が弱い鶏をつつく序列関係

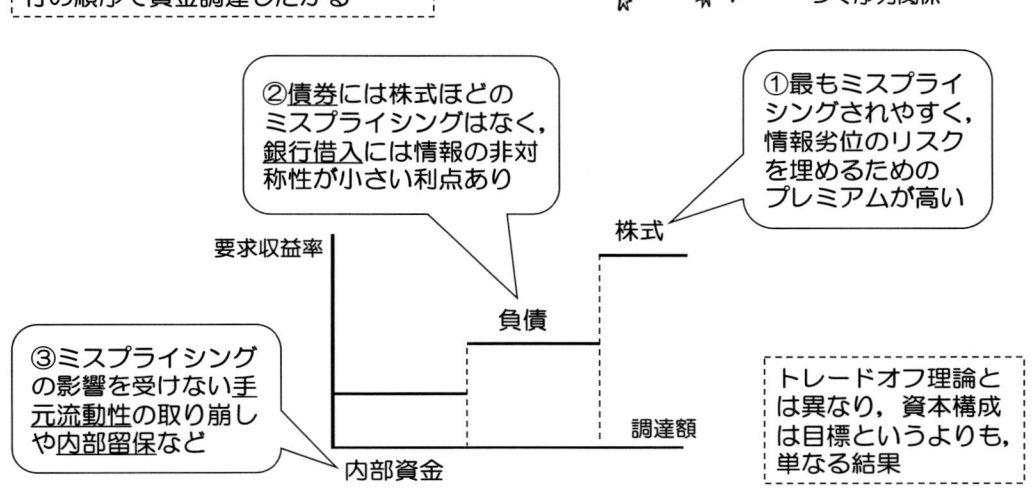

②債券には株式ほどのミスプライシングはなく，銀行借入には情報の非対称性が小さい利点あり

①最もミスプライシングされやすく，情報劣位のリスクを埋めるためのプレミアムが高い

③ミスプライシングの影響を受けない手元流動性の取り崩しや内部留保など

トレードオフ理論とは異なり，資本構成は目標というよりも，単なる結果

12-7 財務フレキシビリティ①

●財務フレキシビリティ（**financial flexibility**）

現時点で予想できない将来の投資プロジェクトを確実に実施するための柔軟性

資金調達が機動的でなければ，せっかくの投資機会を逃す

※負債について

■ 従来の考え方

　負債の節税効果などを考慮に入れたトレードオフ理論（第11章）

■ 負債キャパシティ（**debt capacity**）

　低い利子率でいつでも機動的に借り入れられる未使用の能力を，現時点で使わずに将来に残しておく

低めの負債比率で，高めの債券格付けを維持

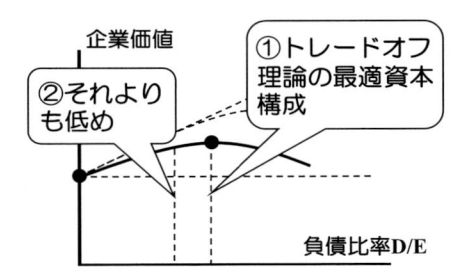

①トレードオフ理論の最適資本構成

②それよりも低め

高収益企業ほど負債比率が低い傾向は，トレードオフ理論では説明しにくい

節税等よりも機動性の確保が重要という示唆

12-8 財務フレキシビリティ②

※手元流動性について → 現預金，短期の有価証券等

2013年7月16日『日本経済新聞』

任天堂は現預金，有価証券が多いキャッシュリッチであり，有利子負債もない。

■ 従来の考え方

① 手元流動性はNPV=0の余剰資金なので企業価値を高めない（5-9）

② 株式のエージェンシー費用があればNPV<0（11-4）

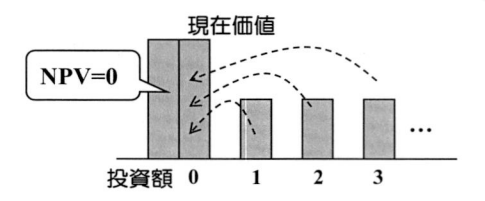

現在価値

NPV=0

投資額 0　1　2　3　…

■ 財務スラック（financial slack）

いつでも機動的に取り崩せるように，多めの手元流動性を維持

多めの内部留保で利益剰余金（株主資本の一部）が大きめ

この理由でも負債比率は低めに（12-7）

成熟企業ではエージェンシー費用の温床だが，成長企業では柔軟性をもたらすオプション

第13章 ペイアウト①

第1章で述べたように，コーポレートファイナンスの大きな柱は，①投資政策，②資本構成，③ペイアウトの3つですが，第13〜15章では，3本目の柱を解説していきます。配当と自社株買いを合わせたものを**ペイアウト**（payout）と呼んでいるのですが，企業から株主に対してキャッシュが支払われることを意味します。

現在のわが国の会社法において，必ずしもペイアウトは利益の分配に限定されず，株主が払い込んだ出資金の払い戻しも含んでいます。しかし，ファイナンス理論の歴史においては，企業が稼いだ利益について，配当と内部留保の割合をどのようにすべきかが論点にされてきました。また，利益を分配する手段として配当の代わりに自社株買いを使うべきか否かが論点とされてきました。そこで，本書ではペイアウトをあくまでも利益分配の手段という位置づけに限定して解説していくことにします。そうでなければ，標準的なファイナンス理論を解説する際，説明が非常にまわりくどくなってしまうからです。

この章では，配当政策が企業価値に及ぼす影響について，まずは完全市場のモデルで解説していきます。つまり，税，取引費用，エージェンシー費用，情報の非対称性を無視して基礎的な考察を提供していくことになります。そのうえで，第14〜15章では不完全市場のモデルを解説していきます。資本構成を解説する箇所でも述べましたが，いったん基礎的なモデルで結論を導き出してから，ひとつひとつ徐々に不完全要素を取り入れていくのが経済学的なアプローチです。異なる仮定からは異なる結論が導き出されますが，適切にモデル化されているかぎり，どれが正しくてどれが間違っているという次元の話ではなく，何が何の原因になっているのかを，要素分解的に明らかにしているのです。

ごく素直に考えると，配当は多ければ多いほど株主が喜びそうに思えますし，株価も高くなるように思えます。しかし，パイが大きくなって分け前が大きくなるのと，パイの大きさが変わらずに分け前を大きくするのとでは，分け前の大きさ自体は同じであっても，意味するところはまったく違います。おそらく第13章で説明する内容は，コーポレートファイナンスの全体の中でも，世間一般で最も誤解されやすいトピックではないかと思われます。

13.1. 配当の無関連命題

企業は稼ぎ出した利益のすべてを株主に対して分配するとは限りません。通常，いくらかは企業の内部に残しておいて，将来の成長のための設備投資などに使います。**配当政策**（dividend policy）とは，企業が稼いだ利益のうち，どのぐらいを株主に**配当**（dividend）として支払い，どのぐらいを**内部留保**（earnings retention）にするかを決める財務政策です。配当は企業が保有するキャッシュを減らす

行動ですが，内部留保はそうではなく事業活動（ビジネス）に再投資する行動です（参照 1.5.）。した
がって，内部留保とは，今から新しく資金を確保する行動ではなく，すでに保有している資金を企業
内にとどめる行動であり，その意味において内部資金調達であると理解してください。

　また，企業のその期の利益に対してキャッシュで分配する割合を**配当性向**（dividend ratio）と呼び
ます（＝配当÷利益）。よって，配当性向を変化させる意思決定が配当政策であるとも言えます。数値
例において，直近の会計期間における利益を 100 万円，配当を 20 万円としましょう。この場合，内
部留保は 80 万円であり，配当性向は 20％になります。会計上，内部留保された資金は利益剰余金に
計上されますが，これを取り崩して今期の配当にまわすこともできるので，配当性向は 100％を超え
ることもあります。

　これに対して，すでに第 5 章で説明したように，**投資政策**（investment policy）は期待フリーキャッ
シュフロー（FCF）の正味現在価値（NPV）がプラスとなる投資プロジェクトを実施して企業価値を
高める行動を指します（参照 5.8.）。より大雑把な表現を使うと，どのような事業活動（ビジネス）を
行って，どのぐらいの利益を稼ぎ出すかが論点です。後の節で述べますが，配当政策と投資政策を混
同しないように気をつけなければなりません。世間一般の配当政策に対する誤解は，おおむね投資政
策との混同から来ています。

　結論を先に述べると，税や取引費用などを無視する完全市場において，投資政策を所与とするとき，
配当と内部留保の割合をどのように変えても，企業価値は同じにしかなりません。同じことですが，
あらかじめ企業がどのような事業活動（ビジネス）を実施するのかが決まっていれば，それが企業価
値を決めてしまうので，配当政策はそこに無関係だということになります。また，債務不履行（デフ
ォルト）を無視するかぎり，負債価値の大きさは企業の業績に関係なく一定であるため，株式価値や
株価も同じにしかなりません。

　実を言うと，これも M. H. ミラーと F. モジリアーニの業績であり，1961 年に発表された**配当の無
関連命題**（dividend irrelevance proposition）です。しばしば，2 名の頭文字を連ねて**配当の MM 理論**と
も呼ばれます。同じ 2 人組による資本構成の無関連命題と併せて（参照 9.2.），1990 年度のノーベル経
済学賞を授与された研究業績であり，現在のファイナンス理論の基盤的な位置づけにあります。

　本章の内容は完全市場を想定した基礎的な内容にとどまります。最初から税や取引費用などがもた
らす影響を考えると，あまりにもモデルが複雑になってしまうからです。後ほど第 14 〜 15 章では不
完全要素を考慮に入れて，基礎的な結論に修正が加わります。具体的には，税，取引費用，エージェ
ンシー費用，情報の非対称性が市場の不完全要素です。

13.2. 配当に関する誤解①

　かつては素朴な根拠にもとづいて配当と内部留保の望ましい割合があると考えられていました。そ
うであるとすれば，企業の経営者は最適配当政策に近づくように利益を分配しようとするはずです。
わが国については，単純に「配当は多ければ多いほど望ましい」と思われている傾向が強いように思
われます。

　第 4 章で説明したように，理論的な株価は配当割引モデル（DDM）によって決まります（参照
4.5.）。軽く復習しておくと，1 年後の配当総額を DIV_1，2 年後の配当総額を DIV_2，3 年後の…とする

とき，株式価値 E は株主の要求収益率 k_E のもとで，1 年後の配当総額の現在価値 $DIV_1 \diagup (1 + k_E)$ と，2 年後の配当総額の現在価値 $DIV_2 \diagup (1 + k_E)^2$ と，3 年後の...をすべて合計したものになるはずです。このようにして導出された株式価値 E を株式数 N で割ったものが株価 P になります。

　一見すると，配当割引モデル（DDM）の構造から考えて，配当性向を高める配当政策のほうが有利だと思われるところです。ここでは出発点を現在（0 年後）としましょう。いま企業が現在の配当総額 DIV_0 を増やしたとすれば，その現在価値も大きくなるはずですから，それを原因として株式価値 E や株価 P が高まるのは自然であるようにも思われてしまいます。実際のところ，この種の誤解が多いからこそ，現実に配当を欲しがる株主が多く，配当を実施したがる経営者も多いのでしょう。しかし，既存株主の取り分として，1 年後の配当総額 DIV_1，2 年後の配当総額 DIV_2，3 年後の...が変化しないと暗黙のうちに想定しているところに間違いがあります。この点については，本章を通じて徐々に説明していきます。

　もっとも，企業が配当を増やすことによって株価が上昇する現象は実際に数多く見受けられますし，配当の増加が原因であると解説する新聞記事等も多くあります。しかし，その原因は世間一般で認識されているほどに単純なものではありません。第 14 ～ 15 章で説明する不完全市場のモデルでようやく説明できる現象であって，税や取引費用などを無視する完全市場で説明できる現象ではありません。

13.3. 配当に関する誤解②

　配当が増えると言っても，配当政策に原因があるのか，投資政策に原因があるのかによって意味はまったく異なります。たとえば，企業の全体で利益が 100 万円であるとしましょう。いま配当性向を 20% から 40% に引き上げれば，配当は 20 万円から 40 万円に変化します。利益の大きさが変わらない前提下で配当性向が増加するケースを検討していますから，これは「配当政策が原因の高配当」です。他方，もし利益が 100 万円から 200 万円に増加したとして，配当性向を 20% のままで維持したとすれば，その場合でも配当は 20 万円から 40 万円に変化します。利益が増加する前提下で配当性向が不変のケースを検討していますから，これは「投資政策が原因の高配当」です。配当額の変化前後の数値がまったく同じであっても，これらの 2 つの現象を混同しないことが重要です。

13.4. 配当に関する誤解③

　逆に，配当性向を低める配当政策によって株主の富が高まるという誤解もあります。もう少し具体的に述べると，企業の収益性が高ければ利益を内部留保にまわしたほうが良く，したがって低配当のほうが企業価値を高められるので，配当政策が企業価値に無関連と結論する MM 理論はおかしいという捉え方です。

　たしかに，現在の内部留保のおかげで将来により多くの配当を生み出すならば，株式価値 E の増加を通じて株主は十分に報われるでしょう。しかし，これは内部留保で確保した資金が，企業価値 V を高める事業活動（ビジネス）に再投資されたからであって，それは配当政策ではなく投資政策の問題です。事業活動（ビジネス）が悪ければ，そもそも企業価値は高まりません。

　直感的な理解を促すために，第 3 章で用いたジャガイモ畑の比喩を再び使うことにしましょう（参

照 3.1.）。ジャガイモ畑の価格（企業価値）は，将来どれだけの収穫（利益）を期待できるかで決まります。現在の収穫（利益）であるジャガイモをすべて食糧（配当）にまわすこともできますが，いくつかは食べるのを我慢して，将来の収穫（利益）のために種芋（内部留保）として土の中に埋めます。実際のところ，種芋（内部留保）のおかげで将来はより多くの食糧（配当）に恵まれるとしましょう。しかし，それは種芋（内部留保）を上手に栽培（マネジメント）することの結果であって，現在の食糧（配当）を減らすことの結果であるとは言えないのです。

再び配当割引モデル（DDM）を持ち出しますが，「配当性向を低める配当政策によって株主の富が高まる」という誤解にあえて付き合うと，現在の配当総額 DIV_0 を減らしたおかげで現在の内部留保を増やすことができるため（①），その内部留保が将来の配当総額 DIV_1，DIV_2 …を高めるという考え方になります（②）。たしかに，それは株式価値 E を高めてくれます（③）。この株式価値 E を株式数 N で割れば，株価 P が高まることもわかります。しかし，それは事業活動（ビジネス）に原因があり，配当政策ではなく投資政策の問題です。

このように，配当割引モデル（DDM）を不適切に持ち出して MM 理論がおかしいと捉えると，ピントが外れています。MM 理論は配当政策が企業価値に影響を与えるか否かを論じているのであって，投資政策が企業価値に影響を与えるか否かを論じているのではないからです。この種の混乱を避けるために，MM 理論は投資政策をすでに与えられたものとして，配当政策それ自体の効果だけを論証することになります。その前提下であれば，配当割引モデル（DDM）を適切に用いて MM 理論の内容を確認することができます。

13.5. 企業の予算制約

さて，ここまでは理論的な根拠を示すことなく，ひたすら結論だけを先に示してきましたが，なぜ配当政策と企業価値が無関連になるのかを理解することが大事です。本書では多少の厳密さを犠牲にしてでも，直感的なわかりやすさを重視した方法で解説を進めていきます。現在の配当政策が論点であるため，低配当と高配当のシナリオを比較しますが，配当政策だけが異なっていて他がまったく同じ 2 つの企業を比較することにしましょう。しかし，ある企業で他を一定としたままで配当政策を変化させることにしても，前後を比較すれば同じプロセスで考察していることになります。

資本構成のモデルを説明した第 9 章では，植物の光合成の比喩を用いて，他の条件を同じにしなければ正しい実験にはならないことを述べました（参照 9.3.）。つまり，植物の成長（企業価値）に対する光（資本構成）の効果を見たいとして，比較対象の 2 つを並べたとき，両方に同じだけ水（投資政策）を与えたうえで，片方にだけ光（資本構成）を与えれば正しい実験になるという話でした。本章のトピックは，資本構成ではなく配当政策です。ここでは植物の成長（企業価値）に対する肥料（配当政策）の効果を見たいとして，比較対象の 2 つを並べたとき，両方に同じだけ水（投資政策）と光（資本構成）を与えたうえで，片方にだけ肥料（配当政策）を与えれば正しい実験になります。これと同じような実験的な発想を必要とします。

本章で論点になっているのは「配当政策が株主の富に影響を与えるか否か」ですから，それ以外の要因と区別する必要があります。ここでは低配当と高配当のシナリオを比較し，既存株主に損得が生じるかどうかを確認しますが，前提として投資政策（どのような投資プロジェクトを実施するか）は同じ

でなければなりません。そうでなければ，既存株主に損得が生じないという結果が得られたとしても，その原因が投資政策にあるのか，配当政策にあるのかが特定できないことになってしまうからです。

また，話を複雑にしないためには，資本構成（株主資本と負債の割合）も同じにすべきです。低配当と高配当の比較をしているとき，片方が負債ありで，もう片方が負債なしだったならば，所与の投資政策のもとで企業価値に違いが生じたとしても，その原因が資本構成にあるのか，配当政策にあるのかが特定できなくなるからです。そこで，以下では負債がないものとして，株式だけで資金を調達している企業を想定します。

企業のキャッシュフローと関連づけて変数を定義しておくことにしましょう。第一に，状況によっては投資家からの資金調達が必要ですが，負債を捨象しているため株式発行（増資）で賄われます。その大きさを増資 F で表現します。第二に，資金を使って投資プロジェクトを実施します。これは設備投資や在庫投資によってモノを生産する活動です。その大きさを投資 I で表現します。第三に，モノの販売によって資金を回収します。その大きさを利益 X で表現します。第四に，投資家に対して利益を分配しますが，その大きさを配当 DIV とします。企業に流入する利益が X であり，企業から流出する配当が DIV ですから，差額の X − DIV が内部留保です。これだけで所与の投資 I を賄えないときは外部からの資金調達に頼らざるを得ませんが，負債を捨象しているため増資 F で対応します。

配当政策の自由度について論じることにしましょう。まず，利益 X は過去の投資政策の結果を意味しますが，投資 I は現在の投資政策を意味します。モデルの前提によって投資政策が所与であるため，これらの変数は先決であり，もはや動かすことのできない数字です。企業にとって残された自由は，配当 DIV と増資 F の決定だけです。しかし，以下で詳しく説明するように，配当政策を決めれば増資の大きさも自動的に決まってしまう関係にあります。

図と予算制約式の両方を照らし合わせて理解するとよいでしょう。まず，企業にとって利益 X と増資 F は資金の源泉（収入）ですから，これらを合計したものを左辺としましょう。次に，企業にとって投資 I と配当 DIV は資金の使途（支出）ですから，これらを合計したものを右辺としましょう。資金の使途と源泉が釣り合っていなければ辻褄が合いませんので，予算制約はいつでも左辺と右辺が等しい恒等式となります。

この予算制約式を変形して，左辺を X − I，右辺を DIV − F とすることができます。モデルの前提によって投資政策は所与ですから，利益 X と投資 I はどちらも動かない数字であり，よって，左辺の X − I は一定となります。これと恒等関係にある右辺の DIV − F も一定となる必要がありますが，これを **純配当**（net dividend）と呼ぶこともあります。ということは，もし配当 DIV を増加させたならば，同じ額だけ増資 F を増やさないかぎり，予算制約を満たせないことになります（ΔDIV = ΔF）。数値例において，利益 X は 100 万円，投資 I は 80 万円ですが，変形式の左辺である X − I は 20 万円で一定となります。これと等しい純配当 DIV − F も 20 万円で一定です。

この状況下で，低配当 20 万円ならば内部留保は 80 万円なので，ちょうど予定している投資プロジェクトを賄うことができます。ところが，高配当 40 万円ならば内部留保を 60 万円しか確保できませんので，増資 20 万円によって資金不足を埋めなければなりません。結局のところ，余計な配当が原因でちょうど同じだけの増資が必要となってしまうのです。さもなければ，投資政策が同じであるというモデルの前提を満たさなくなり，正しい実験的状況ではなくなってしまいます。

13.6. 既存株主の損得

さて，モデルの前提として投資政策と資本構成を所与とし，配当政策だけが異なる状況ですから，もし企業価値が同じになることを示すことができれば，MM理論が正しいと証明できることになります。

高配当の場合，増資を原因として新株主が加わることになります。新株も既存株と同等の株主権を持ちますから，将来は新株主に対しても利益を分配する必要があります。このとき既存株主の持株比率（シェア）は低下しますので，彼らの取り分となる将来の配当は少なくなります。つまり，既存株主の視点で考えたとき，現在の「配当政策が原因の高配当」は，それと同時に将来の「増資が原因の低配当シェア」を招くのです。既存株主にとって現在の配当が多いことはメリットであっても，将来の配当が少なくなることはデメリットですから，これらが相殺する結果，トータルでは既存株主に損得が生じないことになります。

再びジャガイモ畑の比喩ですが，良かれと思って現在の食糧（配当）を増やしてしまうと，土の中に埋める種芋（内部留保）が減ってしまい，予定している植え付けを実行するためには新しい参加者（新株主）に種芋（増資）を提供してもらう必要があります。当然ながら，次回の収穫（利益）からは以前よりも大勢の参加者（総株主）で分け合う形になります。元々の参加者（既存株主）にとっては，現在において余計に食べてしまった分，将来の取り分は減ってしまうことになります。よって，現在の食糧（配当）が増えることだけに着目して喜ぶのは正しい反応の仕方ではありません。将来も含めたトータルで考えると，我慢して現在の食糧（配当）を減らし，自分達が提供する種芋（内部留保）で植え付けを実行する場合と同じにしかならないのです。

先ほど，配当DIVから増資Fを引いたものが純配当であると記しましたが，この観点でも考えてみましょう。追加的な配当（プラスの配当）と新株主に譲渡したキャッシュフロー請求権（マイナスの配当）が相殺されて，既存株主にネット（純）の損得が発生しないことになります。もし，将来の配当が少なくなることを避けたいのであれば，既存株主は持株比率（シェア）を維持すべく，受け取ったばかりの配当を増資の払込金に充て，自分自身が新株を引き受けることになるでしょう。しかし，追加的な配当（プラスの配当）と増資の払込金（マイナスの配当）が相殺されて，既存株主にネット（純）の損得が発生しないことになります。要するに，どちらであっても結果は同じなのです。

さて，「配当政策を原因とする高配当」が株式価値や株価に与える影響を，MM理論と配当割引モデル（DDM）の関係に留意しながら，既存株主の視点で確認しておくことにしましょう。というのは，本章の最初にも記したように，配当政策によって株価が高くなるという誤解は根強いものがあるからです。

配当を増やすと公表（アナウンス）はしたけれども，まだ株主に対してキャッシュを支払っていない段階では株価が変わらないはずです（配当の公表後・支払前）。なぜなら，既存株主の期待キャッシュフローとして，現在における配当の増加（①）と，将来における配当シェアの減少（②）が相殺し，その結果として株式価値Eが変わらないからです（③）。配当割引モデル（DDM）においては，前者が現在の配当DIV_0の増加に対応し（①），後者が1年後の配当DIV_1，2年後の配当DIV_2，3年後の配当...の減少に対応します（②）。本章では負債がない株主資本だけの企業を前提しているので負債価値Dはゼロであり，株式価値Eが変わらないという結果は，企業価値Vや株価Pが変わらないこと

も意味しています（④）。

　ということは，企業の財務担当者は，どのような配当政策を実施すべきかで悩む必要がないことになります。既存株主にとって特に有利となるわけでもない配当政策で悩むぐらいならば，正味現在価値（NPV）がプラスの投資プロジェクトを発掘することで悩まなければなりません。これが配当の無関連命題（MM 理論）からのメッセージです。

13.7. 株価の配当落ち

　実際に株主に対してキャッシュを支払った段階では株価が下落するはずであり，この現象は**配当落ち**（ex-dividend）と呼ばれます（配当の支払後）。なぜなら，企業からキャッシュが流出することを原因として，その分だけ株式価値 E が減少するからです。配当割引モデル（DDM）においては，株主に支払われる現在の配当 DIV_0 が対応します。

　比喩的に述べると，所有者たちに食糧（配当）として分配すると決めたジャガイモについては，それらを荷台に積んだトラックがジャガイモ畑から出て行った瞬間に，当然ながらジャガイモ畑の価値をカウントする対象から除外しなければなりません。ちょうど抜け落ちた分だけジャガイモ畑（株式価値）の値打ちが下がっていると考えればわかりやすいでしょう。分配されたジャガイモはもはや畑に残っていないのですから，これらを含めると二重計算になってしまいます。

　配当落ちは，株価のベクトル図解においては株式価値 E を低める下向きのベクトルに対応します。企業がキャッシュを株主に対して支払う行動で株式数 N が変わるわけがありませんので，垂直方向となります。合成した後のベクトルは，キャッシュを支払う前のベクトルよりも角度が小さいため，株価 P が下落することを視覚的に確認することができます。

　混乱しそうなポイントですが，キャッシュの支払を済ませたか否かという意味での「配当の公表後・支払前」と「支払後」を区別して考える必要があります。漫然とファイナンスの教科書を読んでいると，ある箇所では「配当によって株価が変化しない」と書いてあり，別の箇所では「配当によって株価が下落する」と書いてあるため，どちらかが間違った解説をしているのではないかという疑念に陥ってしまいます。しかし，配当政策の単なる公表（アナウンス）では株価が変わらない一方，実際に配当を支払えば株価が下落するのであって，どちらも正しいことを述べています。

　では，配当の支払後において株主の富（財産）はどのような影響を受けるでしょうか。結論を先に述べると，配当落ちによって株価は下落しますが，株主の富は配当の前後で変わりません。たとえば，計算しやすさを重視して非常に小さな数値例になってしまいますが，株式価値 E を 1,000 円，資産の内訳として現金が 100 円，その他の資産が 900 円だとします。株式数が 100 株だとすれば，配当前の株価 P は 10 円です。この状態から現金 100 円のすべてを配当に使ったとすれば，いまや企業に残っている現金はゼロなので，株式価値 E は 900 円に減少します。配当は単にキャッシュの受け渡しなので，株式数 N は 100 株のままであり，株価 P は 9 円に下落します。ということは，シェア 1%（1 株）をもつ既存株主の視点で考えると，配当前は持株価値 10 円のもとで富 10 円でしたが，配当後は持株価値 9 円と受取配当金 1 円を合計して富 10 円です。

　このように，配当落ちによってちょうど配当の大きさだけ株価は下落しますので，受取配当金のメリットと配当落ちのデメリットが相殺され，既存株主に損得はありません。これは銀行から預金を引

190

き出す話を連想させます。引き出したキャッシュのおかげで財布の中身は増えますが，預金残高はその分だけ減っており，財産が増えたわけではないので特に喜ぶ理由はありません。実は配当のロジックも同じだということです。単に取り崩して形を変えただけであると言えばわかりやすいでしょう。

低配当と高配当で比較するシナリオも提示しておきましょう。税や取引費用などをゼロと仮定するMM理論の下では，企業に託している持株価値と，取り崩して手元に引き出した受取配当金は同等の値打ちがあると言えます。数値例において，配当落ち前の持株価値は10円ですが，低配当1円ならば持株価値9円になり，高配当2円ならば持株価値8円になります。合計すれば既存株主の富はどちらであっても10円であり，まったく同じです。つまり，配当政策は受取配当金と持株価値の割合を変えているだけであって，株主の富に影響を与えるものではありません。

13.8. 株主の時間選好①

ところで，どのような配当政策でも株主の富は同じ大きさにしかなりませんが，そうは言っても株主によって好みは多種多様だと思われます。たとえ富の大きさが同じであっても，特定のパターンを好む理由があるのならば，MM理論は妥当ではないという批判を受けるかもしれません。第2章でも述べましたが，投資家の**時間選好**（time preference）とは，異時点間の消費パターンに関する個人的な好みです（参照 2.1.）。現在消費を減らして貯蓄にまわせば，利子率がゼロでないかぎり，資産運用の成果が将来消費を増やしてくれますし，逆に，将来消費を減らすべく貯蓄を取り崩せば，現在消費を増やすことができます。よって，現在消費を横軸，将来消費を縦軸に取れば，消費パターンを右下がりの直線で表現することができます。

有名なイソップ物語から例を引き，将来消費を重視するタイプをアリになぞらえ，現在消費を重視するタイプをキリギリスになぞらえるとわかりやすいでしょう。なお，投資家の時間選好は文字どおり好みの問題ですから，将来に備えて節約することが美徳であるとか，浪費をすることが望ましくないといった倫理的な問題を含みません。元々のイソップ物語によると，夏に遊び呆けて贅沢を尽くしたキリギリスは，冬が訪れたときに備蓄がなくて死んでしまいますから，先見の明のなさが批判されるところです。しかし，ここでは現在消費を重視するタイプに対する批判的なニュアンスはないと考えてください。

さて，若年期に多少の節約をしてでも老後の不安を解消したいならば，このタイプは現在消費を少なめにしますから，現在は低配当の政策を選好するでしょう。欲しくもない配当を余計に受け取りたい理由がないからです。これに対して，老後を控えめにしてでも若年期のうちに活動的でありたいならば，このタイプは現在消費を多めにしますから，現在は高配当の政策を選好するでしょう。企業から受け取った配当をそのまま使えばよいからです。ということは，たとえば，企業がどちらでもない中間レベルの配当を実施したとすれば，双方のタイプの株主から不平不満が出そうな気がします。それ以外の配当政策であっても，誰かからは文句を言われそうなものです。

しかし，以下で説明するように，それでも企業の財務担当者は配当政策で悩む必要がありません。MM理論の妥当性を裏づける**自家製配当**（homemade dividend）とは，どのような配当政策が企業から与えられても，個々の株主は自分自身でキャッシュフローを調整すればよいだけであるから，望ましい消費パターンを簡単に実現できるという概念です。そうである以上，どのような配当政策であって

も特に迷惑とはならないという着想です。

13.9. 株主の時間選好②

　たとえば，企業の経営者によって決められた配当政策が，受取配当金：持株価値＝２：８のパターンをもたらすのに対して，現在消費を重視するタイプの株主は３：７のパターンを選好し，将来消費を重視するタイプの株主は１：９のパターンを選好するとしましょう。先ほどの数値例をそのまま使うものとして，いずれも合計すれば10円であり，MM理論が論じるように富は同じですが，このままでは消費パターンとのズレによって，どちらのタイプからも不平不満が出そうなものです。

　しかし，現在消費を重視するタイプの株主は，多すぎる持株価値を個人的に現金化すればよいだけのことです。具体的には，株式を１円だけ売却し，企業からの受取配当金２円と合わせて，自家製配当３円を現在消費に充てることができます。その代わりに株式売却後の持株価値は８円から７円に減ります。このようにして，最適な３：７の消費パターンを実現できます。図においては，企業に与えられた配当政策を起点にして，右下がりの直線を右下の方向に下がっていくキャッシュフロー調整となります。

　これに対して，将来消費を重視するタイプの株主は，多すぎる受取配当金を個人的に再投資すればよいだけのことです。具体的には，株式を１円だけ購入し，受取配当金２円から手持ちを減らして，自家製配当１円を現在消費に充てます。その代わりに株式購入後の持株価値は８円から９円に増えます。このようにして，最適な１：９の消費パターンを実現できます。図においては，企業に与えられた配当政策を起点にして，右下がりの直線を左上の方向に上がっていくキャッシュフロー調整となります。

　以上のように，個人的な株式売買によって望ましい配当政策を実質的に作り出すことができるのですから，最初に企業から与えられる配当政策はどのようなものであってもよい理屈です。たとえ時間選好の多様性を考慮に入れたとしても，税や取引費用などの不完全要素を無視する完全市場においては，どのような配当政策であっても株主の損得に影響しないのですから，MM理論の正しさは盤石だと言えるでしょう。

第13章からの示唆

　以上を要約すると，既存株主の視点で考えたとき，現在の「配当政策が原因の高配当」は，それと同時に将来の「増資が原因の低配当シェア」を招くことになります。これらの有利・不利が相殺する結果，既存株主に損得は生じません。配当と内部留保の割合を変更しても，株主の富に対して無影響であると結論されるのです。この点について，より数学的なアプローチによる説明は，補論10〜11を参照してください。

　前述したように，投資政策と配当政策を混同しないことが重要です。利益が増加する前提下で配当性向が不変であれば，それは「投資政策が原因の高配当」であり，株主の富を高めることになります。しかし，利益の大きさが変わらない前提下で配当性向が増加したとしても，それは「配当政策が原因の高配当」であり，株主の富を高めることはないのです。

　このように，しばしば直感に反する結果となるのがファイナンス理論の面白いところだと思われま

す。ファイナンスに限らず，おおよそ経済学のツールを用いた領域について当てはまることですが，何が何の原因であり，何が何の原因でないのかを見極めることが重要なのです。

補論 10

　ここでは，MM 理論のオリジナルに近いアプローチで数学的に配当の無関連命題を論証しています。本論で述べたように，モデルの前提によって，利益 X と投資 I はどちらも動かない数字であり，X － I は一定となります。企業の予算制約のために，DIV － F も同じ大きさでなければなりません。そのことを利用して式を変形すると，最終的に得られる株式価値 E の式において，右辺の分子には各期の X － I が並びます。これは投資政策から来る数値であり，配当政策には依存していません。つまり，所与の投資政策のもとで，企業価値は配当政策と無関連だということです。

補論 11

　本論において，配当を増やすと公表（アナウンス）しただけでは株価が変わらないことを説明しました（参照 13.6.）。なぜなら，既存株主の視点において，現在における配当の増加（メリット）と，増資を原因とする将来の配当シェアの減少（デメリット）が相殺するからです。しかし，メリットとデメリットがちょうど打ち消し合う根拠までは示していませんでした。

　増資前に予定されていた将来の配当パターンと比較して，増資後に受け入れざるを得ない配当パターンがどのような違いをもたらすかを，既存株主の視点で確認することにしましょう。もともと予定していた現在の低配当を DIV_0 とし，そのときの内部留保がちょうど所与の投資政策を賄うものとすると，追加的な配当 ΔDIV_0 によって同じだけの増資を必要とします（$\Delta DIV_0 = F$）。

　株主の要求収益率を k_E とすると，1 年後，2 年後，3 年後...において，新株主に属する取り分の大きさは $k_E F$ です。既存株主の取り分はその分だけ少なくなるので，1 年後は $DIV_1 － k_E F$，2 年後は $DIV_2 － k_E F$，3 年後は...となります。したがって，増資後に受け入れざるを得ない配当パターンにおける株式価値は，取り分が減ってしまった後の現在価値として表現されます。これは増資前に予定されていた将来の配当パターンにおける株式価値と同じにしかならないことがわかります。つまり，配当政策を変更しても株式価値は変わらないということです。

MEMO

第13章 ペイアウト①

●学習のポイント

税や取引費用などを無視するかぎり，どのような投資政策をおこなうのかが決まっている状況下で，配当と内部留保の割合をどのように組み合わせても，企業価値は同じにしかならない。つまり，完全市場で最適配当政策は存在しない。

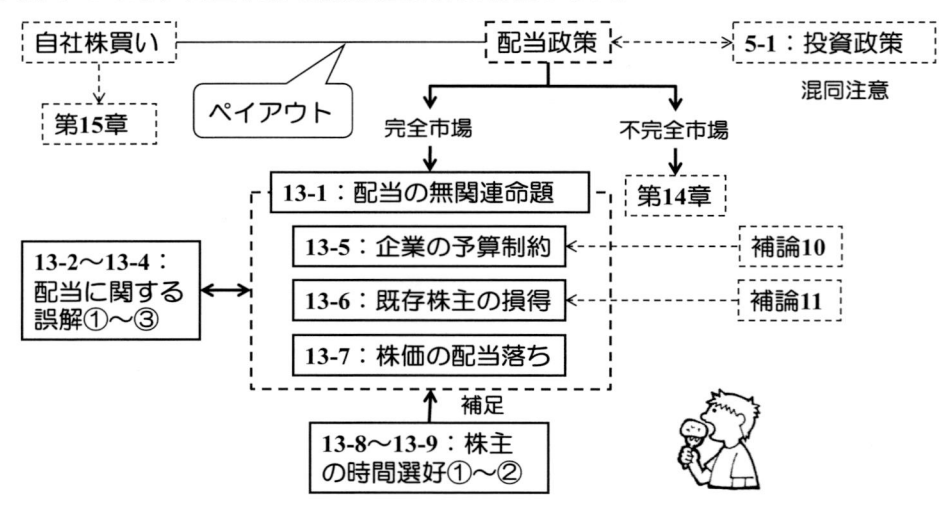

13-1 配当の無関連命題

●配当政策（dividend policy）

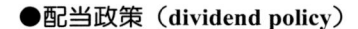

利益X

内部留保 R　配当 DIV

企業はどのように配当と内部留保の割合を決めるべきか？

左がF. Modigliani, 右がM. H. Miller。1990年度ノーベル経済学賞。出所：3-4と同じ

■投資政策（investment policy）

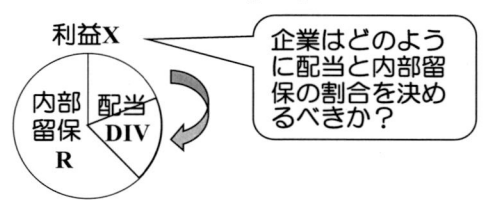

NPV>0

正味現在価値（NPV）で判断

資本コスト k

企業価値 V	負債価値 D
	株式価値 E

NPVの大きさだけ企業価値を高める（5-8）

●配当の無関連命題（1961年, MM理論）

税などを無視する基礎的なモデル（7-3）

あらかじめ決まっている

完全市場では，所与の投資政策のもとで，配当政策を変えても，企業価値は同じにしかならない（株価も同じ）

→ DIVとRの割合を変えてもVは同じ（最適配当政策が存在せず）

13-2 配当に関する誤解①

【誤解】配当割引モデル（DDM）によると，配当が多いほど株価が高いはずなので（4-5），MM理論はおかしい？

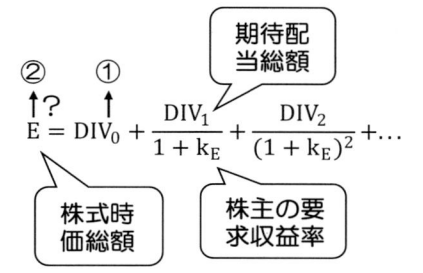

② ↑? ① ↑
$$E = DIV_0 + \frac{DIV_1}{1 + k_E} + \frac{DIV_2}{(1 + k_E)^2} + \cdots$$

期待配当総額

株式時価総額

株主の要求収益率

既存株主にとって，現在の配当 DIV_0 が増える代わりに，将来の配当 DIV_1，DIV_2 が減ることを考慮に入れない間違い

13-6で説明

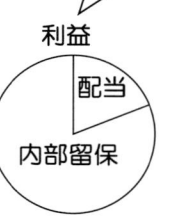

「配当を増やせば株主が得をするので株価上昇」と単純に理解されることが多い

利益
配当
内部留保

本当の原因は何か？（第14〜15章）

日経平均 15年ぶり 1万9700円台

相次ぐ増配 株高けん引

ヤフーや村田製作所

配当権利狙う買い活発

2015年3月24日 『日本経済新聞』

ヤフーなど増配（配当の増加）を打ち出した企業の株価が軒並み上昇したという。

13-3 配当に関する誤解②

（例）配当が変化するパターン

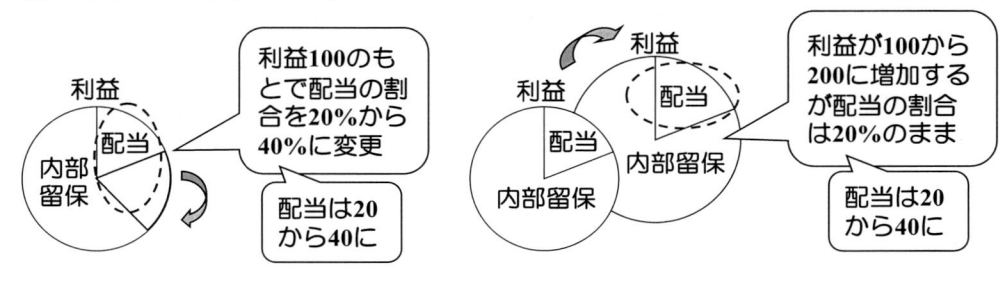

利益
内部留保
配当

利益100のもとで配当の割合を20%から40%に変更

配当は20から40に

利益
配当
内部留保

利益
配当
内部留保

利益が100から200に増加するが配当の割合は20%のまま

配当は20から40に

■配当の割合が増加
↑
配当政策による配当の増加

企業価値は高まらない（MM理論）

混同注意

同じ40の配当でも意味が異なる

■利益が増加
↑
投資政策による配当の増加

企業価値を高めるのはNPV>0の投資

13-4 配当に関する誤解③

【誤解】企業の収益性が高ければ内部留保したほうがよく，配当が少ないほど株価が高いはずなので，MM理論はおかしい？

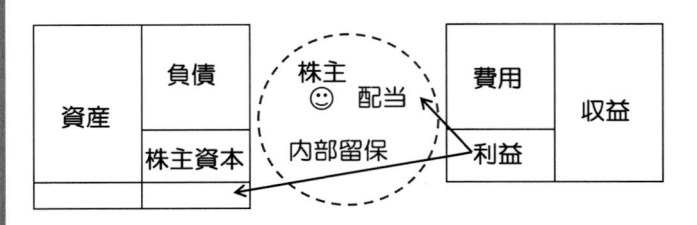

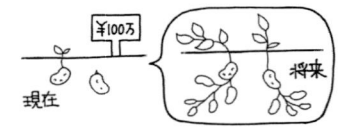

内部留保（種芋）のおかげで将来により多くの配当（食料）を期待できるならば，現在の株式時価総額（芋畑の価格）は上昇

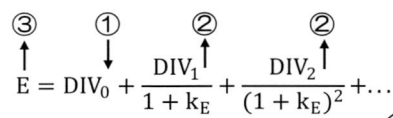

$$E = DIV_0 + \frac{DIV_1}{1 + k_E} + \frac{DIV_2}{(1 + k_E)^2} + \dots$$

③ ① ② ②

この種の混乱を避けるために，MM理論は投資政策を所与として，配当政策それ自体の効果を論証

式それ自体は間違いではないが，MM理論の批判としてピント外れ

これも事業活動に原因があるので，配当政策ではなく投資政策の話（混同）

13-5 企業の予算制約

※配当政策だけが異なる状況

→ わかりやすく負債ゼロで考察

他の条件（投資政策や資本構成）は所与として考察することが必要

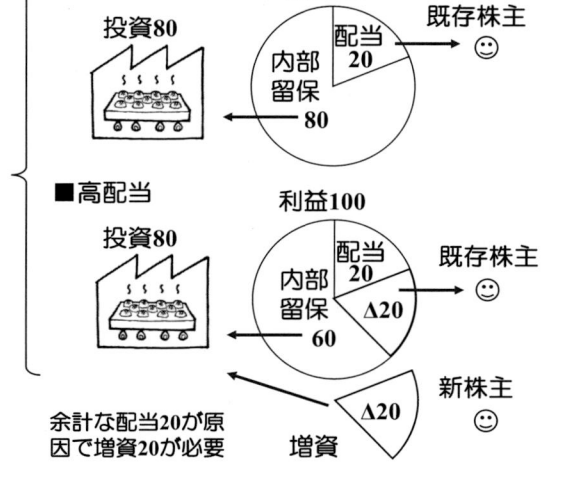

■低配当 投資80 利益100 配当20 内部留保80 既存株主 ☺

■高配当 投資80 利益100 配当20 内部留保60 Δ20 既存株主 ☺ Δ20 増資 新株主 ☺

余計な配当20が原因で増資20が必要

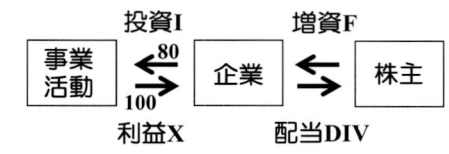

事業活動 ⇄ 企業 ⇄ 株主
投資I 増資F
80 / 100 利益X / 配当DIV

■ 企業の予算制約

$$\bar{X} + F \equiv \bar{I} + DIV$$
（収入）　（支出）

変形すると…　　一定

$$\underset{20}{\bar{X} - \bar{I}} \equiv \overline{DIV - F}$$

配当DIVを増やせば，増資Fを同じだけ増やさないと，予算制約を満たせない状況（ΔDIV=ΔF）

13-6 既存株主の損得

高配当では，所与の投資政策を維持するために増資が必要になる

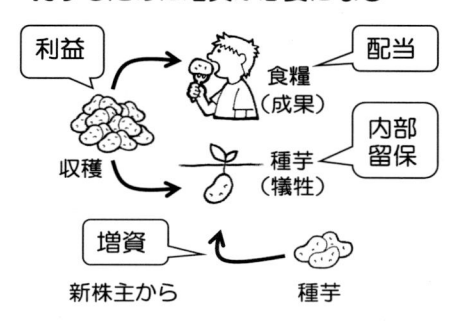

既存株主の持株比率は低下し，将来の配当は新株主も対象

新株主

既存株主

現在に余計に食べてしまうと，将来の取り分が減ってしまうだけのこと

【配当の公表後・支払前】

①現在の配当を増加と公表

②既存株主にまわる将来の配当は減少

$$\overline{E} = DIV_0 + \frac{DIV_1}{1 + k_E} + \frac{DIV_2}{(1 + k_E)^2} + \dots$$

③損得が相殺して株式価値は不変

→ ④負債ゼロの前提で，企業価値や株価も不変

完全市場では，配当政策は企業価値に無関連（**MM理論**）。つまり，経営者が悩むべきは投資政策

13-7 株価の配当落ち

【配当の支払後】

$$E = \cancel{DIV_0} + \frac{DIV_1}{1 + k_E} + \frac{DIV_2}{(1 + k_E)^2} + \dots$$

実際に配当が支払われると，企業から資金が流出するので，その分だけ株式価値が減少

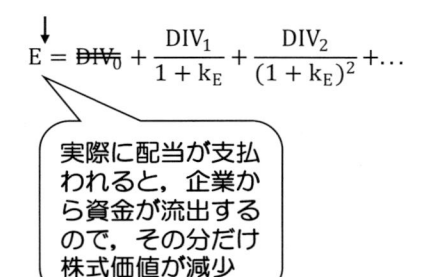

株式価値E

①
②
③株価下落

配当落ち

株式数N

● 配当落ち（**ex-dividend**）

配当の大きさだけ株価が下落

{ 受取配当金…メリット
  配当落ち…デメリット }

相殺で株主の富は同じ

配当政策のちがいは，割合を変えるだけ

銀行で預金を引き出すのと似た話

（例）配当落ち前株価10

富10

受取配当金　　持株価値

② ＋ ⑧

配当落ち後の株価8

13-8 株主の時間選好①

※どのような配当政策でも富は同じだが…

↑ 消費パターンの好みは異なるはず

時間選好

・低配当選好
　　将来消費を重視する株主
・高配当選好
　　現在消費を重視する株主

となると，配当政策で悩むのではないか？（答はノー）

●自家製配当（homemade dividend）

どのような配当政策が与えられても，株主は自主的に消費パターンを調整できるという概念

将来消費

低配当選好

配当政策

高配当選好

現在消費

貯蓄にまわすために現在消費を減らせば，将来消費は増加する。逆に，貯蓄を崩して現在消費を増やせば，将来消費は減少する。

13-9 株主の時間選好②

【企業の配当政策】

受取配当金　　持株価値

②　＋　⑧

高配当選好は3と7のパターンを望む

低配当選好は1と9のパターンを望む

受取配当金　　持株価値

⇒ 3：7

配当の不足を株式売却で補えば現在消費が増加

受取配当金　　持株価値

⇒ 1：9

配当の余剰を株式購入に充てれば将来消費が増加

つまり，企業は配当政策で悩まなくてよい

株主の時間選好を考慮に入れても，完全市場では，やはり配当の無関連命題が成立

※ 補論10

※13-5〜13-6の補足

市場の均衡では期待収益率（左辺）と要求収益率（右辺）が等しいので（4-3）…

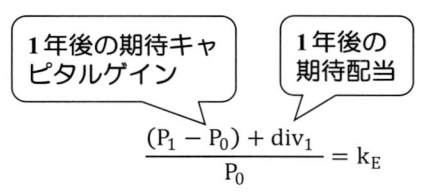

1年後の期待キャピタルゲイン

1年後の期待配当

$$\frac{(P_1 - P_0) + div_1}{P_0} = k_E$$

全株ベースで書き直すと…

$$\frac{(P_1 - P_0)N_0 + DIV_1}{P_0 N_0} = k_E$$

変形すると…

現在の株式数

既存株主の持株価値

$$P_0 N_0 = \frac{P_1 N_0 + DIV_1}{1 + k_E}$$

増資を$F = P_1 \Delta N_1$とすると…

$$P_0 N_0 = \frac{P_1(N_0 + \Delta N_1) - P_1 \Delta N_1 + DIV_1}{1 + k_E}$$

全株主の持株価値

新株主の持株価値

予算制約で$\overline{X_1} - \overline{I_1} \equiv \overline{DIV_1 - F_1}$なので…

$$P_0 N_0 = \frac{P_1 N_1 + \overline{X_1} - \overline{I_1}}{1 + k_E}$$

同様に…

$$N_1 = N_0 + \Delta N_1$$

$$P_1 N_1 = \frac{P_2 N_2 + \overline{X_2} - \overline{I_2}}{1 + k_E}$$

配当政策に依存せず

代入を繰り返すと…

$$E = P_0 N_0 = \frac{\overline{X_1} - \overline{I_1}}{1 + k_E} + \frac{\overline{X_2} - \overline{I_2}}{(1 + k_E)^2} + \cdots$$

※ 補論11

※13-5〜13-6の補足

元の低配当をDIV_0とすると，株式価値は…

$$E = DIV_0 + \frac{DIV_1}{1 + k_E} + \frac{DIV_2}{(1 + k_E)^2} + \cdots$$

追加的な配当をΔDIV_0とすると，所与の投資政策のもとで同じ額の増資Fが必要。

$$\Delta DIV_0 = F$$

株主の要求収益率はk_Eなので，将来の配当のうち，新株主にまわる配当は…

$$k_E F$$

であり，その分だけ既存株主にまわる配当は少なくなる。

既存株主の視点による株式価値は…

$$E = DIV_0 + \Delta DIV_0 + \frac{DIV_1 - k_E F}{1 + k_E}$$
$$+ \frac{DIV_2 - k_E F}{(1 + k_E)^2} + \cdots$$

永久定額年金の公式（2-9）を使うと…

$$\frac{k_E F}{1 + k_E} + \frac{k_E F}{(1 + k_E)^2} + \cdots = \frac{k_E F}{k_E} = F$$

であり，$\Delta DIV_0 = F$なので…

$$E = DIV_0 + \frac{DIV_1}{1 + k_E} + \frac{DIV_2}{(1 + k_E)^2} + \cdots$$

これは元の式と同じであり，配当政策を変更しても株式価値は変わらない。

第14章 ペイアウト②

第 13 章では，M. H. ミラーと F. モジリアーニによって提示された配当の無関連命題（MM 理論）を解説しました。税や取引費用などの存在を無視する完全市場の場合，どのような事業活動（ビジネス）を実施するのかが先に前提条件として決まっている状況下において，企業が配当と内部留保の割合を変えても企業価値に影響を与えることはありません。これは 1990 年度のノーベル経済学賞が授与される理由になった業績のひとつです。

ただし，それは仮想的な状況である完全市場について妥当する内容であり，実際には税や取引費用などの不完全要素があるため，それらを原因として配当政策が企業価値に影響を与える可能性があります。配当の MM 理論が発表されて以降，徐々に現実的な修正を加える形で数多くのモデルが提示されてきました。

ファイナンス理論では，他のトピックで使われた概念が応用的に使いまわしされることがあります。第 9 〜第 12 章では資本構成について完全市場，不完全市場の順にモデルの発展を示しましたが，配当政策についても同じ流れになりますし，使いまわされる概念も多く，似たような結果が出てくることにもなります。

14.1. 配当の無関連命題（再）

異なる仮定のモデルからは異なる結論が出てきます。しかし，結論が異なることを理由に「MM 理論が間違っている」と評するのはピントが外れています。税や取引費用がなければ株主の富に対して中立であることが受け容れられたのですから，逆に言えば，それらが原因となって中立でなくなることを明快にしたのも MM 理論の貢献です。いわば MM 理論は真空状態を想定する基礎的なモデルであり，それ以降の理論は空気抵抗を考える現実的なモデルなのです。第 9 章でも述べたように，ボール投げの実験においてこの順序で考えることを批判する人はいないでしょう（参照 **9.2.**）。

以下，5 種類の不完全要素を検討します。このうち，税と株式売買手数料（取引費用の一種）は株主のタイプに依存する要素です。また，企業経費（取引費用の一種）は低配当を望ましくする方向に作用します。さらに，株式のエージェンシー費用と情報の非対称性は高配当を望ましくする方向に作用します。これらの不完全要素は，配当政策が企業価値に対して無関連ではなく，何らかの**最適配当政策**（optimal dividend policy）が存在すると主張されるときの根拠となっています。

ところで，第 13 章で説明しましたが，完全市場では配当と同じ額だけ株価が下落します（配当落ち，参照 **13.7.**）。よって，投資家が配当を受け取っても，同時にその分だけ持株価値が少なくなっています。結局，現在の高（低）配当は，小さい（大きい）持株価値との組み合わせになるので，これらを

合計したトータルの富は一定のままです。配当の大きさだけ株価が下落するというのは，配当の大きさだけキャピタルゲインが小さくなると表現しても同じことです。キャピタルゲインは株式購入時からの値上がりによる利益です。たとえば，株価60円のときに株式を購入し，現在の株価が100円であれば，配当落ち前のキャピタルゲインは40円です（簡単化のために株式分割はないと想定，参照7.9.）。この状況下で配当が10円ならば，株価はちょうど10円だけ下落するので，配当落ち後のキャピタルゲインは30円になります。

14.2. 税

第一に，税（tax）の影響です。完全市場を想定するMM理論では税がゼロと仮定されているため，投資収益の実現の仕方として，配当でもキャピタルゲイン（値上がり益）でも無差別です。ちょうど配当の大きさだけキャピタルゲインが小さくなるため，これらを合計した金額は一定にしかなりません。

しかし，配当には所得税，キャピタルゲインには実現の段階で株式譲渡益税がかかるのが現実です。しかも，これらの税率は必ずしも同じではありません。税法にもとづいた正式な名称ではありませんが，わかりやすい表現のために，以下では配当にかかる税率を「配当税率」，値上がり益にかかる税率を「キャピタルゲイン税率」と呼ぶことにしましょう。

税を節約するためには，割高な税率がかかるほうの収益形態をなるべく避けたほうがよいという考え方があります。この考え方にしたがえば，配当税率のほうが高い投資家にとっては，できるだけ配当は少ないほうが望ましく，キャピタルゲイン税率のほうが高い投資家にとっては，できるだけ配当は多いほうが望ましいはずです。

仮にすべての投資家が同じように課税されるのであれば，企業の経営者にとって配当政策は難しい意思決定ではなさそうです。たとえば，すべての投資家にとって配当税率のほうが高いならば，できるだけ低配当を実施すればよく，突き詰めると無配（配当性向0%）が最適配当政策のはずです。これに対して，すべての投資家にとってキャピタルゲイン税率のほうが高いのであれば，できるだけ高配当を実施すればよく，突き詰めるとフル配当（配当性向100%）が最適配当政策のはずです。

ところが，非常に厄介なことに，投資家のタイプによって課税の仕方が異なっているのが通常です。国や時代によって税制は異なりますが，長年にわたって採用されてきた典型的な税制において，個人投資家は配当税率のほうがキャピタルゲイン税率よりも高く，逆に，法人投資家はキャピタルゲイン税率のほうが配当税率よりも高くなっています。よって，個人投資家が低配当を選好する一方，法人投資家は高配当を選好するという考え方があります。

通常，あらゆる株主の税を節約する配当政策は存在しません。配当政策を決めるのは個々の投資家ではなくて企業の経営者ですし，株主平等の原則にもとづいて，あらゆる株主に対して一律の配当性向で支払われます。典型的な税制のもとで，個人投資家を重視して低配当を実施したならば，高配当を選好する法人投資家からの不満が生じます。かといって，法人投資家を重視して高配当を実施したならば，低配当を選好する個人投資家からの不満が生じてしまいます。

完全市場を想定するMM理論の場合，どのような配当政策を実施しても株主の富は同じにしかならず，それゆえに企業の経営者が配当政策で悩む必要はなかったのですが，税を考慮に入れるとそう

ではなく，何らかの判断を迫られるということです。以上のような，税が配当政策に及ぼす影響を考察する理論モデルは，早くも1960年代には登場していて，現在でも重要な位置づけにあります。

さて，税については，ここまでの理論的なモデルでも十分に複雑なのですが，現実の話はさらに複雑です。実を言うと，典型的な税制のもとで個人投資家には配当が不利となるはずなのですが，そうであるにもかかわらず，なぜか数多くの個人投資家が配当を選好してきたという歴史的な事実があります。明らかに配当税率のほうが高い時期においても，大部分の配当所得を個人投資家が受け取ってきたようですし，税率が高い富裕層がかなりの税を負担してきたという実証結果もあります。個人投資家が過半数を占める分散型の所有構造においてさえ，しばしば数多くの企業は配当を支払ってきました。

これは理論的な説明を与えることが難しい不可解な現象であると認識され，有名なファイナンス学者であるF. S. ブラック（Fischer S. Black, 1938-1995）によって，**配当パズル**（dividend puzzle）という名称が与えられました。後述するように，税だけでは配当が支払われる合理的根拠を示すことができないため，これに対抗する要素としてエージェンシー費用や情報の非対称性が着目され，配当政策の理論が発展してきたという経緯があります。大雑把に述べて，それは1970年代や80年代あたりの話になります。

14.3. 株式売買手数料

第二に，**株式売買手数料**（commission）の影響です。完全市場を想定するMM理論では**取引費用**（transaction cost）がゼロと仮定されているため，少なすぎる配当を補うために株式を売却しても，多すぎる配当を再投資するために株式を購入しても損得が生じません。これは自家製配当と呼ばれる概念でした（参照 13.9.）。個々の投資家はどのような配当政策が与えられても，個人的なキャッシュフロー調整によって，時間選好に合った望ましい消費パターンに有利・不利なく組み替えることができるということです。

しかし，実際に株式を売買しようと思えば，証券会社に対して株式売買手数料を支払わなければなりません。投資家が自分自身で証券取引所に売買注文を入れるわけではなく，証券会社に開設した口座を通じて間接的に処理されます。逆に言えば，数多くの証券会社は株式売買手数料を稼ぐために投資家を顧客にしており，これを**ブローカー業務**と呼びます。株式売買手数料は投資家にとっては取引費用の一種となります。

そうなると，自家製配当は自分自身が取引費用を負担する分だけ，ただ単に企業から配当を受け取る場合と比べて不利になると言わざるを得ません。取引費用を節約する観点から考察すると，最初から最適な消費パターンに合致した配当政策が実施されることを望むでしょう。つまり，現在消費を重視するタイプの株主は高配当を選好するはずですし，これに対して，将来消費を重視するタイプの株主は低配当を選好するはずです。数値例では，前者が3円の配当を選好し，後者が1円の配当を選好します。

通常，ひとつの企業には時間選好が異なる投資家が混在していますので（参照 13.8.），あらゆる株主の取引費用を節約できる配当政策は存在しないはずです。株主平等の原則にもとづいて，あらゆる株主に一律の配当性向が適用されるからです。ということは，取引費用に着目したモデルにおいても，

やはり経営者は配当政策で悩まなければなりません。完全市場を想定する MM 理論とは異なり，利害が対立する株主を相手にして，何らかの政策的な判断を迫られるということです。

14.4. 企業経費①

　第三に，**企業経費**（corporate expenses）の影響ですが，これは投資家レベルではなく企業レベルで発生するものであり，やはり取引費用の一種です。ここでは投資プロジェクトを実施することが決まっていて，そのために必要となる資金調達法が論点となります。もちろん，第 5 章で述べたように，投資プロジェクトの正味現在価値（NPV）は，プラスとなる場合に実施すべきである一方，マイナスとなる場合は却下すべきでして，これを最適投資政策と呼ぶのでした（参照 5.8.）。

　完全市場を想定する MM 理論では取引費用がゼロと仮定されているため，外部の投資家から資金調達をしても企業経費がかかりません。そうであるがゆえに，予定している投資プロジェクトに要する資金調達を，内部留保だけで賄っても（低配当のケース），増資を併用して賄っても（高配当のケース），企業価値は同じになるというのが結論でした（参照 13.6.）。しかし，実際のところ，内部留保が簡単な事務的作業で済む一方，増資には企業経費がかかりますから，前者のほうが割安な資金調達法です。

　第 7 章で説明したように，株式発行は証券会社の**アンダーライター業務**によって手助けされながら実施するのが通常です。主流の方法である**買取引受**とは，最初に証券会社が全額を買い取り，その後で投資家に売り出す方法です（参照 7.1.）。証券会社は比較的低い価格で発行企業から証券を買い取り，これよりも高い価格で一般投資家を相手に売り出す形になります。よって，証券会社の収益源は売買価格差（スプレッド）であり，言葉の正しい意味での引受手数料ではありませんが，実質的にはそれに相当します。

　以上を踏まえると，企業が配当と増資を同時に実施することは合理的でありません。なぜなら，どのような投資プロジェクトを実施するかが決まっている状況下において，配当を余計に支払ったとすれば，それが原因で増資が余計に発生してしまうからです。数値例において，利益を 100 万円，投資を 80 万円としましょう。もし，配当を 40 万円に設定すれば，内部留保を 60 万円しか確保できず，増資を 20 万円としなければなりません。その際，証券会社の引受手数料の分だけ企業価値を損ねてしまうでしょう。

　たとえ話になりますが，冷房（配当）と暖房（増資）を同時に使用することは無意味であるばかりでなく，電気代（企業経費）の無駄でしかありません。もちろん，暑ければ（資金余剰ならば）冷房（配当）だけを使用し，寒ければ（資金不足ならば）暖房（増資）だけを使用することが常識的な解決策となるでしょう。寒いとき（資金不足）に冷房（配当）をかければ，その分だけ暖房（増資）を強めなければならず，余計に暖房代（企業経費）がかかってしまいます。

14.5. 企業経費②

　さて，企業経費の節約に関して，**残余配当政策**（residual dividend policy）とは，まずは投資プロジェクトに必要な資金を内部留保で優先的に確保したうえで，その後，企業価値を高める機会がない余剰資金だけを配当するという考え方にもとづいた財務政策です。つまり，配当は先決の事項ではなくて，せいぜい最後に決まる残余にすぎないということです。そして，重要なことですが，配当をする

ときは増資をせず，増資をするときは配当をしません。

　まず，投資プロジェクトに要する金額が利益の範囲内におさまっている場合（投資≦利益），先に内部留保で必要な金額を確保し，残った余剰資金を配当にまわしますから，増資をゼロにすることができます。数値例において，利益は100万円，投資は80万円ですが，先に内部留保を80万円と決めてしまうことで，ちょうど投資額を賄えます。残った20万円は企業価値を高める機会がないため株主に配当しますが，このとき増資はゼロです。

　これに対して，投資プロジェクトに要する金額が利益の範囲内におさまらない場合（投資＞利益），すべてを内部留保に充てて配当をゼロにすれば，必要最低限の増資にとどめることができます。数値例において，利益は100万円，投資は150万円ですが，先に内部留保を100万円と決めてしまいます。それでも資金は不足しますので，増資50万円で補充します。残余がないので配当はゼロです。

　したがって，企業経費は低配当を望ましくする要素となります。株式発行の引受手数料を節約するためには，できるだけ内部留保によって投資プロジェクトを賄うことが望ましくなるのです。第12章で述べたように，情報の非対称性まで考慮に入れると，株式発行は逆選択によって投資プロジェクトを実施できない機会損失を発生させたり（参照12.2.），過大評価シグナルによって株価を下落させるので（参照12.4.），この意味でも企業価値を損なってしまいます。残余配当政策の理論は，1970年代の初めに登場しました。

14.6. エージェンシー費用①

　第四に，**株式のエージェンシー費用**（agency cost of equity）の影響です。完全市場を想定するMM理論において，経営者は株主の忠実な代理人（エージェント）であり，最大限の努力で企業価値や株主の富を高めると想定されています。しかし，経営者は株主の利益を損なってまで他の利害関係者の便宜のために行動する可能性があります。第11章でも述べたように，株式のエージェンシー費用とは，株主（依頼人）と経営者（代理人）の利害対立を原因とする企業価値の減少です（参照11.4.）。このような背景の下で，配当は株式のエージェンシー費用を低下させるという見解があり，以下の2種類の仮説が有名です。配当政策に関するエージェンシー費用のモデルは1980年代に登場してきたのですが，現在でも主流の理論であると言えます。

　まず，**配当の規律仮説**（discipline hypothesis of dividends）とは，配当によって内部留保を減らす結果，外部資金調達の頻度が高まり，外部の投資家からのモニタリング（監査）にさらされるという考え方です。既存株主はせっかく個人的な費用をかけて監視しても，その成果の大半が他の株主にフリーライド（ただ乗り）されてしまうため，積極的にモニタリング（監視）を実施したがらないという問題を抱えています。そこで外部資金調達を行えば，証券会社（アンダーライター）等の審査が経営者に対して規律を与えてくれます。よって，配当と増資の組み合わせは企業経費が余計にかかる代わりに，エージェンシー費用を低めると期待されます。

　このモデルが面白いのは，普通に考えてデメリットにしか思えない増資に意外なメリットを見出したところです。たしかに，余計な配当が余計な増資の原因となりますし，証券会社の引受手数料も余計にかかってしまいます。そのような無駄を避けるために残余配当政策が望ましいというのが従来の考え方でした。ところが，その証券会社が果たしている役割に着目することで，一見すると冷房と暖

房の同時使用にしか見えない配当と増資の組み合わせであっても，意外と合理的な側面があることに気づくわけです。

14.7. エージェンシー費用②

　次に，**配当のフリーキャッシュフロー仮説**（free cash flow hypothesis of dividends）とは，企業価値を高める機会がない余剰資金を配当によって企業外に流出させ，経営者の浪費を防ぐという考え方です。これは有名なファイナンス学者である M. C. ジェンセン（Michael C. Jensen, 1939-2024）によって，1986 年に提示されたモデルです。すでに第 11 章で説明した負債のフリーキャッシュフロー仮説は，あえて負債を利用することによって元本返済や利子支払いを迫られる状況を企業に作り出し，余剰資金を経営者が浪費できないようにするという考え方です（参照 11.4.）。いま検討している配当のフリーキャッシュフロー仮説も同じ論文で提示された概念であり，ほとんど同じ考え方に依っていると言えますが，資本構成ではなくてペイアウトの文脈に位置づけられるところが異なっています。

　経営者の裁量下に余剰資金がある場合，株主の利益を損なってまで他の利害関係者の便宜のために浪費される可能性があります。これらは企業にマイナスの正味現在価値（NPV＜0）をもたらします。たとえば，経営者は必要以上に豪華な社長室を作るかもしれませんし，採算が取れない投資プロジェクトを実施して従業員の昇進機会を増やそうとするかもしれません。

　しかし，配当によって余剰資金が企業外に流出するならば，経営者は手元にない資金を浪費することはできません。特に，この仮説は有利な投資機会が少ない成熟企業に妥当しそうな見解です。欧米企業の場合，取締役会で無能な経営者を解任することは茶飯事ですが，その代わりに日常のマネジメントにおいて経営者はかなり強力な自由裁量を持っています。取締役会は頻繁に開催されるわけではないので，日常的なマネジメントにまでは関与できません（参照 11.4.）。そのため，配当政策に影響力を行使することでエージェンシー費用を節約しようとする考え方が意味を持つことになります。

　株式のエージェンシー費用に関して，規律仮説とフリーキャッシュフロー仮説の 2 つを説明してきましたが，いずれについても，エージェンシー費用は高配当を望ましくする原因と認識されています。配当によってエージェンシー費用を減らすことができるならば，そのメリットは，配当によって税や企業経費が余計にかかるというデメリットを打ち消すぐらいに大きいかもしれません。これらの仮説が登場する以前にはそのような考え方がなかったものですから，もっぱら税や企業経費がかかるデメリットが重視されていたという言い方もできるでしょう。新しい要素を取り入れることで，より現実妥当的なモデルとなり，ファイナンス理論が深化したことを示す典型的な例だと思われます。

　ところで，資本構成の文脈で説明したように，財務フレキシビリティ（financial flexibility）の観点に立つと，あえて余剰資金を多めに持つことは，将来の有望な投資機会をやり過ごさないためのオプションとして評価されるのでした（参照 12.8.）。とはいうものの，財務フレキシビリティの概念が影響力を持つようになったのは比較的近年のことでして，ここで説明しているエージェンシー費用のほうが先に存在していた概念です。したがって，ここでは余剰資金が価値を創造しないケースだけを検討の対象にしているとみなすことにしましょう。

14.8. 情報の非対称性

　第五に，**情報の非対称性**（asymmetric information）がもたらす影響です。完全市場を想定する MM 理論では，経営者も株主も同じ情報をもつと仮定されています。しかし，第12章でも述べたように，個々の企業の収益性について，現場に近い経営者は情報優位（よく知っている）にある一方，投資家は情報劣位（あまり知らない）にあると考えるのが現実的です（参照 12.1.）。極端な場合，企業のタイプ（高収益か低収益か）がまったく不明ならば，投資家はどちらの企業も平均水準とみなして同じ評価とせざるを得ません。この場合，高収益の企業は過小評価，低収益の企業は過大評価されてしまいます。つまり，適正な評価がなされないという**株価のミスプライシング**（share mispricing）が起こってしまうのです。

　この文脈において，**配当のシグナリング仮説**（signaling hypothesis of dividends）とは，企業がわざと余計なコストをかけることで，それに耐えられる良質の企業（高収益）であることを投資家に確信させ，情報の非対称性を緩和するという見解です。なお，シグナリングという概念は，もともと A. M. スペンス（A. Michael Spence, 1943-）によって1973年に提示され，労働市場における学歴シグナルを取り扱ったものですが，この研究業績には2001年度のノーベル経済学賞が授与されています。やはり，ファイナンスはミクロ経済学の新しい成果を積極的に応用する学問分野でして，1970年代末から80年代前半にかけて配当政策の研究に応用され始めました。現在でも主流の考え方です。

　すでに説明したように，高配当になるほど個人投資家には余計な配当税が生じますし（参照 14.2.），内部留保の減少によって外部資金調達（増資など）に要する企業経費が余計にかかるかもしれません（参照 14.4.）。いま高収益の企業があえて高配当を実施したとすれば，投資家はその企業が高収益であることのシグナルと解釈するかもしれません。なぜなら，低収益の企業はこれらの余計なコストに耐えられないため同じ行動を取ることが得策ではなく，低配当を選択せざるを得ないはずだからです。つまり，情報の非対称性は高配当を望ましくする原因となります。

　結局のところ，高収益の企業は高配当を選択し，低収益の企業は低配当を選択しますから，投資家は配当政策のちがいで企業のタイプを判別できるようになります。高収益企業は過小評価されており，低収益企業は過大評価されていると推論できるのですから，株式市場の投資家たちは前者の評価を高め，後者の評価を下げる改訂を行うでしょう。

　配当によって株価のミスプライシングを緩和できるメリットは，配当によって税や企業経費が余計にかかるデメリットよりも大きいかもしれません。これについても，ファイナンス理論が深化したことを示す典型的な例だと思われます。

第14章からの示唆

　以上，配当政策に関係する5つの不完全要素を解説してきました。これらの中で他を圧倒するほど決定的な仮説はありません。しかし，1980年代以降はエージェンシー費用や情報の非対称性に着目するモデルが説得力を強めています。第13章において，増配（配当の増加）を打ち出した企業の株価が軒並み上昇したという新聞記事を紹介しましたが（参照 13.2.），これは完全市場では説明がつかない現象です。不完全市場のモデルによってこそ，何らかの合理的根拠を与えることができるのです。

　世間一般ではごく単純に高配当が望ましく，配当を増やせば株主が得をするので株価が上昇すると

考えられているようです。しかし，たいていの場合は投資政策との混同だと思われます（参照 13.1.）。過去の投資プロジェクトによって事業活動（ビジネス）が成功した場合，そうでない場合と比べてより多くの配当を分配できるようになることは事実です。しかし，それは分け前の源泉である利益が大きくなったことに起因しています。利益の大きさが変わらない状況下で配当性向を変化させた場合にどうなるかを論点とする配当政策は別の話です（参照 13.3.）。

　本章で論じてきたように，たとえ高配当が望ましいという判断に落ち着くとしても，その根拠は法人投資家の税負担，現在消費を選好する株主の手数料，株式のエージェンシー費用，情報の非対称性に求められるのです。もちろん，個人投資家の税負担，将来消費を選好する株主の手数料，企業経費を根拠にして低配当が望ましいという判断もあり得ます。

　しばしば，理論的なモデルに慣れていない人は「結局，どのモデルが正しいのか」という疑問を示しがちです。これに対しては「どのモデルも前提下では正しい」と答えておくことにしましょう。実際に悩んでいる経営者に対しては曖昧かつ無責任な印象を与えてしまう回答かもしれません。しかし，学術的なアプローチで貢献しようと試みるファイナンス学者にとっては，「何が何の原因になっているのか」をひとつひとつ分解して示すことに関心があります。おそらく実務的には，どの不完全要素を重視して，何を犠牲にするのかが配当政策の決定にあたって重要だろうと思われます。

　著者自身は配当政策を中心的な研究テーマとしてきたファイナンス学者のひとりでして，既存のモデルでも説得力が弱い箇所はいくつかあると考えています。本書は教科書であるため，あくまでも標準的な学説に沿って解説を進めてきました。配当政策の研究に興味・関心がある読者については，手前味噌ではありますが，森（2017）をご参照いただければと思います。

MEMO

第14章 ペイアウト②

●学習のポイント

税負担が割高ならば，個人投資家は配当を好まないはずである。しかし現実は逆であるため，これを説明するためのモデルがいくつも提示されている。最適配当政策は存在するかもしれない。

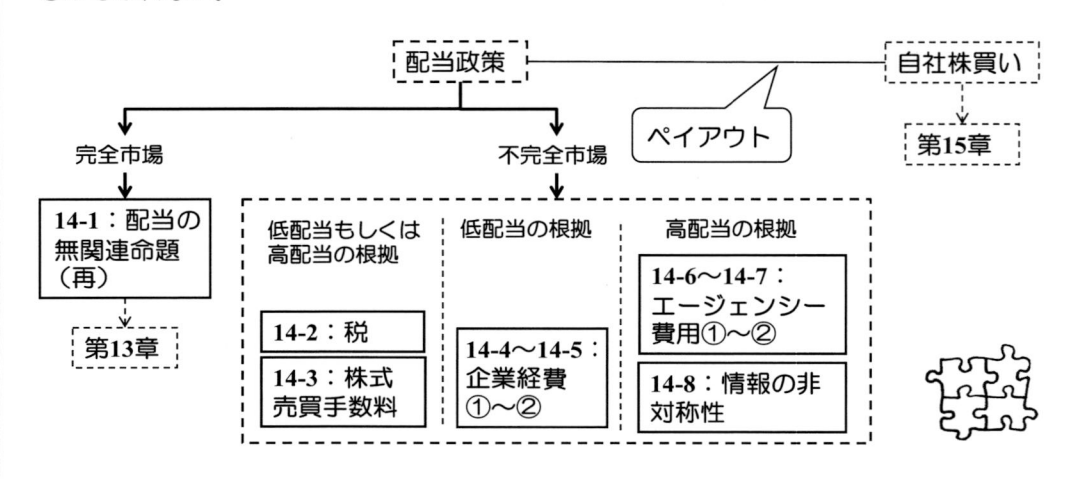

14-1 配当の無関連命題（再）

●配当の無関連命題（MM理論，1961年）　　不完全市場を想定した現実的修正

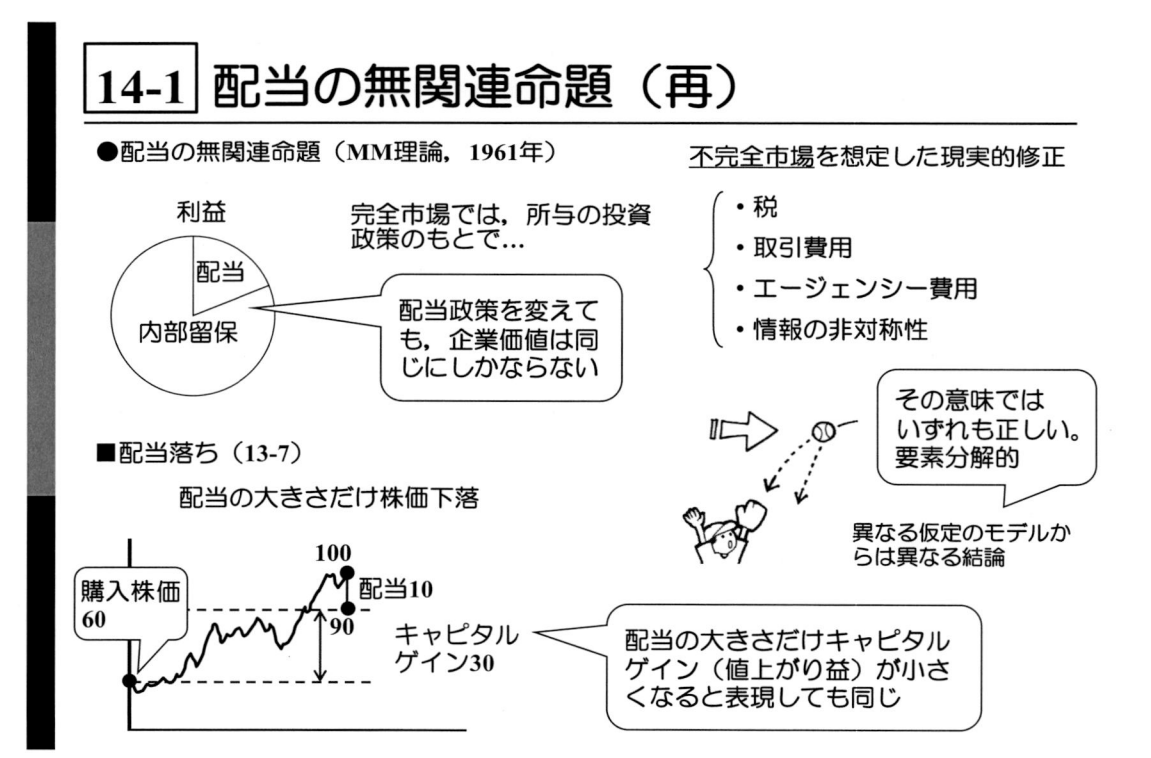

14-2 税

※**MM理論**…税がゼロと仮定

⇔現実

- ・配当には所得税
- ・キャピタルゲインには
株式譲渡益税

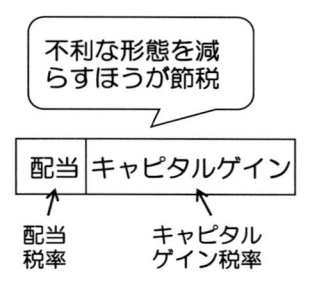

不利な形態を減らすほうが節税

配当	キャピタルゲイン

↑配当税率　↑キャピタルゲイン税率

●配当パズル

配当税率が割高であっても，配当を欲しがる投資家がいるのは不可解な現象

※伝統的な税制（時代と国によって多様）

- ●個人投資家

  配当税率>キャピタルゲイン税率

  ⇒　配当は不利なので<u>低配当選好</u>

- ●法人投資家

  配当税率<キャピタルゲイン税率

  ⇒　配当は有利なので<u>高配当選好</u>

通常，あらゆる株主の税を節約する配当政策は存在しない

それを説明するためにエージェンシー費用や情報の非対称性が考慮され，配当政策論が発展

14-3 株式売買手数料

※**MM理論**…取引費用がゼロと仮定
⇒ このとき自家製配当によって株主の富は変わらない　13-9

⇔現実
株式売買手数料の分だけ，企業配当よりも自家製配当のほうが割高

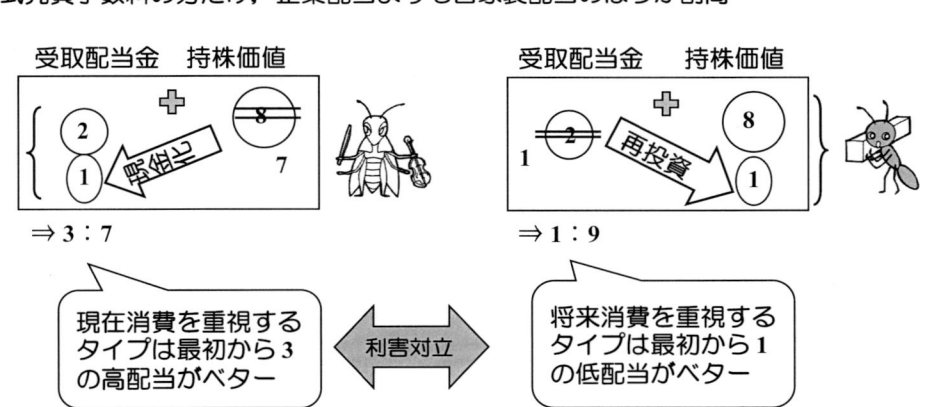

⇒ 3：7　　　　　　　　　⇒ 1：9

現在消費を重視するタイプは最初から**3**の高配当がベター　◀利害対立▶　将来消費を重視するタイプは最初から**1**の低配当がベター

※通常，あらゆる株主の取引費用を節約できる配当政策は存在しない

14-4 企業経費①

※正味現在価値（NPV）による投資プロジェクトの採算判断（5-6）

NPV>0は企業価値を高めるが，NPV<0は低めてしまう（5-8）

NPV>0　実施

NPV<0　却下

※MM理論…取引費用がゼロと仮定

⇔現実

投資プロジェクトを賄う資金調達の手段として…

内部留保…事務的作業のみ（割安）
増資…証券会社に手数料（割高）　7-1

企業経費を節約するという観点からは，配当と増資の併用は不合理

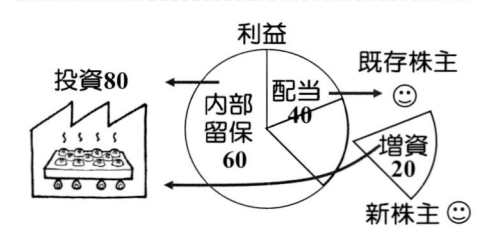

投資80　利益　既存株主 ☺
内部留保60　配当40
増資20
新株主 ☺

冷房（配当）と暖房（増資）の同時使用は電気代（企業経費）の無駄なので片方だけ

14-5 企業経費②

●残余配当政策

投資プロジェクトに必要な資金を内部留保で確保したうえで，企業価値を高める機会がない余剰資金だけを配当

企業経費を節約するための低配当

余剰資金を預金，証券投資で運用してもNPV=0なので，企業価値を高めない（5-9）

2003年1月17日『日本経済新聞』

マイクロソフト社は成長期に無配だったが，成熟期に入って配当

マイクロソフト　配当実施　年1回、無配方針を転換

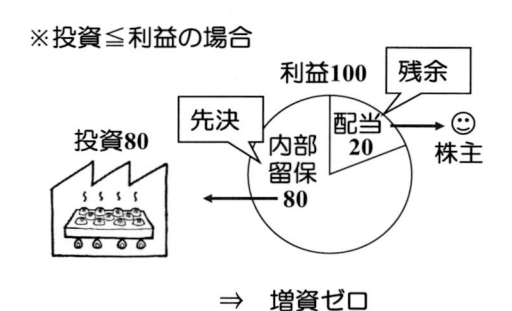

※投資≦利益の場合

投資80　利益100　残余
先決　内部留保80　配当20 ☺ 株主

⇒　増資ゼロ

※投資>利益の場合

投資150　利益100　残余ゼロ
先決　内部留保100　補充
増資50
新株主 ☺

⇒　配当ゼロ

14-6 エージェンシー費用①

※**MM理論**…経営者は株主の忠実な代理人
（エージェント）と仮定

⇔現実

株主（**principal**）と経営者（**agent**）の利害
対立を原因とする<u>企業価値の減少</u>

> 株式のエージェンシー費用

> （例）豪華な社長室，
> NPV<0の投資プロジェクト

●配当の規律仮説

> 内部留保を減らすと増資の必要が高まるので，市場の投資家が規律を与える

> エージェンシー費用を減らすための高配当

> 既存株主は個人的な費用に見合う便益が得られないので，誰もが監視したがらないという「フリーライダー問題」を解決

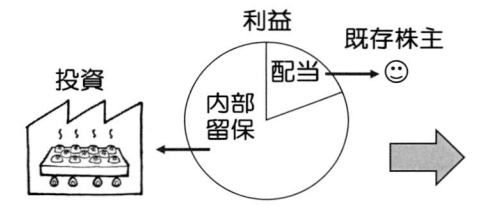

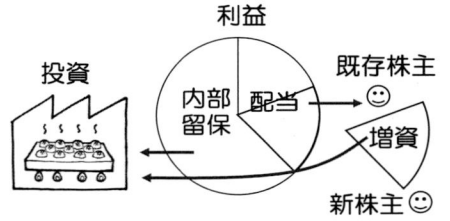

14-7 エージェンシー費用②

●配当のフリーキャッシュフロー仮説

企業価値を高める機会がない余剰
資金（フリーキャッシュフロー）
を分配させて経営者の浪費を防ぐ

> エージェンシー費用を減らすための高配当

> 特に，有利な投資機会が少ない成熟企業に妥当する見解

配当パズルのひとつの解法

> 配当によってエージェンシー費用を減らせるメリットは，税や企業経費のデメリットよりも大きいかもしれない

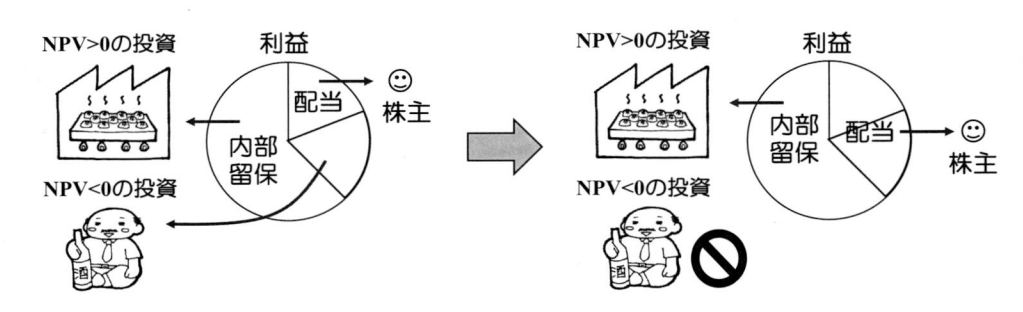

14-8 情報の非対称性

※**MM理論**...経営者も株主も同じ情報を持つと仮定

⇔現実

情報の非対称性

企業の将来の収益性について経営者は情報優位，投資家は情報劣位

過小評価　　　　過大評価

※株価のミスプライシング

タイプが不明ゆえに，どちらも平均水準で同じ評価を受ければ，

  { 高収益企業...過小評価
  { 低収益企業...過大評価

●配当のシグナリング仮説

...わざと余計なコストをかけることで，それに耐えられる高収益企業であることを投資家に確信させる

情報の非対称性を解消するための高配当

わざとカネを燃やすようなもの

低収益企業は高配当のコスト（余計な税や企業経費）に耐えられないから，低配当を選択するはず

　　　※投資家の推論
  { 高配当の選択→高収益企業
  { 低配当の選択→低収益企業

配当によってミスプライシングを解消できるメリットは，税や企業経費のデメリットよりも大きいかもしれない

第15章 ペイアウト③

本章で説明する**自社株買い**（share repurchases）とは，企業が株主から自社の株式を買い戻す財務活動です。企業は自社株買いを利益分配の手段として用いることができます。その点において配当と似ているので，第13〜14章で説明した内容とのアナロジー（類推）が理解を助けることになります。近年，欧米諸国と同様，わが国においても自社株買いはペイアウトの重要な手段となっており，実施する企業も多くなっています。

ところが，世間一般ではいまだにファイナンス理論の観点からは間違いだらけの解説が流布しており，株価を引き上げるための手段と思われているようです。基本的な結論を先に述べると，完全市場において時価を買戻価格とする場合，自社株買いによって株価を引き上げることはできません。不完全市場では結論が異なってきて，株価が上昇する理由を説明することができます。しかし，その根拠がしっかりと理解されているとは言いがたいものがあります。

15.1. 自社株買い

欧米諸国ではかなり以前から可能でしたが，わが国の企業が自社株買いを実施できるようになったのは比較的近年のことです。1994年の商法改正において，株主総会の決議を要件にようやく実施できるようになりました。2003年には取締役会の決議で実施できるようになりました。

自社株買いには代表的な方法が2種類あります。まず，**市場買付**（open market share repurchases）は，時価（市場価格）で買い戻す最も一般的な方法です。企業それ自身が流通市場に参加して買い手になりますが，売り手の株主は相手が企業であることを知りませんし，知る必要もありません。これに対して，**公開買付**（TOB：take over bid）は，時価に20％程度のプレミアムを上乗せした買戻価格を設定し，一定の期間を設けて取引所外で株式を買い集める手法です。新聞の公告等によって，買付期間，買付価格，買付株数を提示します。米国に関して言えば，市場買付が実施数の90％以上を占める主流の方法であり，公開買付は以前ほどには利用されていません。わが国でも市場買付のほうが主流の方法です。

自社株を買い戻すのですから，企業自身が取引の一方の当事者であり，他方は既存株主です。各自の自由な判断に基づくため，株式を売却する株主もいれば，売却しない株主もいます。当然ながら，売買が成立すれば売却株主に対して代金が支払われるため，企業から資金が流出します。買い戻した株式は市場に流通しなくなります。

本質的に，自社株買いは株主資本を減らす減資であり，その分だけ資産も減少します。第7章で説明した株式発行（増資）とはちょうど逆の位置づけにあると考えれば理解しやすくなるでしょう。増

資や減資という言葉は，会社法では資本金（株主資本の一部）の増減を意味しますが，ファイナンスでは株主資本の増減を意味することに留意してください。増資の場合，追加的な出資によって右側の株主資本が増加し，調達した資金の分だけ左側の資産が増加します（参照 7.2.）。自社株買いはこれの逆ですから，出資関係の部分的な解消によって右側の株主資本が減少し，買い戻しに使われた資金の分だけ左側の資産が減少します。右側と左側に与える影響は同じ額ですから，左右が同じになるというルールにおいて，このような会計処理は辻褄が合っています。

　従来，わが国で自社株買いが禁止されていたのは，主として当時の商法学者や会計学者の一部が反対していたためです。その根拠にはいろいろありましたが，主要な見解として，株主資本の減少が望ましくないというものがあります。第 11 章で述べたように，株主は有限責任制のもとで出資額以上に損失を負担しません（参照 11.6.）。企業が債務超過によって破綻する場合，返済できない負債については債権者の損失となります。負債比率が高いほど債務超過になりやすいという観点から，株主資本と資産の減少をもたらす自社株買いが望ましくないと考えられたのです。

　しかし，このような理由によって望ましくないというのであれば，そもそも配当も望ましくないはずですから，おおよそ説得力に欠けていると言わざるを得ません。配当を支払った場合でも，同じように株主資本と資産は減少するからです。株主資本は企業にとって返済義務がない資金源ではありますが，必要もなく余剰資金を抱え込むのは非効率ですから，状況に応じて柔軟に減らすツールが認められることには十分な意味があります。

　ところで，わが国で自社株買いが解禁された経緯は，残念なことにファイナンス理論の観点から妥当なものではありませんでした。企業が自社株買いを実施すれば，極めて素朴な理由にもとづいて株価が上昇すると考えられていたのです。解禁が検討され始めた 1990 年代の前半において，不況の影響により，数多くの企業の株価が低迷しているという背景がありました。つまり，政府の経済対策の一環として，自社株買いが株価対策になるはずだという判断が解禁の原動力になったのです。これが間違いである根拠は，次の節で説明することにします。

　自社株買いによって買い戻した株式は発行済株式数から抹消するか（消却），将来の再利用に備えて保有し続けることもできます（金庫株）。自社株の**消却**（cancellation of stock）はそれ以前から可能でしたが，買い戻した株式を企業が保有し続ける**金庫株**（treasury stock）の制度は 2001 年になって解禁されています。金庫株を再利用する場合，企業は手持ちの株式を用いて資金を調達することになります（**売却処分**）。放出した金庫株と交換に資金を得るのですから，株式発行（増資）と実質的に同じ効果が得られることになります。

15.2. 自社株買いと株価①

　典型的な誤解ですが，自社株を買い戻すと市場に出回っている株式数が減るため，需給バランスの改善によって株価が高まると説明されることがあります。どうやら，株式の供給が減るため，投資家からの需要との相対的なバランスが変わって株価が上昇するという考え方をしているようなのです。そのため，自社株買いは株価対策を目的とする財務政策と認識されてしまうことがあります。この考え方は実務家やメディアで非常に根強いものがありますが，ファイナンス理論の観点からは明らかに間違っています。

　自社株買いの需給バランス論は，キャベツの踏みつぶしと同じ発想であるように見受けられます。もったいない話ではありますが，豊作の農家はわざとキャベツを踏みつぶして市場への供給を減らすことがあります。市場への供給が多すぎるとキャベツの価格が低下するからです。もちろん，価格が低下すれば消費者の需要は増えるかもしれませんが，価格の低下を補うほどでなければ，売上高（＝価格×数量）が減ってしまいます。豊作の農家がキャベツを踏みつぶす場合，市場に出回るほうのキャベツは品質が変わることがありません。しかし，企業が自社株買いをする場合，買い戻されずに残っている株式に対する評価は，以下で説明するように全体的に低下しますので，同じ感覚で捉えるわけにはいきません。

　一見すると，正しそうに思われる需給バランス論ですが，資金の流出を原因として株式価値が減ることを見落としています。自社株買いは株式を対価なしに没収する行動ではなく，決められた買戻価格で購入する行動ですから，売却する株主に対して代金が支払われます。その代金は企業が保有する現預金を用いて支払われるので，貸借対照表（B/S）からその分だけ資産が減少します。現預金の正味現在価値（NPV）はゼロですから，企業価値 V の減少は資産の減少とちょうど同じ額です。基礎的なモデルで自社株買いは負債価値 D に影響を与えないので，企業価値 V と同じだけ株式価値 E も減少します。株式価値 E が減るということは，自社株買いの実施前と比較して株式に対する評価が低下していることを意味します。そこが品質を変えないキャベツと異なるところです。

　しかし，自社株買いが株価 P に及ぼす影響を見る際，以上のように需要や供給の概念を用いて説明するよりも，本書で一貫して用いている株価変動のベクトル図解で説明するほうが，はるかにスムーズに理解できると思われます。縦軸を株式価値 E，横軸を株式数 N として，自社株買い前の状況を示す点と原点を結んだベクトルを描くとき，その傾きが株価 P になります（①）[1]。

　まず，あえて需給バランス論の考え方に付き合うことにしましょう。自社株を買い戻して消却する場合，株式数 N の減少（②）が起こります。ということは，自社株買い後の状況は①と②のベクトルを合成したものとなり，傾き（株価 P）は自社株買い前（①）よりも大きくなります。この結果を受け入れるならば，自社株買いが株価 P を引き上げるように見受けられます。しかし，株式価値 E が変化しないことを暗黙の裡に想定しているところに間違いがあります。この点については，次の節で詳しく論じます。

15.3. 自社株買いと株価②

　先に結論を述べると，税や取引費用などの不完全要素を無視する完全市場において，時価で自社株買いを行っても株価が変動することはありません。たとえば，実施時点の株価100円で買い戻せば，実施後の株価は100円のままです。

　たとえ話として，40℃の風呂から40℃の湯を抜いても全体の温度は40℃のままですが，これと同じような現象だと理解すればよいでしょう。第7章では，時価発行の増資によって株価が変化することはないと説明しましたが（参照7.5.），ちょうど裏返しの関係になります。時価発行の増資に関しては，40℃の風呂に40℃の湯を足しても全体の温度は40℃のままであるという話を比喩的に入れました（参照7.4.）。増資と減資はちょうど逆の行動なのです。

　自社株買いをすると，売却株主から買い戻した株数の分だけ株式数 N が減少するのみならず，買

い戻しに要する資金が流出する分だけ株式価値 E も減少します。要素を分解して示すと，株式数 N が減少する効果は，水平方向の左向きのベクトルで表現されます（②）。一方，株式価値 E が減少する効果は，垂直方向の下向きのベクトルで表現されます（③）。したがって，自社株買いはこれらの 2 つの効果を合成した左下がりの破線のベクトルで表現することができます。

いま検討している時価での自社株買いの場合，買戻価格 P_S は現在の株価 P と同じですから，元のベクトルの左下に，同じ傾きで反対方向のベクトルが描き加えられる結果となります。自社株買い後の状況は①〜③のベクトルを合成した④で表現されますが，傾き（株価 P）は自社株買い前（①）と変わりません。数学的に言えば，平行線と交わってできる錯角が等しいからです。結局のところ，買戻価格 P_S が時価であるかぎり，自社株買いを原因として株価 P が変化することはありません。

したがって，世間一般で見られる需給バランス論は，株式数 N の減少（②）だけに着目し，資金流出による株式価値 E の減少（③）を無視する間違いだということがわかります。前の節で確認したように，仮に株式数 N の減少（②）だけが起こるものとすれば，株価 P に対してプラスの作用だけをもたらします。しかし，正しく株式価値 E の減少（③）も認識すれば，株価 P に対してマイナスの作用をもたらします。結局のところ，これらの 2 種類の効果が相殺するため株価 P は変わらないのです。このように，株式価値 E が先に決まり，株価 P が後に決まるという論理的順序で考えれば，誤解なくスムーズに理解することができます。

15.4. 自社株買いと株価③

税や取引費用を無視する完全市場においては，時価で自社株買いを行っても株価が変化することはないことを確認しましたが，逆に言うと，時価以外の買戻価格を設定した場合，自社株買いを原因として株価が変化するはずです。先ほどと同様，縦軸を株式価値 E，横軸を株式数 N としてベクトルを描くことにしましょう。すると，自社株買いの効果を合成した後は，状況を表すベクトルの傾き（株価 P を表す）が変化することを確認できるはずです。これも株式発行の裏返しのアナロジー（類推）になります（参照 7.6.）。

まず，割増価格（プレミアム）による買戻は，株価よりも買戻価格が高く設定される場合であり，株価の下落を招きます。なぜなら，退出する売却株主を相手として時価を超える割合で資金が流出するからです。図において，買戻価格 P_S は現在の株価 P よりも高いため，元のベクトルの左下の位置に，比較的傾きが大きいベクトルが描き加えられます。合成すると，傾き（株価）は自社株買い前よりも小さくなります。つまり，割増価格（プレミアム）による自社株買いを原因として，株価が下落することが図形的に確認されます。この場合，株式の希薄化（dilution）が起こりますので，退出する売却株主に利益が発生する一方，残存する非売却株主には不利益が発生します。

公開買付（TOB）による自社株買いでは，時価に 20％程度を上乗せした割増価格（プレミアム）を設定するのが通常であり，一定の期間を設けて取引所外で株式を買い集めます。株主の視点で考えれば，流通市場よりも高い価格なので，売却すれば利益が生じます。もっとも，株式を保有し続けるほうが長期的に得策だと判断すれば，非売却を選択するでしょう。したがって，割増価格（プレミアム）による自社株買いそれ自体は非売却株主に対して不利益ですが，他の要因も併せて考えなければ，起こっている現象に対する正しい理解にはなりません。

　企業がわざわざ高く買い戻す判断を不可解に思うかもしれませんが，大規模の自社株買いを市場買付で実施する場合，企業自身による巨額の買い注文が流通市場の株価を押し上げてしまう可能性があります（マーケットインパクト）。プレミアムを乗せて一定の買戻価格を維持できる公開買付のほうが，むしろ割安に買い戻せるかもしれません。買い戻しが小規模ならば市場買付，大規模ならば公開買付といった具合に使い分けるのが通常です。

　次に，割引価格（ディスカウント）による買戻は，株価よりも買戻価格が低く設定される場合であり，株価の上昇を招きます。なぜなら，退出する売却株主を相手として時価未満の割合で資金が流出するからです。図において，買戻価格 P_S は現在の株価 P よりも低いため，元のベクトルの左下の位置に，比較的傾きが小さいベクトルが描き加えられます。合成すると，傾き（株価）は自社株買い前よりも大きくなります。つまり，割引価格（ディスカウント）による自社株買いを原因として，株価が上昇することが図形的に確認されます。この場合，株式の濃密化（accretion）が起こりますので，退出する売却株主に不利益が発生する一方，残存する非売却株主には利益が発生します。

　なお，割引価格（ディスカウント）については，流通市場で普通に株式を売却できるのに，わざわざ不利な自社株買いで売却する株主はいないはずですから，現実的には考えにくい現象です。とはいうものの，実際に割引価格（ディスカウント）で自社株買いが実施されるケースもあるようです。これについても，自社株買いのみならず他の財務政策との関係を考慮に入れて，そのような現象が起こる理由を考える必要がありますが，本書が取り扱うレベルを超えているので，説明は割愛します。

15.5. 情報の非対称性①

　実際のところ，自社株買いの実施が公表（アナウンス）されると，時価による自社株買いであっても株価が上昇するのが実証的な事実です。たとえば，花王は 2016 年 8 月に 2 年ぶりの自社株買いを発表しましたが，公表日の株価は 2.1％ も上昇しました。これは完全市場のモデルでは説明がつかない現象ですが，不完全市場のモデルは合理的な根拠を与えることができます。

　第 12 章や第 14 章でも述べたように，ある情報を当事者の片方が知っているのに，もう片方が知らない状況を**情報の非対称性**（asymmetric information）と呼びます（参照 12.1.，14.8.）。情報の非対称性を原因として投資家が企業の品質を推測できないとき，低収益企業が自発的に低収益であることをアピールする理由はありません。よって，投資家は高収益企業と判別することができません。極端な場合，企業のタイプ（高収益か低収益か）がまったく不明ならば，投資家はどちらの企業についても平均的な水準で評価せざるを得ません。この場合，高収益の企業は過小評価される一方，低収益の企業は過大評価されてしまいます。つまり，**株価のミスプライシング**（share mispricing）によって，適正な評価がなされないということです。

　完全市場を想定した分析では，自社株買いが株価を変化させないことを述べました（参照 15.3.）。しかし，情報の非対称性を考慮に入れる不完全市場では，そもそも株価がミスプライシングされているので，たとえ時価による買い戻しであっても適正株価（株価ではなく）を変化させてしまいます。モデルの前提によって，経営者は適正株価を知っていますが，投資家はそれを知らず，株価が過小評価されているのか，過大評価されているのかを判別できません。

　縦軸を適正株式価値 E_F（株式価値 E ではなく），横軸を株式数 N とするベクトル図解で説明するこ

とにしましょう。自社株買い前の状況を示すベクトルの傾きは適正株価 P_F であり（株価 P ではなく），自社株買いは左下がりの破線のベクトルで表現されます（参照 15.6.）。このとき，自社株買いを示すベクトルの傾きは買戻価格 P_S ですが，それは時価（現在の株価 P）であると前提されます。これらを合成したものが自社株買い後の状況を示すベクトルとなり，その傾きによって適正株価 P_F の変化を表現することができます。もちろん，この状況を把握できているのは経営者だけです。

15.6. 情報の非対称性②

　以上を踏まえて，自社株買いが公表（アナウンス）されたときに株価が上昇する根拠を理論的に説明することにしましょう。経営者は売却株主ではなく非売却株主の利益を重視する代理人（エージェント）であると仮定しましょう。売却株主と非売却株主を区別するのは，両者間で利害が対立するからです。投資家は自社株買いを実施した後のどこかの時点で実施する前の適正株価を知ってしまうかもしれません。事後的に批判されることを怖れる経営者は，企業から退出する売却株主ではなく，残り続ける非売却株主が不利益を受けないように行動するはずです。

　まず，過大評価で自社株買いをする場合，割増価格（プレミアム）での買い戻しと同様の効果を及ぼすため，適正株価の希薄化（dilution）を招きます。すなわち，売却株主からは所有権を高く買い取っているがゆえに，非売却株主に損失が生じるのです。買戻価格 P は現在の適正株価 P_F よりも高いため，元のベクトルの左下の位置に比較的傾きが大きいベクトルが描き加えられます。自社株買い後の状況を示すベクトルの傾きは，自社株買い前よりも小さくなります。つまり，過大評価での自社株買いを原因として適正株価 P_F は下落するのです。

　これに対して，過小評価で自社株買いする場合，割引価格（ディスカウント）での買い戻しと同様の効果を及ぼすため，適正株価の濃密化（accretion）を招きます。すなわち，売却株主からは所有権を安く買い取っているがゆえに，非売却株主に利益が生じるのです。買戻価格 P は現在の適正株価 P_F よりも低いため，元のベクトルの左下の位置に比較的傾きが小さいベクトルが描き加えられます。自社株買い後の状況を示すベクトルの傾きは，自社株買い前よりも大きくなります。つまり，過小評価での自社株買いを原因として適正株価 P_F は上昇するのです。

　ということは，経営者は非売却株主に不利益をもたらす過大評価では自社株買いを実施したがらないはずです。したがって，企業が自社株買いを実施すると公表（アナウンス）したならば，投資家は過小評価の可能性が高いと推論できることになります。過小評価のシグナルだと判断すれば，投資家たちの再評価によって株価は上昇するでしょう。

　このように，時価による自社株買いであっても，公表時に株価が上昇するという定型的な事実は，**自社株買いの過小評価シグナル仮説**（undervaluation signal hypothesis of share repurchases）によって説明できることになります。この仮説は，第 12 章で解説した株式発行の過大評価シグナル仮説とはちょうど裏表の関係になります（参照 12.4.）。本章の冒頭でも述べたように，増資と減資はちょうど表裏の関係になるからです。どちらも情報の非対称性を前提するモデルですが，株式発行（増資）の場合は過大評価されている場合に実施したがる一方，自社株買い（減資）の場合は過小評価されている場合に実施したがるという想定になります。

　なお，自社株買いを実施すれば無条件でシグナルが発信され，いつでも株価が上昇するかのように

記述する解説文もときおり見受けられますが，決してそうではありません。理論的には，経営者が適正株価を知っていて，市場の株価が過小評価に見えるという前提が重要です。また，非売却株主の利益を重視するという前提も重要です。そうであるがゆえに，経営者は過大評価のときに自社株買いを実施したがらないはずなのです。このあたりの前提がなければ，過小評価シグナルになる理由を説明できません。もし非売却株主の利益を重視することなく，過小評価でもないのに自社株買いを実施したとすれば，そのような背信行為が判明した時点で経営者はペナルティを受け，株価も下向きに修正されるでしょう。自社株買いは株価を無条件に引き上げる魔法の杖ではないのです。

15.7. ペイアウト選択①

　ここまでは自社株買いの本質が減資であるという観点から，ちょうど裏側に位置する株式発行（増資）との対比で論じてきましたが，ペイアウトの手段として位置づけると，配当との対比で論じることができます。配当と自社株買いは，どちらも株主に対してキャッシュを支払うという共通点をもっています。たとえば，余剰資金を流出させることによってエージェンシー費用を減らす等，配当について当てはまることは，おおむね自社株買いについても当てはまると考えてよいでしょう。一方，以下で列挙する相違点もあるため，企業は特徴に応じて配当と自社株買いを使い分けることができます。

　第一に，配当はすべての株主に対して一律の条件で支払われますが，自社株買いは株式の売買ですから，株主に応じる・応じないの自由，さらには，どの程度の株式を売却するのかについて選択の余地があります。よって，欲しくもない配当を受け取らされて再投資の手数料と余計な税を負担するといった現象が起こりません。最初から受け取りたいキャッシュの分だけ株式を売却すればよいのです。

　第二に，配当は定期的に実施されますが，自社株買いは任意のタイミングを選んで実施できます。実際のところ，たいていの企業は配当を継続的に毎期支払いたがりますが，自社株買いはそれほど頻繁には実施されませんし，まったく実施したことがない企業も少なくはありません。すでに述べたように，過大評価されている株価で買い戻すのは非売却株主にとって不利ですから，経営者はできるだけ過小評価されているタイミングで自社株買いを実施したがるだろうと推論できます。

　第三に，配当は所得税の対象ですが，自社株買いは株式の売買なので，購入価格よりも値上がりしている場合にキャピタルゲイン税の対象となります。もし配当税率よりもキャピタルゲイン税率のほうが低ければ，自社株買いは配当を受け取るよりも有利となるはずです（参照 **14.2.**）。しかし，そうであっても数多くの企業は自社株買いだけではなく配当も実施しますし，数多くの投資家が配当を欲しがるので，一見すると不可解な現象であると認識されています（配当パズル，参照 **14.2.**）。しかし，エージェンシー費用，情報の非対称性などの概念を用いて，数多くのファイナンス学者が合理的に説明しようと試みてきたことは，第14章で論じたとおりです。

15.8. ペイアウト選択②

　さて，配当と自社株買いの異同点を述べましたので，企業がペイアウトの手段としてこれらをどのように使い分けるべきであるかについて，ファイナンス理論の観点から代表的なモデルを紹介するこ

とにします。

　まず，**配当の情報内容仮説**（information content hypothesis of dividends）を説明しますが，これは情報の非対称性を前提とした不完全市場のモデルであり，1970 年代末に登場してきた考え方です。ここでは企業の将来の収益性に関する情報が非対称であり，経営者は情報優位，投資家は情報劣位と前提されています。もっと平たく述べると，企業が将来にどのぐらいの利益を稼ぎ出すかについて，日常的にマネジメントを任されている経営者はよく知っているけれども，現場にいない投資家はそうではないということです。すでに説明した配当のシグナリング仮説も情報の非対称性を前提としたモデルですが，それとは別のモデルです。情報内容（information content）という言葉はかなり硬い表現に思えますが，もう少し噛み砕いて述べると，企業が配当を増減させるとき，投資家はそこから何を推論できるかが論点です。つまり，配当には情報が詰まっているといったほどの意味になります。

　もうひとつの重要な前提として，配当の情報内容仮説では，経営者が配当の水準をできるだけ安定的に維持したがると想定されています。また，投資家もそのように認識しているものとします。実際のところ，少なくない企業において毎期の配当額は同じ水準に維持されており，**安定配当政策**（stable dividend policy）と呼ばれています。そもそも，最初になぜ安定的に維持することにしたのかという点を問わないのであれば，実際によく見受けられる企業行動をベースにした前提という意味において，それほど不自然なモデルではないと言えます。

　仮にある期において，企業がそれまで安定的に維持してきた水準よりも増配（配当の増加）したとします。もしそれが原因で将来に資金不足に陥ったとすれば，資金の流出を食い止めるために減配（配当の減少）せざるを得ません。この場合，それよりも先立つ増配が経営者の判断ミスだったとみなされることでしょう。経営者はそのような判断ミスで批判されることを怖れるので，将来の収益性がよほど高いことを知っている場合に限って，現在に増配しても大丈夫だと判断するはずです。企業の事業活動（ビジネス）が多くのキャッシュフローを稼ぎ出せば，資金繰りに困らないからです。

　ということは，企業が増配を公表（アナウンス）した場合，それ以降も安定的に増配後の水準を維持できる自信があるのだろう，そのぐらい将来の収益性が高いのだろう，だからこそ経営者は増配を決断したのだろうと投資家は解釈することになります。逆に，企業が減配を公表（アナウンス）した場合，それまでの配当水準を維持する自信を経営者が喪失したのだろうと投資家は受け止めます。以上のように，配当の増加（減少）は将来の収益性が高い（低い）という情報内容を持ちます。要するに，配当政策の変化は経営者の自信の程度を示すシグナルになるというのが，配当の情報内容仮説の論じるところです。

15.9. ペイアウト選択③

　次に，**自社株買いの柔軟性仮説**（flexibility hypothesis of share repurchases）は 2000 年代の初頭に出てきたモデルですが，これを配当の情報内容仮説の延長線上に位置づけることが適切だと思われます。というのは，これらの 2 つを合わせて考えることで，配当と自社株買いの使い分けを情報の非対称性の観点で説明できるからです。

　この仮説によると，毎期安定的に稼いでいる持続的な利益は配当で分配する一方，特殊な要因による一時的な利益は自社株買いで分配する使い分けになるとされています。もう少し噛み砕いて述べま

すが，事業活動（ビジネス）は突発的な現象によって例外的に大きな利益を生み出すことがあります。たとえば，外国為替の相場変動を原因として外国人の訪日旅行が増える需要であるとか，コロナウイルス対策のワクチン需要などがわかりやすい例になるでしょう。この種の突発的な需要で稼ぎ出した利益は，あくまでも例外的な現象であり，将来にわたっていつまでも続く利益とは言えません。

　さて，今期は特殊な要因で一時的な利益を稼いだにすぎないことを経営者は知っていますが，投資家はそうではないと前提しましょう。また，このまま内部留保しても企業価値を高める機会がない余剰資金にしか充てられないので，ペイアウトしたがっているものとします。しかし，配当の情報内容仮説を援用することになりますが（参照 15.8.），増配によって一時的な利益を分配すると投資家に誤解を与えてしまいます。なぜなら，将来にわたって増配後の水準を維持できるという，自信表明のシグナルになってしまうからです。仮に増配するものとして，翌期には特殊要因のない持続的な利益の水準に戻ったとするならば，それに応じて元の水準にまで配当を減らせばよいだけだと思われるかもしれません。しかし，それは減配であることに変わりはなく，経営者の自信喪失と受け止められるでしょう。

　したがって，持続性がない一時的な利益は，増配ではなく自社株買いによって分配するほうが望ましいという判断になります。先ほど説明したように，配当は定期的に実施されますが，自社株買いは任意のタイミングを選んで実施できるという性質があります（参照 15.7.）。自社株買いの柔軟性仮説は，文字どおりこのような柔軟性（フレキシビリティ）に着目したモデルだと言えます。つまり，あくまでも一時的な要因にすぎないと意識させるための方法が自社株買いなのです。この場合，配当は増やさずに安定的に推移しますので，企業が安定配当政策をしたがるという定型的な事実とも矛盾していません。

　配当と自社株買いは代替的な関係にあるのか，補完的な関係にあるのかという議論は，ファイナンス学界において長年にわたってされてきました。すでに述べたように，配当は所得税の対象である一方，自社株買いに際して生じる株式売買益はキャピタルゲイン税の対象です。配当よりもキャピタルゲインの税率が低い投資家が多ければ，企業は配当をやめてしまって自社株買いに代替してもよさそうなものです。しかし，配当の情報内容仮説と自社株買いの柔軟性仮説の「合わせ技」で考えれば，むしろ補完的な関係にあり，どちらも併用的に使う理由があるという結論に落ち着きます。

第15章からの示唆

　結局のところ，自社株買いによって株価が上昇するという結論がもっともらしいのですが，たとえ結論が同じであっても，その根拠は世間一般で認識されている需給バランスではないことを繰り返し強調しておきたいと思います。自社株買いによって株式数が減ることを根拠に株価が上昇するというのは，新聞記事等でよく見受けられる説明ではありますが，ファイナンス理論の観点からは間違っています。

　投資政策（第5～6章）はまったくそうではないのですが，資本構成（第9～12章），ペイアウト（第13～15章）あたりは，いまだにファイナンス学界において論争的な領域です。理論的なモデルの妥当性は，統計的なデータを用いた実証研究によって裏打ちされるべきですが，その実証研究が百家争鳴です。ひとつの仮説に対して支持する結果が提示されるとか，支持しない結果が提示されるといっ

た具合で，ファイナンス研究者の誰もが同意する決着になるほうが珍しいぐらいです。このあたりがファイナンス理論を学ぶ醍醐味であると言えそうですし，後ろの章になるほど面白くなる科目だと思われます。

【注】

1） 著者の感覚には合わないのですが，買い戻した株式を消却しない場合，わが国の法・会計は発行済株式数が減らないとルール化しています。つまり，市場に出回る株式数は減るけれども，発行済株式数は減らないということです。そのような理由で，本書を通じてベクトル図解の横軸を単に株式数と表記し，混乱なく自社株買いを理解できるようにしました。消却する・しないにかかわらず，自社株買いが株価に及ぼす影響は同じです。

MEMO

第15章 ペイアウト③

●学習のポイント

株式の需給バランスを根拠に自社株買いが株価を高めると認識するのは間違いである。むしろ自社株買いは利益分配の手段であり，配当との比較で論じられる。自社株買いによって株価が変化するとしても，単純な理由にもとづくのではない。

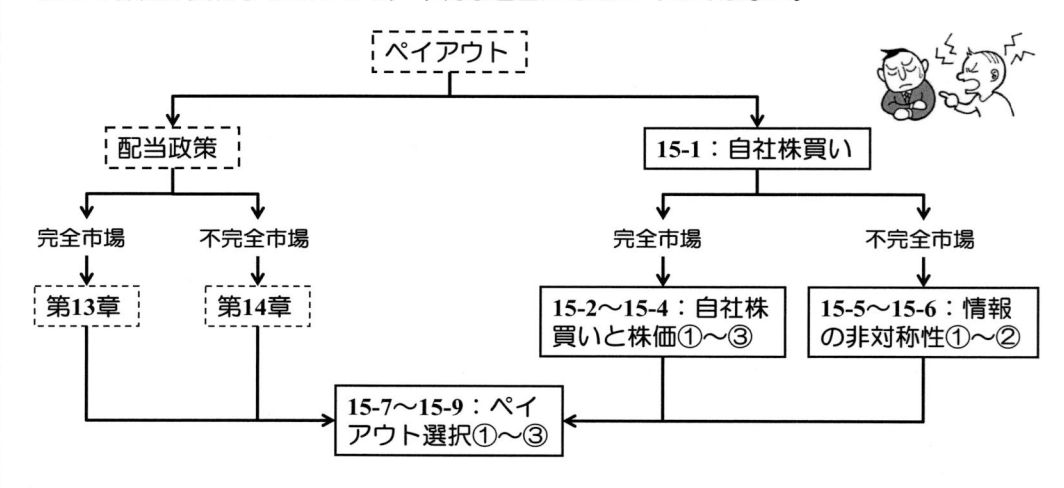

15-1 自社株買い

●自社株買い（share repurchase）

企業による既存株主からの株式の買い戻し

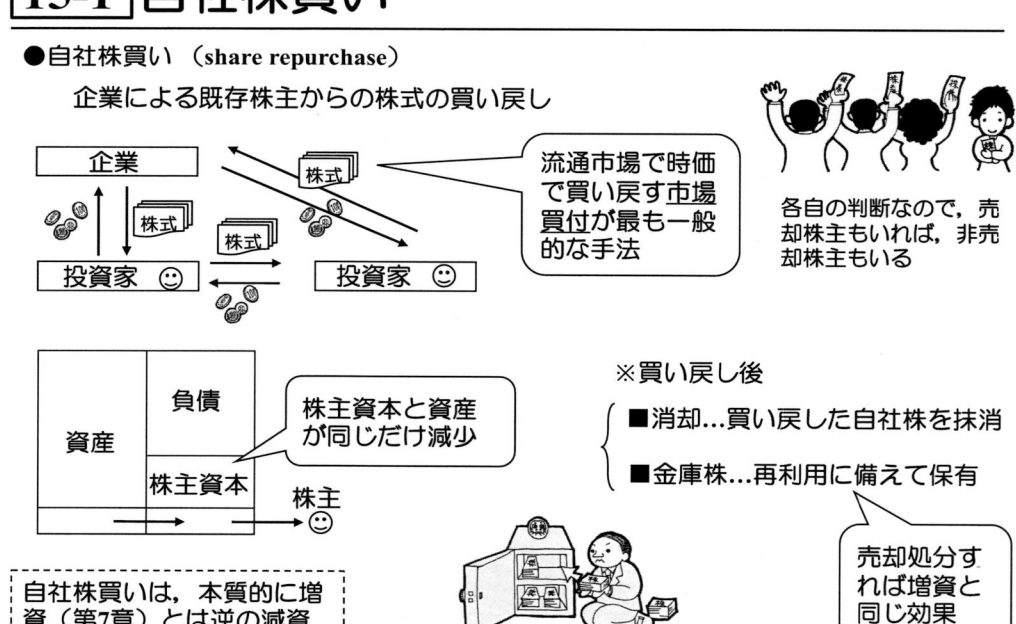

15-2 自社株買いと株価①

【誤解】自社株買いをすると，需給バランスの改善で株価上昇？

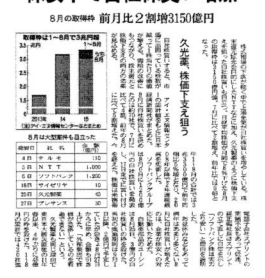

株安下で自社株買い増加

8月の取得枠 前月比2割増3150億円

2015年9月2日『日本経済新聞』

久光製薬のように株価下支えをねらった自社株買いが目立つという。市場に出回る株数が減るので株価上昇と解説

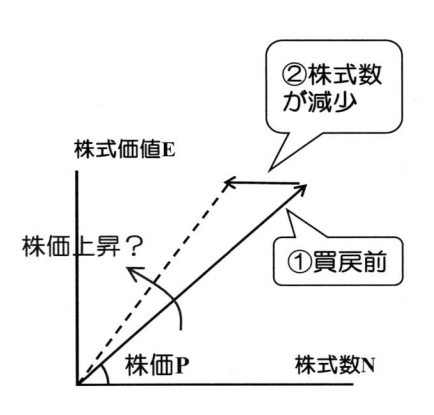

株式価値E

②株式数が減少

株価上昇？

①買戻前

株価P　　株式数N

質が一定で数だけが減るならばYesだが…

豊作の農家がわざとキャベツを踏みつぶすのは，供給過剰による価格の低下を避けるためだが，これと同じだろうか？

15-3 自社株買いと株価②

完全市場において，時価の自社株買いをしても，株価は変わらない

時価発行の増資（7-5）の逆向きのアナロジー

40℃の湯から40℃の湯を抜いても，湯の温度は40℃のまま変わらず

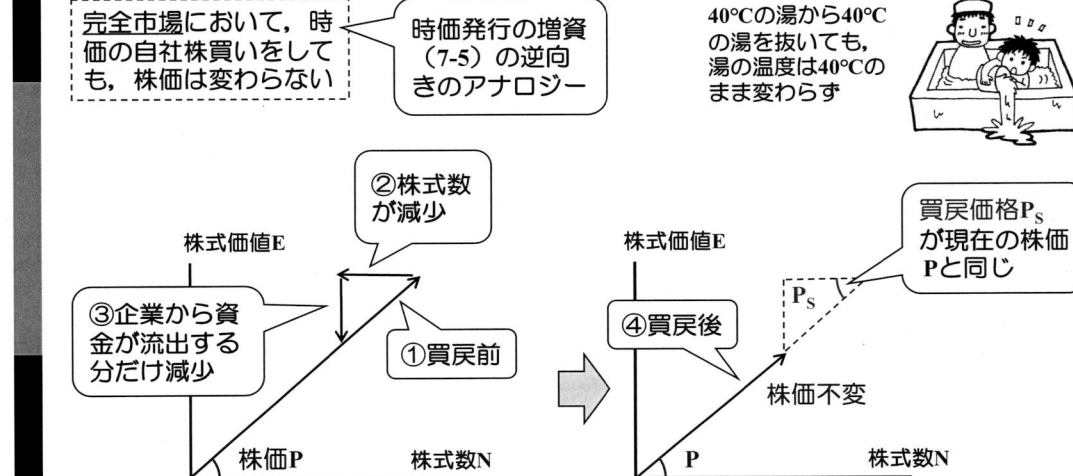

株式価値E

②株式数が減少

③企業から資金が流出する分だけ減少

①買戻前

株価P　　株式数N

株式価値E

④買戻後

P_S

株価不変

P　　株式数N

買戻価格P_Sが現在の株価Pと同じ

⇒　実際に株価が上昇しても，それは他に原因（15-6）

時価の自社株買いでは，売却・非売却に損得はなく，株主間で富の移転は起こらない

15-4 自社株買いと株価③

完全市場であっても，時価以外の自社株買いでは株価が変化

■割増買戻（プレミアム）

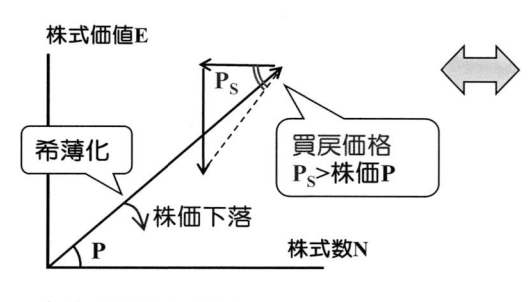

株式価値E

希薄化

P_S

買戻価格
P_S>株価P

株価下落

P　株式数N

{ 売却株主に利益
{ 非売却株主に不利益

■割引買戻（ディスカウント）

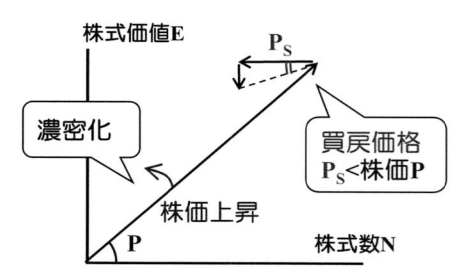

株式価値E

P_S

濃密化

買戻価格
P_S<株価P

株価上昇

P　株式数N

{ 売却株主に不利益
{ 非売却株主に利益

時価ではない自社株買いでは，株主間で富の移転

15-5 情報の非対称性①

■株価のミスプライシング

情報の非対称性を原因として，投資家が株価を過大・過小評価

不完全市場のモデル

このパネル，12-1と同じ内容

90　60
75　75
過小評価　過大評価

見分けがつかず，どちらも平均水準で同じ株価ならば…

{ 高収益企業　→　過小評価
{ 低収益企業　→　過大評価

適正株価を知っている経営者にだけはわかる状況

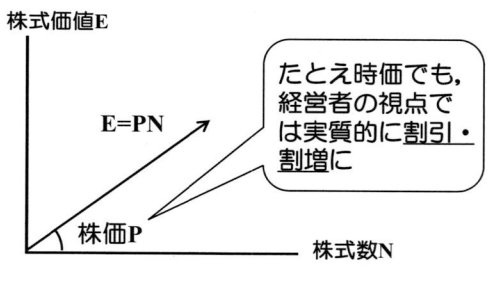

株式価値E

E=PN

株価P

株式数N

たとえ時価でも，経営者の視点では実質的に割引・割増に

経営者の視点に書き換え…

適正株式価値E_F

$E_F=P_F N$

適正株価P_F

株式数N

株価Pがこれよりも高いか低いか

15-6 情報の非対称性②

●自社株買いの過小評価
シグナル仮説

経営者は<u>非売却株主を重視</u>すると前提

経営者にとって，怒らせて厄介なのは残る株主（非売却株主）のほうなので

自社株買いをすると公表すれば，過小評価の証拠と解釈されて株価上昇

この前提なしにシグナルとはならず

※過大評価での自社株買い

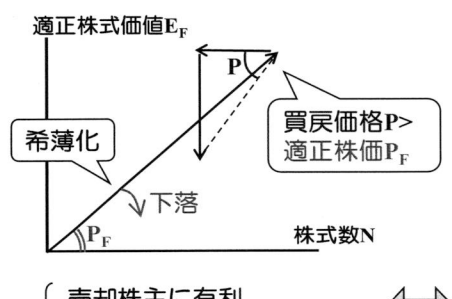

適正株式価値E_F

希薄化

P

買戻価格P>
適正株価P_F

↓下落

P_F　　　株式数N

{ 売却株主に有利
  非売却株主に不利

※過小評価での自社株買い

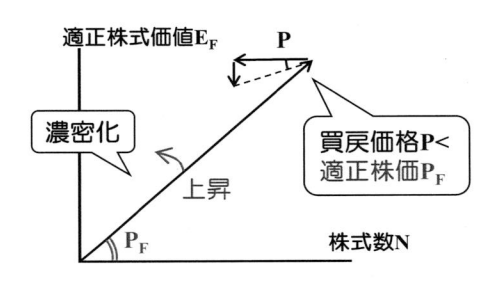

適正株式価値E_F

P

濃密化

買戻価格P<
適正株価P_F

上昇

P_F　　　株式数N

{ 売却株主に不利
  非売却株主に有利

15-7 ペイアウト選択①

■ 配当も自社株買いも利益分配の手段にできる

↑　総称してペイアウト（payout）

※相違点

●配当
{ （1）すべての株主に一律
  （2）定期的に実施
  （3）所得税の対象

●自社株買い
{ （1）個々の株主に選択の余地
  （2）非定期的に実施
  （3）キャピタルゲイン税の対象

or 自社株買い

利益

配当

内部留保

配当の税率よりも低ければ，配当よりも有利のはず（14-2）

少なすぎ　ちょうど　多すぎ

欲しくもない配当を受け取って，再投資の手数料と余計な税が発生する場合あり

ちょうど

最初から受け取りたい現金の分だけ株式を売却すればよい

それでも，なぜか配当を欲しがる投資家がいることが論点（配当パズル，14-2）

15-8 ペイアウト選択②

●配当の情報内容仮説

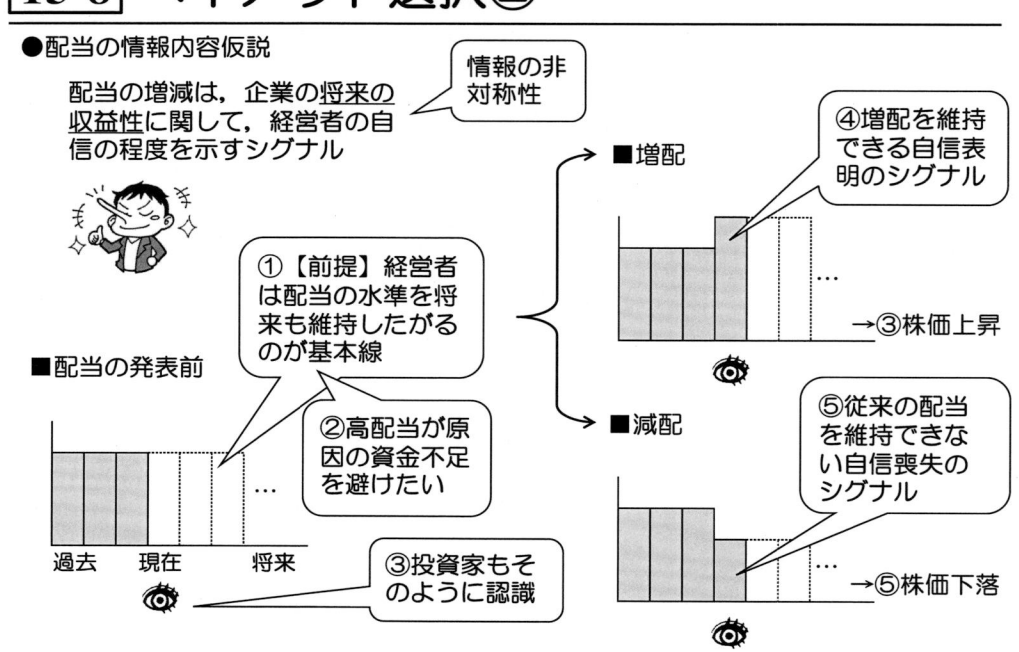

配当の増減は，企業の将来の収益性に関して，経営者の自信の程度を示すシグナル

情報の非対称性

④増配を維持できる自信表明のシグナル

■増配

①【前提】経営者は配当の水準を将来も維持したがるのが基本線

②高配当が原因の資金不足を避けたい

→③株価上昇

⑤従来の配当を維持できない自信喪失のシグナル

■減配

■配当の発表前

過去　現在　将来

③投資家もそのように認識

→⑤株価下落

15-9 ペイアウト選択③

●自社株買いの柔軟性仮説

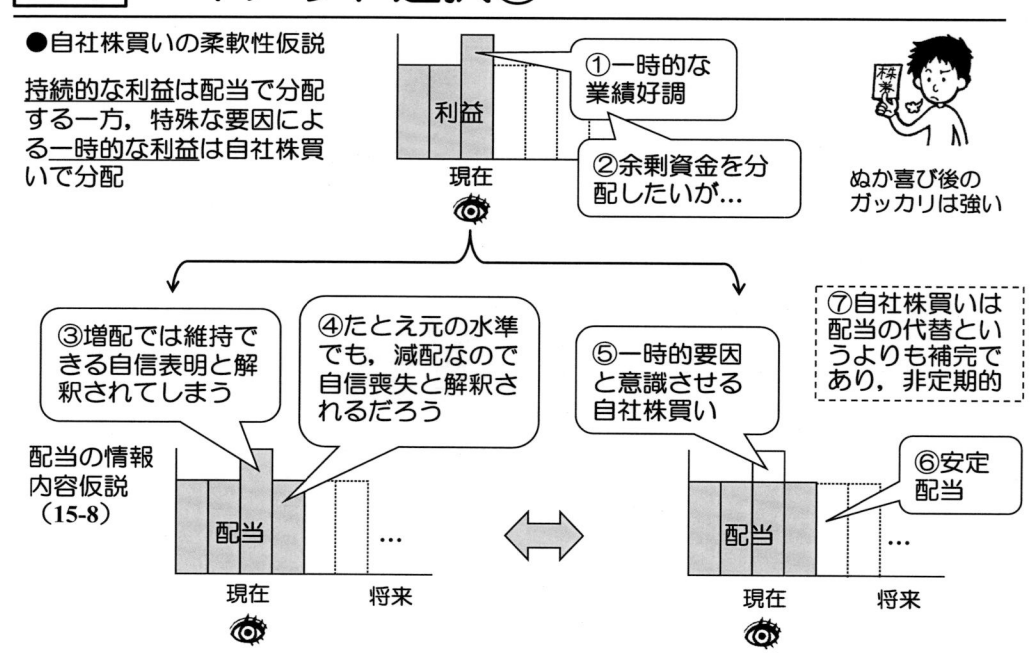

持続的な利益は配当で分配する一方，特殊な要因による一時的な利益は自社株買いで分配

①一時的な業績好調

利益

現在

②余剰資金を分配したいが…

ぬか喜び後のガッカリは強い

③増配では維持できる自信表明と解釈されてしまう

④たとえ元の水準でも，減配なので自信喪失と解釈されるだろう

⑤一時的要因と意識させる自社株買い

⑦自社株買いは配当の代替というよりも補完であり，非定期的

配当の情報内容仮説（15-8）

配当

現在　将来

⑥安定配当

配当

現在　将来

参考文献 | REFERENCE

　標準的なコーポレートファイナンスを学ぶための教科書として，数多くの良書が出版されていますが，以下では初学者にとって比較的読みやすいもの，比較的近年の刊行で入手しやすいと思われるもの，理論的な解説を中心とするものに限って列挙しました。

新井富雄・高橋文郎・芹田敏夫（2016）『コーポレートファイナンス』中央経済社

砂川伸幸（2017）『コーポレート・ファイナンス入門（第 2 版)』日本経済新聞出版社

井上光太郎・高橋大志・池田直史（2020）『ファイナンス』中央経済社

岩壷健太郎（2023）『なるほどファイナンス』有斐閣

内田交謹（2021）『すらすら読めて奥までわかるコーポレートファイナンス（第三版)』創成社

榊原茂樹・新井富雄・太田浩司・山﨑尚志・山田和郎・月岡靖智（2023）『新・現代の財務管理』有斐閣

花枝英樹（2005）『企業財務入門』白桃書房

Higgins, R. ／グロービス経営大学院訳（2015）『ファイナンシャル・マネジメント（改訂 3 版）―企業財務の理論と実践―』ダイヤモンド社

　以下では，やや高度な教科書，かなり詳細に解説されている分厚い教科書，隣接分野の教科書を列挙しました。いずれも，本書のようにコンパクトな解説を追求したコーポレートファイナンスの教科書とは位置づけが異なっています。

内田浩文（2024）『金融（新版)』有斐閣

辻幸民（2016）『企業金融の経済理論（改訂版)』創成社

日本証券アナリスト協会編／小林孝雄・芹田敏夫著（2009）『新・証券投資論（理論篇)』日本経済新聞出版社

森直哉（2017）『配当政策のパズル』中央経済社

Brealey, R., S. Myers, and F. Allen ／藤井眞理子・国枝繁樹訳（2014）『コーポレート・ファイナンス（第 10 版）（上）（下)』日経 BP 社

Elton, E. and M. Gruber（1995）*Modern Portfolio Theory and Investment Analysis（5th ed)*, John Wiley & Sons.

Ross, S., R. Westerfield, and J. Jaffe ／大野薫訳（2012）『コーポレート・ファイナンスの原理（第 9 版)』金融財政事情研究会

Sharpe, W., G. Alexander, and J. Baily（1995）*Investments（5th edition)*, Prentice-Hall.

索　引 | INDEX

《著者紹介》

森　直哉（もり・なおや）

1971 年生まれ。大阪府出身。

2002 年　同志社大学大学院商学研究科博士課程単位取得退学

2003 年　熊本県立大学総合管理学部講師

2006 年　熊本県立大学総合管理学部助教授

2007 年　日本大学商学部准教授

2014 年　日本大学商学部教授

2016 年　神戸大学大学院経営学研究科教授

博士（経営学）（神戸大学）

専門はコーポレートファイナンス，証券論

日本経営財務研究学会事務局長

主要著書・論文

『経営財務戦略の解明』中央経済社，2001 年（共著）

『証券論 15 講』晃洋書房，2003 年（共著）

『配当政策のパズル』中央経済社，2017 年（単著）

Mori, N., Tax clientele effects of dividends under intertemporal consumption choices, *Journal of Banking & Finance*, 34(5), 2010.

Mori, N., Ikeda, N., Majority support of shareholders, monitoring incentive, and dividend policy, *Journal of Corporate Finance*, 30, 2015.

（検印省略）

2024 年 7 月 31 日　初版発行　　　　　　　　　略称―図解コーポ

新・図解コーポレートファイナンス

著　者　森　　直哉

発行者　塚　田　尚　寛

発行所　東京都文京区
　　　　春日 2−13−1　　　　株式会社　**創 成 社**

電　話 03（3868）3867　　　Ｆ Ａ Ｘ 03（5802）6802
出版部 03（3868）3857　　　Ｆ Ａ Ｘ 03（5802）6801
http://www.books-sosei.com　　振　替 00150-9-191261

定価はカバーに表示してあります。

©2024 Naoya Mori　　　　　　組版：ワードトップ　印刷：エーヴィスシステムズ
ISBN978-4-7944-2633-8　C3034　製本：エーヴィスシステムズ
Printed in Japan　　　　　　　落丁・乱丁本はお取り替えいたします。

――――――――― 経営・マーケティング ―――――――――

新・図解コーポレートファイナンス	森　　直　哉	著	2,700 円
すらすら読めて奥までわかる コーポレートファイナンス	内　田　交　謹	著	2,600 円
ゼロからスタート　ファイナンス入門	西　垣　鳴　人	著	2,700 円
情報リテラシーを身につける Excel	阿南・水野・泰松 澁谷・門田・栗林	著	2,500 円
デジタル＆デザイン トランスフォーメーション ―DXとデザイン志向の未来戦略―	庄　司　貴　行 斎　藤　　　明　監修 平　井　直　樹 立教大学ビジネスデザイン研究所　編		2,200 円
働く人の専門性と専門性意識 ―組織の専門性マネジメントの観点から―	山　本　　　寛	著	3,500 円
地域を支え，地域を守る責任経営 ―CSR・SDGs 時代の中小企業経営と事業承継―	矢　口　義　教	著	3,300 円
供　　給　　の　　科　　学 ―サプライチェーンの持続的成長を目指して―	北　村　義　夫	著	3,500 円
コスト激増時代必須のマネジメント手法 「物流コストの算定・管理」のすべて	久保田　精　一 浜　崎　章　洋　著 上　村　　　聖		2,700 円
部　品　共　通　化　の　新　展　開 ―構造と推移の自動車企業間比較分析―	宇　山　　　通	著	3,800 円
ビジネスヒストリーと市場戦略	澤　田　貴　之	著	2,600 円
イ　チ　か　ら　学　ぶ　企　業　研　究 ― 大 学 生 の 企 業 分 析 入 門 ―	小　野　正　人	著	2,300 円
イ　チ　か　ら　学　ぶ　ビ　ジ　ネ　ス ― 高 校 生・大 学 生 の 経 営 学 入 門 ―	小　野　正　人	著	1,700 円
流　　通　　と　　小　　売　　経　　営	坪　井　晋　也 河　田　賢　一　編著		2,600 円
ビ　ジ　ネ　ス　　入　　門 ― 新 社 会 人 の た め の 経 営 学 ―	那　須　一　貴	著	2,200 円
ｅビジネス・DXの教科書 ― デ ジ タ ル 経 営 の 今 を 学 ぶ ―	幡　鎌　　　博	著	2,400 円
日　本　の　消　費　者　政　策 ― 公 正 で 健 全 な 市 場 を め ざ し て ―	樋　口　一　清 井　内　正　敏　編著		2,500 円
観　光　に　よ　る　地　域　活　性　化 ―サスティナブルの観点から―	才　原　清一郎	著	2,300 円

（本体価格）

――――――――― 創　成　社 ―――――――――